太白山丛书

宗教文化考略

李继武　严文团　编著

陕西新华出版传媒集团

太 白 文 艺 出 版 社

图书在版编目（CIP）数据

宗教文化考略 / 李继武, 严文团编著. -- 西安：
太白文艺出版社, 2019.7（2020.7重印）
（太白山丛书 / 卢文远, 张辉主编）
ISBN 978-7-5513-1700-9

Ⅰ.①宗… Ⅱ.①李… ②严… Ⅲ.①太白山－道教
－宗教文化－研究 Ⅳ.①B959.2

中国版本图书馆CIP数据核字(2019)第128870号

宗教文化考略
ZONGJIAO WENHUA KAOLUE

作　　者	李继武　严文团	
责任编辑	强紫芳　谢　天	
整体设计	淡晓库	
出版发行	陕西新华出版传媒集团 太 白 文 艺 出 版 社	
经　　销	新华书店	
印　　刷	广东虎彩云印刷有限公司	
开　　本	787mm ×1092mm 1/16	
字　　数	241千字	
印　　张	17.625	
版　　次	2019年7月第1版	
印　　次	2020年7月第2次印刷	
书　　号	ISBN 978-7-5513-1700-9	
定　　价	86.00元	

太白山丛书编委会

序　一

张勃兴

　　继 2012 年 6 月《陕西省志·太白山志》出版后，"太白山丛书"又将出版发行，这是太白山文化研究和太白山文化建设中又一项重要举措与成果。为一座山出一套丛书，算得上是一个首创。

　　太白山是秦岭的主峰，海拔 3771.2 米，为我国青藏高原以东大陆的第一高峰。秦岭东西横跨甘肃、陕西、河南三省，绵延 1600 千米，是我国南北方地理分界线，长江水系和黄河水系的分水岭。秦岭所具有的地理、气候、土壤、动植物分布等特征在太白山区域最为明显，最具代表性。而太白山作为秦岭最高峰，它又有独具特色的个性。如"太白积雪六月天""一日历四季，十里不同天"的特色景观；"太白山上无闲草"，形成了独特的草医草药传统；以第四纪冰川遗迹为主的高山区原始地形地貌，以及众多的高山湖泊和湿地等。这些一起构成太白山独特的旅游资源和景观，不仅在陕西绝无仅有，即使放在全国、全世界也是十分罕见的。除保存完好的自然综合体和良好的自然生态系统外，太白山所包括的自然历史、自然科学知识及人文历史遗迹更是一部百科全书。迄今为止，人们对太白山的全部认识远不及它的万分之一，太白山的神秘面纱远没有完全揭开。它魅力四射，吸引了越来越多的科学家和人文学者来对它开展研究。

　　1991 年 6 月 19 日，我陪同时任中共中央政治局常委、中央书记处书记的李瑞环同志视察太白山时，他高兴地说："在我国长江以北，气势如此之大，景色如此之美，科学价值如此之高，离大城市如此之近的自然景观实属罕见。"那时，"森林公园"这一提法在国内还是个新鲜概念，太白山旅游资源的开发利用也是刚刚起步。27 年过去了，太白山成为著名 AAAAA 旅游景区和国际旅游度假区。这 20 多年中，在加大基础设施和景点建设力度的同时，太白山文化研究也投入相当多的人力、财力，取得了不少重大成果。太白山文化研究会邀请众多省内外热爱关心太白山的各学科专家学者、文化工作者参与到研究活动中来，及时围绕发展建设中的重大决策和重大项目的实施研究咨询活动，为决策者提供智力支持。特别是 2008—2012 年完成了《陕西省志·太白山志》的编撰出版工作。80 多年前，中国国民党元老于右任和陕西省政府主席邵力子登太白山后感叹"华岳有志，太白山无志，不能不说是一种遗憾"，现在，通过太白山文化研究工作者的努力，这历史缺憾已圆满补上，令人欣慰。2014 年，太白山旅游区管理委员会安排着手编写"太白山丛书"，这是太白山文化研究中又一项重点工程。这套丛书共 12 册：综合介绍景观景点的《奇峰秀水》《红河谷》；介绍资源及其价值的《草医草药》《野生动植物》《养生养性》《登山：穿越与探险》；介绍人文、历史、文学、艺术方面的《民俗风情》《名人游踪》《宗教文化考略》《诗词歌赋精选》《小说散文精选》《书画作品精选》。这套丛书将在近几年之内全部出齐，以后会不断拓宽研究领域并挖掘研究深度。

为了进一步加强太白山文化研究工作，在太白山文化研究会的基础上，2015 年成立了太白山文化研究院，这是一个专事太白山文化研究的常设机构，它使研究工作有了一个更实在的基础。丛书的编撰工作也纳入研究院的主要工作任务。

这套丛书有三个突出的特点：一是资料的丰富性。在编撰工作中，通过面向社会征集和作者大量阅读、调研、搜集，获得了大量与太白山有关的资料，并在此基础上着手建立太白山资料库。目前已收集有 1600 万字的文字资料和 107700 余幅图片资料，太白山资料库初步建设完成。二是汇编的系统性。尽量把从古到今以太白山为题的某方面研究成果资料汇集整理使之系统化，使丛书具有工具书的功能，为以后的研究打下一个好的基础。三是力推"大太白山"概念。太白山文化研究的对象是太白山的整体，而不是局部。在筹备编写《太白山志》时，我就特别强调要有"大太白山"的意识。《太白山志》和"太白山丛书"都很好地贯彻了这个原则。从行政区划上看，太白山涉及眉县、周至县、太白县三县。但丛书资料来源绝不受地域限制，尽量能充分地反映和吸收各县的研究活动和研究成果。研究太白山文化，研究者一定要有大胸怀，不囿于一县一地之见。这一点丛书编撰者做得很好。

编撰"太白山丛书"是一项繁重的工作，完成这个艰巨任务，编撰者不仅仅需要有良好的学养，丰富的自然科学、历史知识和写作能力，更要具有发自内心的热爱太白山的激情和敬业奉献精神。丛书作者都是生活在太白山下，渭水之畔，是在太白山山水滋养下成长起来的，这种激情产生的动力是不可替代的。我同意主编在跋中说的，大家是怀着"为父母写"和"写父母"的心去从事编撰工作的。我对他们的辛勤付出表示感谢，对"太白山丛书"的出版表示祝贺！同时祝愿太白山的明天更加美好。

（作者系中共陕西省委原书记）

2018 年 10 月

序　二

冯积岐

太白俊秀人为峰。

我从年轻时对天地就有一种很真诚的敬畏感，尤其是面对名山名人，更不敢信口开河随意指点，我五次登太白山，五缄其口，不置一词。当然，每登一次太白山，心灵就受一次洗礼，深刻的感触，由衷的感叹，发自内心的感慨：秀丽的太白山，险峻的太白山，深沉的太白山，神秘的太白山，狂欢的太白山，谦恭的太白山……说不尽的太白山！好几次想为太白山写一点文字，但都打消了这个念头。一想起王维的《太白山》、李白的《登太白峰》、白居易的《望太白山》、杜甫的《喜达行在所》、贾岛的《送僧归太白山》等等这些诗作，就觉得诗圣诗仙们把太白山悟透了，写透了，我们后辈即使有点小小的感触，也是很轻浮的。在我们看来，太白山太博大了，太厚重了，太神奇了，要弄懂它，得有耐心不可。我想，当我登过十次八次以后，和太白山有了共鸣，文字就会如同太白山上清澈流动的泉水自然地流到纸上。

我第六次登上太白山是在几年前的四月天，当时山下的春意已浓得如酽茶一般，田野上绿浪泛着层层涟漪，太白山口，春风随手可摘。我们一行兴致盎然地进了太白山。抬眼望去，太白山绿得层次分明，秩序井然：山底下的绿色厚实而温馨，到半山腰绿就显得比较单薄了些，有点低调，有点拘谨。再过几道弯，绿色就更黯淡了，地上的青草绿中带点黄，树上的叶片只有指甲盖那么大。到了山顶，只见松柏的树冠上顶着白雪，很吃力的样子，雪地里的白桦静静地伫立在蓝天之下，枝丫光秃秃的。放眼望去，山坡上，山沟里，到处覆盖着白雪。这就是太白山！它把冬春两个季节和谐地托在一只手掌上供游人观赏、玩味，它不动声色又出人意料地转换着人的感觉和意识。新雪的气息像燃放的烟花爆竹一样奔放而热烈。看样子，雪是昨晚上或者黎明时分才落下的。我坐在雪地上，心想：不到太白山，不知太白山；到了太白山，难解太白山。这不仅仅是指气候变化异常，我要追问的是：为什么太白山的气候变化如此剧烈？我总觉得，太白老人心中蕴藏着什么，又说不清究竟是什么。

这一次，因为要给"太白山丛书"写序，我静下心来，默默地读了一遍太白山——有关它的起源、历史、典故、传说，我认真地读，以便从文化角度来认识太白山，解读太白山。阅读这套丛书，对我启发很大。丛书从地质奇观、动物植物、奇峰秀水、草医草药、民俗风情、宗教神话、名人游踪等方面打开了太白山的山门，让人们走进去，登上山顶。也可以说，这套丛书是从各个角度、不同侧面观赏太白山的多棱镜，是登上太白山不可或缺的一座桥梁，是翻开太白山这本大书的索引和目录，是太白山这个伟大巨人的翔实传记，是太白山文化形象一幅传神的画像。太白山旅游区管理委员会出版这套丛书是十分有意义且功德无量的事情。这足以证明，这些管理者们有大勇气、大眼光、大气魄、大作为。他们为当下、也为后世留下了弥足珍贵的资料，也使太白山文化这个"软实力"明显提高。

几十年来，太白山的管理者们修山路，架缆车，铺基石，为国内外的千万游人打开了登上太白山的通道，使游人能够近距离地触摸太白山，探究它的底蕴，观赏它无尽的风光，也向全国、全世界推介了太白山。这些管理者像太白山一样清醒，一样充满智慧，他们意识到，太白山不只是自然景观，它更是文化景观。自然景观固然使人赏心悦目、流连忘返，然而，它毕竟会使人产生审美疲劳，而文化景观则是精神食粮中的佳品，是百吃不厌的美味佳肴，味厚、耐嚼、养人。"太白山丛书"展示的正是丰富多彩的文化景观，提供给游人的是文化大餐，游人在观赏优美的自然景观的同时，品尝着意味深长的文化景观，他们的感官和精神同时沐浴在温馨、温暖的阳光中。

太白山旅游区管理委员会策划、出版的这套丛书是打开太白山文化宝库的一把金钥匙。文化是软实力，文化是心脏，文化是精神的动力。管理者们把这一道文化大餐做得色、香、味俱全，给太白山的文化动脉注入了新鲜的血液，太白山的旅游事业将如彩虹一般五彩缤纷、灿烂无比，必将跨上飞奔的骏马，驰上快速干道。

太白俊秀人为峰。

山高绝顶，太白山固然高大、俊美，可是，世上最伟大的还是人，太白山再高，只要人站在山顶，人就是最高峰，这是很简单的道理。关键在于敢不敢站上去，能不能站上去。太白山旅游区管理委员会和太白山国家森林公园的管理者们因为站在了太白山的最高处，他们才眼界开阔，看得清，看得远，才有大思维、大手笔、大动作，才有了这套丛书的问世。因为他们是敢于攀登者，对于他们来说，就没有实现不了的目标。

太白俊秀人为峰。

高峰是山，更是人，是太白山人，是所有奋斗中的人。

是为序。

（作者系陕西省作家协会原副主席，专业作家）

2018 年 10 月

前　言

太白山位于陕西境内，是秦岭山脉的最高峰。太白山相对高度落差较大，因此形成了典型的山地气候，随着海拔高度的递增，气候类型按一定规律呈连续的带状分布。山上的植物、动物分布也形成相应的垂直带谱，各种天然景观也在垂直位置构成了不同类型景观带，因而形成了太白山高、寒、险、奇、富饶、神秘的自然特点。

太白山不仅拥有丰富、奇特的自然资源，同时也孕育着丰厚的人文历史文化资源。尤其在宗教文化方面，形态多样，积淀深厚。为了深入了解研究太白山宗教文化资源情况，我们在梳理相关历史文献资料的基础上，进行了大量的实地考察和调研，从而对太白山的宗教文化资源情况有了较为深入、系统的认识。

太白山自身天然具备的神秘特点，使其自古以来就成为盛产神奇故事的地方。在崇拜自然的中国古代，面对神奇的太白山，人们对它展开了想象的翅膀，而且面对太白山变幻不定的雨雪天气，使得人们不仅认为太白山是属于神仙们的驻足之所，更确信太白神能够主宰风雨雷电。所以很早以前，人们就开始了通过祭祀太白神进行求雨抗旱的活动。这些祈雨活动最早是由民间自发形成，后来随着地方政府官员的加入，其影响越来越大。从隋唐开始，到宋元明清期间，朝廷对太白神赐予各种封号，并敕令当地政府官员予以相应等级的祭祀，太白神便由民间信仰逐渐进入官方祭祀系统。这也促使太白神的信仰逐渐从太白山走向了关中大地，甚至向陕西之外的其他省份扩散。时至今日，除了在陕西境内有大量的太白庙存在之外，周边的河南、山西、甘肃、宁夏等地也都有太白庙遗存。随着科技的发展和社会的进步，农业生产逐渐摆脱了靠天吃饭的被动局面，人们向太白神祈雨的活动逐渐逝去，流传了两千多年的太白神信仰也逐渐衰落。

现在的太白山，主要是作为道教圣地而闻名于世，在道教典籍中太白山被列为道教的第十一洞天。太白山北麓东部就是道教宗经《道德经》的发源地楼观台，这里是早期道教团体楼观道的发源和形成之地。在隋唐以后，太白山更是道教文化传播和发展的圣地。在太白山上存留着大量有关道教八仙的文化信息，其中与八仙中的核心人物钟离权和吕洞宾相关的史料和遗迹最多，这说明太白山曾经是钟吕丹道学形成和传播的重要地域。元明清之际，太白山又成为全真道修行和传播的重要基地，目前太白山道教文化遗存中的各种道观碑铭以全真道为主。可以说，太白山为中国道教的发展发挥了重要作用。时至今日，道教文化是太白山宗教文化的主体，太白山依然是中国道教文化的重镇。近年来，随着太白山旅游的兴起，太白山道教文化的影响也在与日俱增。

太白山地处关中平原的西部边缘，是出入关中平原西部的门户山峰，古代的丝绸之路就从太白山北麓经过。在东西方文化交流的过程中，太白山优越的地理位置和独特的自然风貌很容易受到宗教界人士的青睐。当佛教文化经过丝绸之路向关中的长安地区传播时，自然就有一些西域来华的佛教僧人被太白山独特的风貌所吸引而驻留于此，因此，在太白山有各种关于"胡僧"的文史资料记载。此外，在历史上还曾经发生过几次朝廷打击佛教的政治运动，在此过程中有很多佛教僧人为了延续佛教文化，躲避政治迫害，就选择逃避到太白山深处，继续研究和修行佛法，并由此形成了较大的僧团。政治运动风潮过后，这些躲避在太白山中的佛教僧众又成为恢复佛教文化的中坚力量。由于以上各种因缘，太白山成为关中地区佛教文化传播和发展的重要场域。在这次调研过程中，我们发现在文史资料中提到的很多佛教寺院至今依然能够找到相关的遗迹，而且其中有些寺院至今仍然维持着正常的宗教活动。

除了以上几种主要的宗教文化资源外，太白山还遗留有天主教和各种民间信仰的活动场所，虽然这些场所所占体量不大，但它们的存在反映了太白山宗教文化生态的多样性。我们在调研的过程中发现，太白山的宗教文化虽然丰富多样，但这些宗教文化资源的空间分布却呈现纵向的带状分布。道教文化和佛教文化以山沟为自然分界线，各自从山底延伸到山顶，这与太白山横向带状的气候特征形成了一个美妙的人文与自然交互辉映的独特景致。为了能将太白山丰富的宗教文化资源的基本情况展现出来，我们对相关的调研资料进行了整理汇总，编撰成册，以飨读者。

编　者
2018 年 5 月 20 日

目 录  contents

第一章

太白山宗教文化概述

第一节　太白山的自然状况及其名称由来

一、太白山自然地理状况

太白山位于陕西关中平原西南边缘地区，是秦岭山脉的主峰所在。现代地理意义上的太白山由东部的原太白山和西部的鳌山以及连接二者的跑马梁三部分构成。原太白山与鳌山东西对峙，有东、西太白山之称，地域范围横跨陕西省太白县、眉县和周至县，山体西起太白县咀头镇，北以眉县营头镇、汤峪镇为界，东至周至县老君岭，南以流经太白县黄柏塬镇的湑水河为界，太白山主体东西长直距约六十公里，南北宽直距约四十公里，其最高峰海拔 3771.2 米，是我国青藏高原以东的第一高峰。

太白山自下而上分为低山区、中山区、高山区三种地貌类型，形态不一，特点各异。低山区黄土覆盖，中山区石峰发育，高山区保留有冰川遗迹。低山区海拔在 800～1300 米之间，地形起伏兼有黄土地貌与石质山地地貌的综合特点，高差相对不大。山头浑圆，山下基岩裸露处，水流常沿断裂带侵蚀切割，形成幽深峡谷。中山区海拔在 1300～3000 米之间，北坡从刘家崖到放羊寺，南坡从黄柏塬到三清池，属石质中山区。高山区在海拔3000米以上至太白山顶峰，第四纪冰川地貌形态较清晰，保存较完整，其中大爷海和二爷海就是太白山保存完整的两个典型冰斗湖。从拔仙台顶面东北到文公庙梁，西经跑马梁直至鳌山，大小不等的棱角状砾块遍布，覆盖山梁及台塬，连成一片，状似石块构成的海洋、河流。据《太白县志》记载，跑马梁遍布外缘粗砾的环状石块，因很像马踩过的蹄印，故名"马蹄窝"，跑马梁也因此得名。

太白山是典型的山地气候，自下而上分别为温带季风气候、寒温带季风气候、高山亚寒带气候、高山寒带气候四种类型。低山区温带季风气候温润宜人；中山区寒温带季风气候全年无夏，春秋短促，冬季漫长，气候冷湿，多雨多雾；高山亚寒带气候寒冷湿润，本带上限是太白山森林之上限；太白山海拔 3350 米以上为寒带气候，此带气候寒冷半湿润，无秋，冬季长，天气变幻骤剧，太阳辐射强，风大雾多，晴阴风雨，瞬息万变。

太白山植物的分布，自下而上可分为落叶阔叶林带、针叶林带、高山灌丛带、高山草甸带。其树种主要有栓皮栎、锐齿栎、辽东栎、侧柏、油松、华山松、冷杉、红桦、白桦、落叶松、小叶杨、青杨、毛白杨、山杨、椅杨、椴、太白杨、楸、椿、榆、槐、枫、黄连木、朴等高大乔木。目前已发现太白山药用植物有 1000 多种，常用中药材有党参、黄芪、黄精、天麻、首乌、菖蒲、大黄、威灵仙、独活、五味子、灵芝、猪苓、升麻、柴胡、前胡等200 余种，其中最著名的当数以"太白"冠名的各种道地药材，如太白贝母、太白黄连、太白米、太白花、太白茶、太白三七、太白黄精、太白鹿角、太白艾、太白美花草、太白小紫菀、太白黑人参、太白手儿参等。这些药材为太白山所产，与众不同。

太白山动物资源丰富。生活在暖温带的动物最常见的鸟类有野鸭、鹭、鸥、隼、竹鸡、鹑、鸽、沙雉、斑鸠、燕子、鹦、鹁鸪、鹌、伯劳、椋鸟、鸦、鹩等；小体型兽最常见的有鼠、野兔、黄鼬、赤狐等；较大体型的兽类动物有猪、獾、狼等偶尔潜入，出没不定。生活在温带和寒温带下部的动物常见的鸟有雉、鸠鸽、杜鹃、鸮、夜鹰、佛法僧、啄木鸟、山椒鸟、画眉、莺、鹡等；兽主要有金丝猴、大熊猫、黑熊、野猪、豹、狍、豪猪、刺猬、松鼠、鼹等。爬行动物主要有北草蜥、麻蜥、三线石龙子、无蹼壁虎、乌梢蛇、锦蛇等。生活在寒温带上部的动物常见的鸟有红胁蓝尾鸲、金色林鸲、

夏天的太白积雪（摄影　廉金贤）

短翅鸲、金眶鹟莺、褐头雀鹛、红腹山雀、白领凤鹛、酒红朱雀、赤胸灰雀、白翅拟蜡嘴雀、红翅旋壁雀等；此带山崖险峻处常见兽类有鬣羚和青羊；爬行动物有时可见蝮蛇。生活在高山亚寒带的动物常见的鸟有鹪鹩、赤脚灰雀、蓝额红尾鸲、戴菊、旋木雀等；兽类动物主要有秦岭特产之羚牛，此外有少量鼠、兔、黄鼠等小型兽。生活在高山寒带的鸟类有领岩鹨、棕胸岩鹨、粉红胸鹨、鹪鹩、白顶溪鸲等，兽类仍以黄鼬、鼠、兔为主。

　　在太白山珍禽异兽中，属于国家一类保护动物的有大熊猫、金丝猴、羚牛、太白虎凤蝶；属于国家二类保护动物的有红腹角雉；属于国家三类保护动物的有林麝、鬣羚、青羊、金钱豹、金鸡、血雉等。（《太白县志》）

二、太白山名称由来

太白山之名由来已久，最早在《尚书·禹贡》中将整个秦岭称之为"惇物山"。《说文解字》中解释，"惇者，物之丰厚也"，即秦岭因其物产丰厚而得名"惇物山"。太白山作为秦岭的最高峰，自然属于惇物山。郦道元在其《水经注》中描述太白山："于诸山最为秀杰，冬夏积雪，望之皓然。"然而明确以"太白山"之名记载该山的是《魏书·地理志》："太白山因其冬夏积雪，望之皓然，故名。"自此之后，太白山之名沿用至今。隋唐时期太白山属武功县，故有"武功太白，去天三百"之说。

到了唐末五代时期，对于太白山名的解释又多了一种说法。杜光庭所著的《录异记》中记载："金星之精，坠于终南圭峰之西，其精化白石若美玉，时有紫气复之，故名。"意思是这座山因太白金星之意而称之为"太白山"。太白就是金星，又名启明星、长庚星、明星。古时候，人们观察到金星早上见于东方，叫作"启明"，晚上位于西方，叫作"长庚"，因此《小雅·大东》中说："东有启明，西有长庚。""启明、长庚皆金星也。"另据《史记·天官书》中记载，金星"察日行以处位太白"，所以后来人们合而称之为太白金星。在阴阳家学说中，太白金星是掌管战争、主杀伐的武神，只要金星在特殊时间、区域出现，就是"变天"的象征，是爆发战争或杀伐变异的前兆，代表要发生大事了。《汉书·天文志》："太白经天，乃天下革，民更王。"唐代玄武门之变前，太史令傅奕曾密奏唐高祖："太白见秦分，秦王当有天下。"秦王李世民登基之后，还不忘此事。因此古代诗文中多以太白金星比喻兵戎，唐代张守节所撰《史记正义》卷二十七中说："太白者，西方金之精，白帝之子，上公，大将军之象也。"

在我国道教文化中，太白金星是道教神仙中知名度最高的神之一，主要职务是玉皇大帝的特使，奉玉皇大帝之命负责传达天庭的各种命令，监察人间善恶，被称为西方巡使，在普通百姓中的影响很大。在我国古典小说中，多次出现太白金星的传奇故事。现今人们对他的认识就是一位白发苍苍、表情慈祥的老人，因而受到人们的喜爱。自五代之后，太白山便与太白金星扯上了关系，这为后来的太白山神信仰增添了新的内涵。清代成书的《古今图书集成》《关中胜迹图志》《郿县志》等史料中均采用此说。

此外，还有学人认为太白是由"太伯"（《史记》为"太伯"，《论语》为"泰伯"）一词演化而来。

《史记·吴太伯世家》记载："吴太伯，太伯弟仲雍，皆周太王之子，而王季历之兄也。季历贤，而有圣子昌，太王欲立季历以及昌，于是太伯、仲雍二人乃奔荆蛮，文身断发，示不可用，以避季历。季历果立，是为王季，而昌为文王。太伯之奔荆蛮，自号句吴。荆蛮义之，从而归之者千余家，立为吴太伯。"《史记》中的这个故事是说周太王有三个儿子，分别是大儿子太伯，二儿子仲雍，三儿子季历。在这三兄弟中，季历最为贤良，而且他的儿子姬昌深得周太王的喜欢，姬昌就是后来的周文王。太伯与仲雍知道周太王有意将王位传给三儿子季历和孙子姬昌，于是二人就自己出走到南方荆蛮之地，文身断发，表示不再回周国，以免妨碍季历继承王位。泰伯在南方自号"句吴"，后来创立了句吴国，被立为"吴太伯"。此后，季历被太丁害死，太伯曾回来奔丧，大家劝他继承王位，但他坚决不从，继续回句吴国去了，于是姬昌便顺利继承了周王之位。太伯死后，仲雍继承了他的王位，周文王姬昌感念太伯主动避让王位给父亲和自己，就建立了"太（泰）伯庙"予以纪念。《论语》记载，孔子对此感叹道："泰伯可谓至德也已矣。三以天下让，民无得而称焉。"唐代诗人皮日休有诗《泰伯庙》："一庙争祠两让君，几千年后转清芬。当时尽解称高义，谁敢教他莽卓闻。"宋代诗人杨简曾作《谒泰伯庙》诗："三以天下让，先圣谓至德。某也拜庙下，太息复太息。三辞不难知，泰伯无人识。"

泰伯庙不仅在江南吴越之地大量存在，而且在陕西太白山附近也曾经有多座泰伯庙，目前吴山泰伯庙、岐山县叩村泰伯庙等依然存在。有学者认为，在当地方言中，"泰伯"与"太白"同音，所以太白山之"太白"便是因"泰伯"而来。泰伯庙的存在是没有争议的事实，太白山名称来源于此的说法也有一定的道理，但是对于二者之间的必然联系目前也只能是一种推测，因缺乏明确可靠的文献支撑，只能存疑。

综上所述，太白山名字的由来有两个方面比较明确，最早是因其"冬夏积雪，望之皓然"的自然气象物候特征而得名"太白"。后来人们又将其与"太白金星"牵扯在一起，赋予其神话色彩和内涵，而且随着时间的推移和太白山宗教文化的发展，后一种解释得到更多人的知晓和认可。

第二节　太白山宗教文化的构成

太白山是秦岭的最高峰，而且地处关中平原西南边缘，因其山势险峻幽美，气候特点鲜明，动植物种类繁多，自古以来就是我国著名的风景名胜。古丝绸之路由太白山北麓通过，从西边进出关中平原，太白山与山下的佛教名刹法门寺，距离十三朝古都长安较近，因此，太白山成为历代文人的游览胜地，吟咏不绝，并且留下了大量的文学艺术作品。同时，由于太白山特殊的地理位置，使得各种宗教对其青眼有加，是道教的仙山洞天和佛教的修行圣地，也成为供奉各种民间信仰神祇的理想场所。这些丰厚的宗教历史文化资源，使太白山成为我国著名的宗教文化名山。

一、太白神信仰是太白山宗教文化的基础

最早形成于太白山的宗教文化是有关太白神信仰的文化，太白神信仰在太白山具体的形成时间目前无法考订。有一种说法认为，最早的太白神就是三皇五帝中的"白帝"少昊，因其为秦人的祖先，因此作为秦人祖先神来祭祀。后来随着秦人统一全国，对于"白帝"的祭祀成为国家祭祀，再后来随着秦政权的崩溃，太白神的祭祀便流入民间，而且太白神的身份也逐渐演变成为"太白金星"和"太白山神"等。依此而言，则太白神信仰可推算至春秋战国时期，但这也只是一种历史传说和推测，目前尚无史可考。

最早记载太白神的史料是郦道元所著的《水经注》第十八章：

《地理志》曰：县有太一山，古文以为终南，杜预以为中南也。亦曰：太白山在武功县南，去长安二百里，不知其高几何。俗云：武功太白，去天三百。山下军行，不得鼓角，鼓角则疾风雨至。杜彦达曰：太白山，南连武功山，于诸山最为秀杰，冬夏积雪，望之皓然。山上有谷春祠。春，栎阳人，成帝时病死而尸不寒，后忽出栎南门及光门上，而入太白山。民为立祠于山岭，春秋来祠，中上宿焉。山下有太白祠，民所祀也。

由此可推断太白神信仰在汉代就已经形成，至于以谁作为太白神的化身而予以供奉，在不同的时代有不同的说法。据《高僧传》记载：隋代炀帝将太白神视为自己的护佑神，唐之后历代朝廷对太白神都有封爵，并且将其纳入官方祭祀系统，太白神再次由民间信仰进入官方信仰序列之中。清人赵嘉肇在《太白纪游略》中曾对太白神进行过考证：

考太白者，西方神之名也，佐帝少昊，执矩而治，无所谓伯、仲、叔也。汉成帝时，有太白祠神，曰谷春，春为祠神，非太白山神。五代时，或曰崔浩，益荒诞不经。唐天宝七载封太白山神为神应公，十四载改封灵应公。宋皇佑五年封为济民侯，自是祷雨不应。嘉祐六年，苏轼代宋选上言，复封明应公。熙宁八年，进封福应王。绍圣三年，改封惠济王。至于有元，则析分为三王，曰普济，曰惠民，曰灵应（俗称曰大阿福、二阿福、三阿福），此大太白、二太白、三太白所由昉也。肖像以三池亦分隶之（俗呼曰大爷池、二爷池、三爷池），稽诸古籍无可依据（按：池有三，当曰太白大池、太白二池、太白三池为是）。乾隆五年，总督尹继善奏入陕西祀典。三十九年，巡抚毕沅奏封昭灵普润太白山之神，号曰福应王；并新保安宫、新开山各神庙，载在邑乘。

由此可见人们对太白神信仰的影响是深远而持续地存在的。后来道教文化和佛教文化也相继进入太白山，它们将太白神纳入了各自的文化体系。尤其佛道教文化在其存在和发展过程中，不仅没有削弱太白神信仰的影响，而且还进一步促进和扩大了太白神信仰的影响。由此可见，太白神信仰文化是太白山宗教文化中形成最早、持续时间最长而且影响最为深远的一部分。

二、道教文化是太白山宗教文化的主体

道教文化是太白山影响最大的宗教文化，在当地现存的宗教建筑、碑刻、法器等文化遗存中，有半数以上属于道教。道教在太白山开始活动的时间也非常早，从最早的道教上清派到后来的全真道，都在太白山地区保持着频繁的活动，并形成了重要影响。太白山宗教文化起源于太白神信仰，随着道教文化进入太白山之后，逐渐将太白神信仰整合到道教文化系统之中，并对太白山宗教文化的发展起到了重要的推动作用。太白山的道教活动具体起源于何时现已不可考，但有道教内部资料记载，汉元帝时太白真人给道士王仲都一枚虹丹，一经服用就不惧寒冷，即使隆冬时节，犹着单衣。隋大业年间，开始有道士在太白山起炉炼丹的记载。在唐代，由于道教受到李唐皇室的尊崇，道士被皇室引为宗亲，在朝野相当活跃，当时太白山有大量的道教活动，很多著名的道教人物如孙思邈、郭休、王休、李浑等都曾在太白山长期修道炼丹，为太白山留下了重要的道教文化影响。经过来自太白山的道士大力宣传太白山的神异，并使太白山与道教的玄元皇帝（**太上老君**）联系起来。

据《新唐书·王铁传》记载，李浑曾在太白山隐居，他向皇帝上奏说自己曾在太白山间遇太白老人告以玉版石记符，皇帝大感神异，于是下令将太白神册封为"神应公"。另一位自称太白山人的道士王玄翼则宣称："玄元皇帝降于（**太白山**）宝仙洞。"这使太白山的神秘色彩日益加重。道教中的八仙文化是中国道教发展史上的一个高峰，太白山宗教文化中与八仙相关的内容非常丰富，这说明在历史上道教八仙文化与太白山关系非常密

切。太白山上至今尚有大量与八仙有关的宗教文化遗存，其中钟吕坪的八仙文化最为集中。太白山如今的道观遗址，多系唐时所建，如钟吕坪的中坪、东坪和西坪以及青牛洞等。此后，五代、北宋时期，太白山道教活动相续不衰。宋元以后，随着王重阳创立的全真道发展壮大，太白山又成为全真道信众活动的重地。王重阳的弟子丘处机得到成吉思汗和忽必烈的重视，其所创立的全真道龙门派在关中广为流传，此后在太白山活动的道士大多属于全真道龙门派，一直延续至今。在太白山道教文化遗存中，经常能见到与全真道龙门派有关的文字记载。

洞天福地理论是道教文化的重要组成部分，太白山被列为道教三十六洞天之第十一洞天。太白山多有山洞，其中和道教神异相关的就有金星洞、宝仙洞等。对道门中人而言，十一洞天具有重要的宗教意义。自唐以来，太白山涌现出许多高道名士，他们在陕西不但布道阐教、建立组织、修建宫观，而且诠释经典、著书立说，发展道教理论，在道教史上闪耀着熠熠光辉。正是由于这些著名的道教人物的推动，使得太白山道教文化获得了朝廷和社会的认可，也使得太白山成为中国道教最著名的文化圣地，道教文化也成为太白山主体性的宗教文化。

三、佛教文化是太白山宗教文化的重要构成

由于佛教文化经由丝绸之路进入关中地区乃至都城长安，需要从太白山北麓经过，由此可以推断，很有可能在佛教初传之际，佛教文化就已经在太白山开始传播。据法门寺碑铭记载，在法门寺建寺的早期阶段，佛舍利塔就是由来自太白山的僧人护持管理，这说明最晚在北魏时期，太白山上就有僧人居住。西魏时期，法门寺扩建后也主要是由太白山的僧人管理寺院，这说明在南北朝时期，太白山上已经有僧人居住，佛教文化应该是在此之前早已传入太白山。

根据南北朝时期释慧皎撰写的《高僧传》和唐代释道宣撰写的《续高僧传》中记载，历史上发生"三武法难"时，长安的很多僧人为了躲避朝廷的迫害，常常将太白山作为理想的避难之所。他们在这里修建寺院，修

行学习，逐渐使太白山成为关中佛教的一个后方基地，使太白山也留下了很多高僧修行的学习遗迹和文字记载。隋唐之际，关中地区作为全国佛教文化中心，集中了来自全国各地的高僧，他们在弘法之余，也被太白山绮丽巍峨的景致所吸引，故有众多佛教高僧入太白山隐修。五代以后，国家政治经济中心从长安转移到河南开封，关中虽也随之丧失了佛教中心的地位，但长安地区的终南山和太白山在汉传佛教僧团中仍有着重要的地位和影响。元明清时期，关中虽然不再是全国的佛教中心，但在三教合一思想潮流的推动下，太白山民间佛教活动开始积极发展，佛教文化与民众日常生活的关系也日益紧密，逐渐与道教、儒教、民间信仰相结合。近代，因兵荒马乱等各种原因使太白山的佛、道教寺院、道观毁坏严重，但太白山作为佛、道教隐修的理想之所，依然吸引了很多修道之人来此修行。

太白山佛教曾经有过辉煌的历史，尤其是在南北朝到隋唐的几百年间，太白山曾是长安佛教发展的后方基地。在佛教发展遇到挫折时，太白山又是佛教的避难和存留之所，大量的高僧曾在此修行弘法，也使得太白山在中国佛教文化中具有非常重要的地位。今天，在太白山深处依然有大量的佛教文化遗存，如中山寺、平安寺、放羊寺、明星寺等。正因如此，太白山至今仍然是众多佛教信众向往和行脚的神圣之地，因此，佛教文化在太白山宗教文化中仍然具有重要地位。

四、天主教与民间信仰是太白山宗教文化的补充

清朝早期，天主教文化也开始进入太白山并传播至今。清乾隆四十二年（1777），高陵通远坊的传教士刘嘉录在扶风、眉县一代开始传播天主教，后来他也看中了太白山独特的地理优势，便在太白山北麓的横渠镇豹窝（今跑安村）购地并建成了圣若瑟堂、圣母堂、十字山小堂等建筑，这是眉县最早的天主教堂。由于豹窝地理环境和耶路撒冷的加尔瓦略山相似，所以当地的传教士请求罗马教廷将其封为东方的圣十字山，因此，太白山豹窝十字山（又称玫瑰十字山）被中国天主教徒视作圣地。每年 5 月，会有全国各地数以万计的天主教徒来此朝圣。

除了太白山神信仰外，在太白山宗教文化中，还有其他各种民间信仰文化点缀其中，如文公韩愈信仰、武安君白起信仰、杨泗将军信仰、鬼谷子信仰、三霄娘娘信仰、财神赵公明信仰、姜子牙信仰等。这些民间信仰文化不仅仅存在于口头传说中，而且它们各自都有奉祀的庙宇。此外，因太白山地势险峻，景色秀美，物产丰富，所以自古以来就成为各种隐士隐居其中的理想之所。因此，除了有佛教的僧人与道教的道士隐居修行外，还有其他文人儒士也会隐居在太白山中，历史上曾在太白山隐居终身或隐居一段时间的文人雅士不少，其中最著名的有东汉经学家挚恂、初唐宰相杜淹、"初唐四杰"之一卢照邻、明代隐士孙一元、不与清廷合作的李雪木等。这些隐士隐居太白山的原因各不相同，但是他们已然成为太白山隐逸文化的一部分，其中有些是当地人们颂扬的对象，有些还成为各种传奇故事的主人公，甚至有些还作为太白山神的化身被人们奉祀。由此可见，太白山的民间信仰和隐逸文化也是太白山文化中重要的点缀。

第三节　太白山宗教文化的空间分布

由以上内容可知，太白山是一座融太白神、道教、佛教、儒教、天主教和民间信仰于一体的立体多元的宗教文化场域，且因太白山宗教活动往往以朝圣为指向，如此便自然形成了从山脚通向太白山的最高峰——拔仙台的数条朝圣之道，太白山的各种宗教文化遗存也主要分布在这几条通往山顶的山路沿线。太白山处于陕西眉县、周至县和太白县三县的交界处，因此从不同方向通往半山坡的道路有好多条，随着山势越来越陡峭，登山也越来越困难，到半山腰时，很多道路便逐渐会合成为几条主干登山线路。从眉县境内的太白山北坡到达山顶有三条主干路线，从周至县与太白县境内的南坡到达山顶有两条主干路线。

一、太白山北坡登山路线

太白山北坡的登山路线主要在眉县境内，共有东、中、西三条主干线。

太白山登山主要路线图

东线是现在的旅游主干道，这条道路是从汤峪口到达山顶。由于是旅游线路，近些年来经过开发整修后，从汤峪口到下坂寺这一段路线是双向两车道的柏油路，观光缆车可通往拜仙台，再步行登山。东线从汤峪口入山，沿途宗教文化遗存主要有青牛洞—汤峪太白庙—观音洞—鬼谷子洞—玄德洞天—下坂寺—上坂寺—小文公庙—大文公庙—大爷海—拔仙台等。这是太白山旅游的主干线，也是目前交通最为方便的一条道路。

中线是古时候攀登太白山的主要干线之一，现在只有山脚到半山腰的道路还经常被信众和游客使用，高山区的道路由于过于险峻难行，已经很少有人攀登了，基本荒废。中线是从钟吕坪入山，沿途的宗教文化遗存主要有钟吕坪—老君洞—远门口十三宫—三官池—金仙洞—雪木洞—神仙洞—十里庙—香引山—仙人桥—接官亭—金锁关，然后在下坂寺与东线会合。

西线是从眉县营头镇入山，经自然保护区管理局，而后登顶。此外，从太白县鹦鸽乡出发登山，可分别以柴胡山村、六家村、南塬村三地为起点，向东南方向上行六七公里至下白云，与从眉县营头镇出发的登山路线会合。西线沿途的宗教文化遗存主要有进林寺—蛟龙寺—黑虎观—蒿坪寺—下白云—上白云—骆驼树—菩萨大殿—斗姆宫—平安寺—明星寺（明心寺）—放羊寺（芳香寺），然后在大文公庙与东线和中线会合。

二、太白山南坡登山路线

太白山南坡登山路线主要有东西两条，东线在周至县境内，西线在太白县境内。

东线是从周至县的厚畛子镇登山，经都督门，西北上行经南天门，再上行至将军石与前路会合，再经玉皇池、三太白海、二太白海最终登至拔仙台。

西线是从太白县的黄柏塬镇曹家河坝北向从龙洞沟登山，沿途的宗教文化遗存有太白庙—大坪—将军石—老庙子—灵官台—莲花池（莲花台）—万仙阵—佛池—玉皇池。至此，南坡的东西登山线路合二为一，向北一路

太白山宗教文化分布图

途经三爷海、二爷海、大爷海到达顶峰拔仙台。

三、太白山宗教文化的空间分布规律

太白山宗教文化遗存丰富，虽然种类繁多，但是它们的空间分布却杂而不乱。根据实地考察可知，太白神信仰是太白山最重要的宗教文化，因此太白庙的分布在各个朝山路线沿途，除此之外，太白山下各个县镇乡村到处都有不同大小规模的太白庙。太白庙是太白山上分布最为广泛的神祠，这也充分体现了太白神在太白山的特殊地位和重要影响。

在太白山北通往山顶的几条主干道中，北坡的中路和西路曾是最早通往太白山顶的老路。通过实地考察发现，沿途各个宗教文化遗存有一个明显的规律：北坡中路沿途分布的基本上都是道教文化遗存，如钟吕坪、老君洞、斗姆宫以及群体性建筑远门十三宫等。北坡西路沿途的宗教文化遗存以佛教为主，如进林寺、蟠龙寺、蒿坪寺、中山寺、菩萨大殿、平安寺、明星寺、放羊寺等。虽然有些寺院现在已经废弃损毁，甚至为道教人士所占用或管理，但它们的名字仍是佛教寺院的名字。而且在这些寺院中，有些寺院的历史非常悠久，据传建于唐代的中山寺中曾发现有一尊贞观四年（630）的菩萨像（现存于眉县博物馆），石像背后有"唐贞观四载玄奘□"等字样，据此推断，中山寺的建造和玄奘有密切关系。此外，发现于1960年，现存于太白县博物馆的一方汉白玉西方三圣浮雕像，其右框刻有铭文两行，共33字。其落款时间为"大唐天宝元年岁次壬午四月八日书立"。由此可见，分布在太白山登山西线上现为道教宫观的上白云在唐代也曾为佛教寺院。

太白山北坡西路从山脚到山顶100公里的山路沿途分布的几乎全是佛教文化遗存。依此推断，古代佛教和道教在太白山虽然同处一山，但它们又各自分别占据一条通往山顶的要道。甚至可以说，因为佛教和道教分别聚集在这两条山峪之中，才开辟了这两条通往山顶的朝山之路。从现有的宗教场所遗址分布情况来看，佛教寺院沿着山上的西路一直通到山顶，在高峻幽深的太白山中，佛教寺院的分布密度还是很大的。由此可见，当时

太白山的佛教文化也是非常兴盛，足可以与当时的道教文化并驾齐驱。

　　因长期的衰败和毁损，目前太白山佛教文化遗存情况较为惨淡，主要呈现以下几种情况：第一种情况，目前仍是佛教活动场所，维持着正常的佛教活动，如进林寺、中山寺、蒿坪寺、铁佛寺、菩萨大殿和上洪武寺等；第二种情况，从名称和历史记载来看，过去属于佛教活动场所，但后来因佛教界无人经管，被道教界人士接手后作为道教活动场所来使用管理，主要有观音洞、下坂寺、上坂寺、平安寺、上白云、下白云、石佛寺等；第三种情况，佛教寺院的遗址目前还保留着，且没有被占用或接管，但建筑已经完全毁坏荒芜，无人管理居住，主要有放羊寺、明星寺、蛟龙寺等；第四种情况，历史上曾经很繁盛，但遗址已经被占作其他用途或遗址无存，如皇觉寺、茅云庵、蟠龙寺等。

第二章

太白神信仰

第一节　太白山与太白神

太白山是秦岭的主峰，也是我国青藏高原以东的最高峰。因其特殊的地理位置、地形地貌以及气候条件，使其天然具有浓厚的神秘色彩而为世人所关注，引得历代文人吟咏不绝。李白曾在《古风五十九首》中赞道："太白何苍苍，星辰上森列。去天三百里，邈尔与世绝。"韩愈在其《南山诗》中云："西南雄太白，突起莫间篦。藩都配德运，分宅占丁戊。"书法家于右任在《太白山纪游歌》中称太白山："高踞西北雄且尊，太华少华如儿孙。"正是因为太白山具有特殊的自然条件，在盛行山川崇拜的古代，自然容易被人们作为崇拜对象予以神化。

一、太白神信仰的形成

在早期山川自然崇拜时代，太白山很早就成为周围人们崇拜的对象。在中国古代，自然崇拜中的山川崇拜非常普遍，不仅民间到处都有自然山川崇拜现象，而且国家政权也将一些著名山川纳入了祭祀体系之中，使山川祭祀成为中国古代国家祭祀体系中的重要组成部分。早在秦朝时就确立了统一王朝的山川祭祀体系，秦始皇将全国山川分为"华（山）以西"和"崤（山）以东"两部分，制定详细的祭礼。西汉宣帝时，五岳四渎成为山川祭祀的主干，并辅以其他地方山川祭祀。西汉时期，国家统治者开始对名山大川赐以名号，并赐以人爵，开始了山川神的人格化过程。东汉以后，这种风气更加流行。唐宋时期，对山岳海渎神祇加封人爵成为风尚。到了元代，岳镇海渎祭祀发展到了顶峰，成为国家祭祀体系中的重要组成部分。因此，太白神信仰是我国古代山川自然崇拜的典型代表，而且太白神信仰的内容随着时代的变迁而变化。

古人敬畏自然，崇拜山川，是因为在生产力极不发达的古代，人们的很多生产、生活活动受到自然条件的极大限制，当时人们的认识水平对很多自然现象无法解释，因神秘感和敬畏感而形成崇拜心理。人们对能够帮助抵御灾害和带来福祉的自然现象则采用各种庄严的仪式表达崇敬之情，所谓"法施于民，能御大灾；能捍大患，则祀之"。在此观念影响下，人们认为不同的山川之神具有不同的神力和功能，而且，当人们认为某位神灵在某个方面较为灵验时，就会加强对其神力和功能的期待并宣扬。如此一来，神助人力，人宣神功，经过一段时期后，一位生动活泼、栩栩如生的神灵就逐渐呈现在世人面前。太白神就是因其具有强大的"兴云致雨，息涝弭灾"等神职功能而备受历代民众和统治者的崇奉。在太白神的形成过程中，虽然他曾被塑造为不同的形象，但是在其众多神职功能中，影响最大的则是其"兴云致雨"之能，而且因其多有灵验，民间和官方都热衷于到太白山祈雨，并因此衍生出了丰富的太白山祈雨文化。从古代历史文献有关太白神的记载来看，其从一位普通的神灵逐渐转化为以行云布雨而闻名于朝廷的专职神灵。

二、太白神地位的变化

史料记载，早在汉成帝时期（前32—前7），太白山已有神祠并有大规模的祠祀活动。北齐文宣帝时期，太白山神祠得到重建。又据《续高僧传》记载，隋代炀帝携法安禅师一起巡游泰山时，"及至寺中，又见一神，状甚伟大，在讲堂上手凭鸱吻下观入众。王又问之，（法安）答曰，此太白山神，从王者也"。在这里，太白神又成为隋炀帝的保护神的身份。

唐代中期，在道教界的努力宣扬下，太白山受到皇帝的赐封，太白神被赐予人爵称号，至此太白山祭祀告别了民间"淫祠"地位，被纳入国家祭祀体系。在此情形下，太白神信仰活动在民间也受到很大鼓励，太白庙的修建从太白山扩散到眉县及其附近各县。宋元以后，太白神信仰逐渐遍布关中平原各地，至清代则北至黄土高原北部的宁夏固原，东至河南的开封，西至甘肃的陇西，南达陕南的南郑均建有太白神祠。太白神信仰突破了原有的地域限制，太白神也不再是一个地方性神祇，成为跨省区的神祇。

杜光庭《历代崇道记》中记载，唐开元年间，"帝梦见混元言：'我有灵应，寻当自至。'遂于太白山获灵符玉册，及迎到京，置于灵符殿，亲自供养。仍封太白山神为'灵应公'，改获符洞为'嘉祥洞'，于山下置真符县，乃令诸道置真符观，仍编入史"。在该书记载中，唐代的太白神仍是一位功能模糊的神灵。

在五代十国时期，太白神则以预测未来吉凶而著称，《旧五代史·唐书》卷二十二记载："先是，帝在凤翔日，有瞽者张濛，自言知术数，事太白山神，其神祠即元魏时崔浩庙也。时之否泰，人之休咎，濛告于神，即传吉凶之言，帝亲校房暠酷信之。"这时的太白神已经不是一个抽象模糊的自然神，而是以北魏时期的崔浩显现，在该文中记载了这位张濛代太白神成功预测了各种重大历史事件而受到崇拜。

到了宋代，太白神因祈雨灵验越来越被推崇，最能反映这一现象的是苏轼所作《代宋选奏乞封太白山神状》的流行，"仁宗至和二年七月，知府事李昭遘言，山下有湫，祷雨辄应，诏封济民侯"。因为苏轼的奏状，皇帝再次将太白神的封爵由"济民侯"加升为"明应公"。神宗熙宁八年（1075）六月，又加封为"福应王"。此后，元明清时期，太白神的神职功能主要集中在兴云致雨方面。因北方多旱灾，因此太白神的影响范围也越来越大。

据《清实录乾隆朝实录》卷一千二百五十八记载："据毕沅奏，太白山神，夙昭灵应。因率在省各官赴庙祷雨，复委员亲诣灵湫取水。六月初一日，甫经到山，雷雨立霈。初四日，水方到省，是夜大获甘霖，连三昼夜，入土十分，深透益壤。附近各属禀报，同日普润均沾等语。览奏欣慰，并亲制诗致谢……着该抚于祠内酌建碑亭，刊勒御诗。"御制诗："麦前旸雨各称时，麦后廿余日待滋。为祷灵山立垂佑，遂施甘露果昭奇。树碑铸铁传福地，取水凝湫自皓池。粒我蒸民布天泽，蠲诚致谢此摛词。"这段文字记载的是陕西巡抚毕沅祈雨后将情况启奏乾隆皇帝，乾隆皇帝还专门为此撰写了御诗并刻碑，以示谢忱，该碑目前依然保留在清湫太白庙中。后来，毕沅担任河南巡抚时，又上奏朝廷，将太白神祈雨之事引入河南境内，并建太白神庙供奉，使太白神的影响逐渐向中原地带扩散。

除了这些官方史料的记载外，还有一些民间书籍也记载了太白神的各种神异，为太白神的影响扩散发挥了重要作用，如清代佟世思撰写的《耳书䏈话》、袁枚撰写的《子不语》等都有太白神相关的故事记载。《子不语》卷二十三记载了这样一个故事："秦中太白山神最灵。山顶有三池：曰大太白、中太白、三太白。木叶草泥偶落池中，则群鸟衔去，土人号曰净池鸟。有木匠某坠池中，见黄衣人引至一殿，殿中有王者，科头朱履，须发苍然，笑曰：知尔艺巧，相烦作一亭，故召汝来。匠遂居水府。三年功成，王赏三千金，许其归。匠者嫌金重难带，辞之而出，见府中多小犬，毛作金丝色，向王乞取。王不许，匠者偷抱一犬于怀辞出。路上开怀视之，一小金龙腾空飞去，爪伤匠者之手，使其终身废弃。归家后，忽一日雷雨下冰雹皆化为金，称之，得三千两。"

由此可知，在太白神信仰流行的 2000 多年中，官方与民间都起到了推动作用，从而使得一位地方山神逐渐成为家喻户晓的功能神，其奉祀也由民间走向了官方。究其主要成因是在农业为主的古代社会，雨水对于官方还是民间都是非常珍贵的自然资源，是影响人们生产劳动和生活的重要因素，而太白神的神职功能在发展变化过程中刚好满足了这种巨大的社会需求，因此形成了奉祀太白神长兴不衰的宗教现象。

太白神因太白山而成形，太白山因太白神而神秘。经过 2000 多年漫长的历史过程，太白神最终由地方性的山神，逐步上升到享誉朝野的道教神灵，这在中国宗教史上较为少见。太白山也因此逐渐被冠以仙山之名，太白神信仰也逐渐走出了太白山，走向了关中大地，最后走向了中国的大西北和中原地区，甚至走进了文学作品，成为中国传统文化中的一个重要符号。

第二节　太白神信仰的演变

太白神信仰是太白山宗教文化形成的源头，因此，太白神到底是谁或者是怎样的形象，是一个需要探究的重要问题，但从目前现有的各种史料来看，这一问题却有各种不同的答案。从现有的史料和民间传说来看，被奉为太白山神的对象因历史时期不同而有所变化。较为流行的说法有太白金星，周太王三子（泰伯、仲雍、季历），不食周粟的伯夷、叔齐和周贲，神应公，谷春，崔浩等。对于太白神到底是一位还是三位，也有不同的说法。下面将不同时期关于太白神的不同说法予以归纳整理，简要介绍。

一、白帝少昊

对于太白神到底是谁，有多种说法，其中追溯最远的是白帝少昊的说法。白帝少昊，传说中的五帝之一，生于穷桑（今山东曲阜北）。西晋皇甫谧撰写的《帝王世纪》中记述："少昊帝名挚，嬴姓也。"传说少昊是黄帝的长子，因"能修太昊之法""以金德王天下"而得名，当登帝位时，凤鸟适至，故以鸟纪官。少昊施政，"民无淫，天下大治，诸福之物毕至"。少昊既是东夷人的首领，也是秦人的祖先。

这种说法认为，中国历史上的秦人来自东方，即 4000 多年前主要

白帝少昊的古代画像

活动在我国东部一带的古东夷族，他们是少昊的后裔。古东夷族在发展过程中，一部分与当地民族融合，一部分寻求新的发展空间，最后迁徙到西犬丘，即今甘肃礼县一带的西秦岭和渭水上游，这部分东夷人被称作"秦人"。秦人在西秦岭及渭河地区发展，改革强兵，先后灭六国统一中国，建立了大秦帝国。秦人自襄公到献公400多年间，先置4个畤，后增加到6个畤。在这6个"畤"中，有三个用于祭祀白帝。因此，秦人是将白帝作为自己的祖先来祭祀，因此逐渐产生了太白神即白帝之说。《新五代史·刘延朗传》记载："太白者，西方神之名也，佐帝少昊执矩而治秋，令为金，卦为兑，金状水生，故多澍雨。兑，说也，故多灵感，湫池之水，诚求愈百病。"清代贾銥的《太白山祷雨记》："夫西方之帝是为少昊，其神太白，其兽白虎，其野井鬼。于卦为兑，于风为阊阖，于律为夷则，于十为上章重光。又太白长庚星也，令行者金，金生水源者，故祷必雨，理或然也。"另外，近年发现有些太白庙的碑文中有"太白山为雍州巨山""（秦）文公作鄜祠白帝……太白之神，意即所谓白帝"等语句。从这些碑文透露的信息可以看出，最早太白神的祭祀源于秦人"鄜畤"的畤祭，神主就是白帝少昊。秦汉以后祭祀太白山、白帝少昊的情况发生了变化，祭祀内容由最早的祖先崇拜转换为自然山川崇拜。

二、神话中的太白金星

传说中的太白金星

太白金星源于古代的星辰崇拜，是对太阳系中接近太阳的第二颗行星"金星"的神化。《史记·天官书》云："察日行以处位太白。"金星与木、土、水、火星等构成中国古代天文学中的重要星宿系统，被认为是天帝周围最重要的五位助手，所谓"水、火、金、木、镇（土）星，此五星者，天之五佐"。唐代道士李浑更言其在太白山遇太白老人授以玉版石记符，这位太白老人，正是太白金星，太白金星因此被封为太白神。后来道教将太白金星纳入了神仙系统，就使得太白神信仰自然进入了道教文化体系。

三、伯夷、叔齐、周贲

伯夷、叔齐是商代末年孤竹国君的儿子，《史记·伯夷列传》记载，孤竹国君欲传位于二儿子叔齐，国王死后，太子叔齐坚持让位给哥哥伯夷，伯夷以父命难违为由拒绝。为了让弟弟叔齐安心继承王位，伯夷选择了出

古画中的伯夷与叔齐

逃，叔齐则认为废长立幼不符合礼制也逃跑了，伯夷与叔齐兄弟二人相遇后来到西岐。适逢武王姬发伐纣，二人叩马而谏，认为武王伐纣为不忠不孝之举。后武王灭商建立周朝，伯夷、叔齐认为自己是商朝子民而拒食周粟，他们和同来的周贲元帅一起饿死在首阳山。西周政治家、军事家姜尚认为三人是至仁至义之士，将他们封为太白山神。

四、谷春

郦道元《水经注》记载："（太白）山上有谷春祠。春，栎阳人，成帝时病死而尸不寒，后忽出栎南门及光门上，而入太白山。民为立祠于山岭，春秋来祠，中止宿焉。山下有太白祠，民所祀也。"《大明一统志》载："凤泉废县，在眉县东南。"清《眉县乡土志》载："凤泉宫在县东南三十里，凤泉城内，亦隋时置，唐时皇帝多次沐浴凤泉汤，封谷春为太白山神。"另据清乾隆时《鄠县志》记载："谷春，栎阳人。汉成帝时为郎，病死尸不冷三年，家已发丧行服，不敢下钉。三年更着冠帻，坐县门上，邑中大惊。家人迎之，不肯归。发棺有衣无尸。凡留三宿，又止长安横门，人知追迎，复去太白山，立祠山上，时来至其祠中宿焉。"由此可见，谷春是一位奇人，由于其死而复生的事情主要发生在太白山，所以后人视其为太白山神。

五、崔浩

崔浩，北魏时人。崔浩出身北方高门士族，曾在北魏道武帝、明元帝、太武帝三朝为官，官至司徒，常年参与军国大事，对促进北魏统一北方起了重要作用。他博览经史，善于书法，兼通阴阳术数。处理政务主张先修人事，次尽地利，后观天时。明元帝时，崔浩劝阻了迁都南下的计划，建议明元帝立长子拓跋焘为副主，从此册立太子成为北魏的一项制度。太武帝时，他三次力排众议，主张攻灭赫连夏，提出主动出击柔然，攻灭北凉沮渠氏。这一系列战事中，北魏大获全胜，不仅解除了周围各国的军事威胁，并最终为北魏统一北方奠定了基础。崔浩也因此获得了北魏各个皇帝的赏识，一时权势无双。崔家祖上累世奉道，他母亲尤其笃信道教。崔浩本人从小也偏好仙道之术，长大后曾学过占星和阴阳术，还拜著名道士寇谦之为师。后来他与寇谦之对太武帝废佛起了重要的促成作用。崔浩后因国史之狱被太武帝所杀。崔浩死后，也一度被奉为太白山神。

《新五代史·唐臣传》有这样的记载："刘延朗，宋州虞城人也。初，废帝起于凤翔，与共事者五人：节度判官韩昭胤，掌书记李专美，牙将宋审虔，客将房暠，而延朗为孔目官。初，愍帝即位，徙废帝为北京留守，不降制书，遣供奉官赵处愿促帝上道。帝疑惑，召昭胤等计议，昭胤等皆劝帝反，由是事无大小，皆此五人谋之。而暠又喜鬼神巫祝之说，有瞽者张濛，自言事太白山神。神，魏崔浩也，其言吉凶无不中，暠素信之。尝引濛见帝，闻其语声，惊曰：此非人臣也。暠使濛问于神，神传语曰：三珠并一珠，驴马没人

崔浩的古代画像

驱。岁月甲庚午，中兴戊己土。暠不晓其义，使问濛，濛曰：神言如此，我能传之，不能解也。帝即以濛为馆驿巡官。"

另外，清代徐松所编《宋会要辑稿》卷二一记载："福应王庙，庙在秦凤路凤翔府郿县太白山神魏崔浩祠。真宗大中祥符三年九月，诏遣使重修太白山神魏崔浩庙。"由以上文献信息来看，在五代到北宋时期，供奉的太白山神主要是崔浩。

六、从神应公到灵应公

从唐代开始，朝廷开始册封太白山，对太白山赐予人爵。尽管封号有所不同，但这一行为标志着太白山祭祀在国家祀典中的重要地位，太白神信仰从民间正式走向官方祭祀。据《新唐书·王铣传》记载，李浑曾在太白山隐居，玄宗天宝八载（749），他向皇帝上奏说自己曾在太白山间遇太白老人，告知金星洞有玉版石记符，皇帝命御史中丞王铣入仙游谷求而

获之。玄宗大感神异，于是下令将太白神册封为"神应公"。

《资治通鉴》卷第二百一十六记载："天宝九年（750）冬，十月，太白山人王玄翼上言见玄元皇帝，言宝仙洞有妙宝真符"。命刑部尚书张均等往求，得之。时上尊道教，慕长生，故所在争言符瑞，群臣表贺无虚月。天宝十四载（755）又将之改封为灵应公。

七、从济民侯到惠济王

宋朝初年，太白神地位有所下降，其爵位封号由"公"降为"侯"。据《续资治通鉴长编》卷一百八十记载，宋仁宗至和二年（1055）："庚午，封凤翔府太白山神为济民侯，以知府李昭遘言其山下有湫，祷雨辄应也。"据《苏东坡全集》卷六十六记载，后来苏轼到凤翔府任职后，发现太白神被降低爵位后不如以前灵验，便于嘉祐六年（1062）写了一封《代宋选奏乞封太白山神状》，奏请皇帝为太白山神加封晋爵，皇帝准奏后封其爵位为"明应公"。这篇奏状至今得见：

> 伏见当府郿县太白山，雄镇一方，载在祀典。案，唐天宝八年，诏封山神为神应公。迨至皇朝，始改封侯，而加以济民之号。府界自去岁九月不雨，徂冬及春，农民拱手，以待饥馑，粒食将绝，盗贼且兴。臣采之道途，得于父老，咸谓此山旧有湫水，试加请祷，必获响应。寻令择日斋戒，差官莅取。臣与百姓数千人，待于郊外，风色惨变，从东南来，隆隆猎猎，若有驱导。既至之日，阴威凛然，油云蔚兴，始如车盖，即日不散，遂弥四方，化为大雨。罔不周饫。破骄阳于鼎盛，起二麦于垂枯。鬼神虽幽，报答甚著。臣窃以为，功效乱至大，封爵未充，使其昔公而今侯，是为自我而左降，揆以人意，殊为不安。且此山崇高，足亚五岳，若赐公爵，尚虚王称，校其有功，实未为过。伏乞朝廷更下所司，详酌可否，特赐指挥。

宋神宗熙宁八年（1075），又加封太白神为"福应王"。哲宗绍圣三年（1096），再次晋封为"惠济王"。

八、三王共尊

元朝时，朝廷因太白山上有三个水池（**大爷海、二爷海、三爷海**），相应地将太白山神的封号一分为三，分别赐予"普济王""惠民王""灵应王"的称号。民间相应地称之为大太白、二太白、三太白，并有非常可爱的昵称："大阿福""二阿福""三阿福"。至此，太白神再次一分为三。

九、三官并奉

道教中天官、地官、水官等三官也被当地百姓当作太白神供奉。大太白池太白庙铁碑记载："太白山者，秦中之名山也。秀岭拂云，高峰参天。山之巅有积雪，冬夏长存，为八景之一。山之天地池灵湫，春秋不涸，为三秦之胜，实中华之胜地，西秦之奇观也。古昔相传，有真人潜踪于此，而且顶上有洞，名十一洞天，三官大帝实托居焉。夫三官者，上职天条篆，下统地府，中司民命，为此山王，叩之即应，感之遂道，如音应声，如影随形，虽云之灵，实神之灵也。大清康熙二十年六月吉日。"从此碑文可以看出，当地人们也将三官作为太白山神来对待，这主要是道教入住太白山后道教化的说法。此外，在户县（**今西安市鄠邑区**）大良村村外西南侧也曾有三官庙一间一进，内供天官、

平安寺铁筑水官残像

地官、水官，这说明在太白山附近以三官为太白神的情况比较普遍。

十、福应王

乾隆五年，总督尹继善奏入陕西祀典。乾隆三十九年，巡抚毕沅奏封太白山神，《清实录乾隆朝实录》卷之一千二百五十八中记载，乾隆皇帝不仅准奏封太白神为"福应王"，还专门写了一首御诗，敕令刻碑存留："又谕：据毕沅奏，太白山神，夙昭灵应。因率在省各官赴庙祷雨，复委员亲诣灵湫取水。六月初一日，甫经到山，雷雨立需。初四日，水方到省，是夜大获甘霖，连三昼夜，入土十分深透。并据附近各属禀报，同日普润均沾等语。览奏欣慰，并亲制诗致谢。神明赐佑，灵应聿昭，我君臣当益申虔敬。……并著该抚，于祠内酌建碑亭，刊勒御诗。其碑身高宽尺寸，即开明遇便具奏，候朕亲书发往，将此传谕知之。"

清人赵嘉肇曾对太白山神进行过考证，他说："考太白者，西方神之名也，佐帝少昊，执矩而治，无所谓伯、仲、叔也。汉成帝时，有太白祠神，曰谷春，春为祠神，非太白山神。五代时，或曰崔浩，益荒诞不经。唐天宝七载封太白山神为神应公，十四载改封灵应公。宋皇祐五年封为济民侯，自是祷雨不应。嘉祐六年，苏轼代宋选上言，复封明应公。熙宁八年，进封福应王。绍圣三年，改封惠济王。至于有元，则析分为三王，曰普济，曰惠民，曰灵应（俗称曰大阿福、二阿福、三阿福），此大太白、二太白、三太白所由昉也。肖像以三池亦分隶之（俗呼曰大爷池、二爷池、三爷池），稽诸古籍无可依据（按：池有三，当曰太白大池、太白二池、太白三池为是）。"

从以上各种情况来看，太白神的信仰可以说是源远流长，但太白神称谓在不同的时代却是有很大的变化。在太白神诸多神职功能中，影响最大的是其"兴云致雨"功能，官方和民间都热衷于到太白山祈雨，留下了大量的历史文化遗存。此外，随着太白神信仰范围的扩大和太白庙数量的增多，太白神的神职功能也逐渐有所扩展。这说明在不同的时代，太白神的形象因社会需求的变化而变化。但在信仰者看来，太白神始终就是那个太白神，只是在不同时代需要不同身份的太白神，因此就会有各个时代的太白神化身而已，太白神形象的不断演变并没有给信仰者造成太大的困扰。目前，各地不同的太白庙所供奉的太白神并不统一，有的太白庙供奉一尊神像，如以崔浩作为太白神的太白庙；有些太白庙供奉三尊太白神像，而且供奉三尊太白神像的说法也各自不同，有些说是伯夷、叔齐、周贲，有些说是大太白、二太白和三太白，如此等等，各不相同。

第三节　太白神与祈雨活动

一、古代文献中有关太白山祈雨的记载

太白神以求雨灵验著称，而且这种说法和传统五行学说相对应。清代赵嘉肇在《太白纪游略》中分析道："夫太白属金，金生水，故神湫能沛甘霖。"当地民众很早就相信太白山神具有兴云致雨的神功，因此，每当遇到天气大旱已经严重影响到人们的生产、生活时，就会启动向太白神祈雨的活动，并形成了一套内容丰富、形式繁杂的祈雨仪式，同时也相应地对太白山形成了一些特殊禁忌，如《水经注》记载："（太白）山下军行，不得鼓角。鼓角，则疾风雨至。"

祈雨作为古代重要的宗教仪礼内容，受到了上自皇帝下至庶民百姓的重视，皇宫大内、官衙、名山大川都是著名的祈雨场所。太白山因其独特的气候条件，逐渐成为关中地区最著名的祈雨神山，而且其因祈雨灵验而闻名天下。太白神能够在不同朝代都能得到皇帝的赐封和地方政府的祭祀，主要就是因为他能兴云致雨，减轻旱灾。唐德宗贞元十二年（796），"孟秋旱，分命祷祀，京兆尹韩皋下令邑饰祠宇，周至县令裴均统承制诏，翌日大雨"。此次活动被柳宗元撰文刻碑记述，这也是太白山官府祭祀求雨的最早记录。

古代地方官员不仅入山求雨，还撰文描述仪式结束后天降甘霖、官员下山还愿等内容。地方官员入太白山祈雨并撰文者不计其数，其中最著名

第二章　太白神信仰

的当数唐代的柳宗元、宋代的苏轼和清代的毕沅等。祈雨成功后，苏轼写下《凤翔太白山祈雨祝文》（祈雨碑现藏眉县文化馆）。碑文记载，苏轼三月十一日祈雨，四月十六日便下了小雨；十九日再祈，两天后细雨连续下了三天，于是他又写下了《太白山祈雨迎送词》五章，其中一章云："风为幄，云为盖；满堂烂，神即至。纷醉饱，赐以雨；百川溢，施沟渠，歌且舞兮。"清乾隆三十九年（1774），毕沅祈雨成功，写下《太白山祈雨文》，并向朝廷奏请将太白山祭祀纳入国家祀典。乾隆帝准奏，加封太白山神号为"昭灵普润福应王"，又特颁御书匾额"金精灵泽"四个大字，并御制诗一首。清末，慈禧太后与光绪逃难到西安，适逢关中大旱，于是派桂春山带人入山求雨，祈雨成功后又在远门口保安宫立碑勒石以记其事。这是史料记载的封建王朝统治者最后一次在太白山进行的祈雨活动。

太白山顶的太白山祈雨铁碑

除了太白山附近州县在太白山祈雨外，也有陕西之外的州县从千里之外来太白山祈雨的情况。明万历年间，宁夏固原地区大旱数年，虽有朝廷赈济，但灾情依然严重，"在岁壬午，秦大无年，枕藉死于道路者无算。是时行者未归，居者呻吟未息也"。在这种情况下，束手无策的三边总督郜光先就派人到太白山来祈雨。数次祈雨都成功后，便在固原修建了一座规模宏大的太白庙，并撰文刻碑记载此事。碑文中还记载了一件趣事，在第二次求雨过程中，郜总督从固原派去太白山湫池取水的人，瓶子中只取回来了一寸湫水，追问原因，取水的人"则以诞语对曰：（太白）神固云，以二分雨相贶也"。结果这次竟然真的只下了二分雨量。使得郜总督不得不叹服地说："顾谓我递祷递应，而偶疏于祀，则安可不自引咎谢神人，奈何以及匹夫匹妇。"意思是说，我们每次祈雨都应验，但却很少祭祀太白神，难道不是自己的过错而愧对神人吗，这和村野匹夫有什么区别呢。

在《清实录乾隆朝实录》卷一千二百二十五中也有一段关于河南官方向太白山祈雨的记载："河南巡抚毕沅奏，臣由保定起身，察看直属赵州、顺德以北，初七八等日，雪泽优沾。至迤南之邯郸、磁州，雪势渐小。一入豫境，自彰德至卫辉，只得过雨雪一两寸不等。随落随化，入土未深，仍然不能耕种。臣现率藩司□兰，虔诚步祷，至陕省太白山神，屡昭感应。前奉旨，令臣将如何祈雨之处，告知何裕城。遵照虔祈，但何裕城到陕尚需时日，而豫省各属，待泽孔殷。臣拟先遣妥员，恭赍香帛祝文，即驰赴太白灵湫，取水来豫，供奉虔求。现今卫辉一带，被灾情形较重，应行筹办各事宜，即当妥筹，奏闻办理。得旨，览奏俱悉。"这段实录记载了河南巡抚毕沅启奏乾隆皇帝，为河南祈雨的内容。毕沅曾经担任过陕西巡抚，深知太白神祈雨非常灵验，所以看到河南旱情后，就迫不及待地率领隶属，从河南到太白山来祈雨。后来，在毕沅的影响下，河南境内也修建了数座太白庙。

由以上内容可知，在古代中国社会，祈雨是一种非常重要和常见的宗教活动，上自皇帝，下至官员，再到黎民百姓，只要遇到天旱无雨时，就会举行祈雨仪式。在西北和中原地区，向太白神祈雨又是各种祈雨活动中频次最高、影响最大的祈雨活动。

二、太白山祈雨活动的兴盛与衰落

陕西关中是传统的农耕地区，大部分地区年平均降水量只有五六百毫米，若遇天旱，就会直接影响百姓温饱，人们的生活和气候条件息息相关。明清时期，向太白山进香祈雨活动也是周边民众农业生产和生活的一部分。清人赵嘉肇在《太白纪游略》中说"每岁六月山开，惟男妇进香者踵至，即有时祷雨祈水而来者"。这些进香者不仅为自己祈求福寿，大多身负为乡人祈雨的重任。太白山祈雨灵验的说法经过当地百姓传说和地方官员的渲染，使得人们对其深信不疑，即使有时祈雨未得，人们也会从自身的祈雨活动是否虔诚、活动过程是否如仪如法等方面找问题，而不会怀疑太白神是否灵验。因此，太白山周边的各乡镇村每逢天旱时，就会举行祈雨活动，而陕西及其周边各省份气候比较干燥，容易遇到旱情，祈雨活动便成为一种较为普遍的社会宗教活动，向太白神祈雨往往是各种祈雨活动中最著名的。

各地为了祈雨的方便就会在本地修建太白庙，再在庙附近修建一个蓄水的漱池。如果旱情不是特别严重，人们就在当地太白庙举行小型的祈雨活动，如果旱情严重而且在本地太白庙祈雨不得，就会举行规模更大的祈雨活动，大型的祈雨活动往往要派人上太白山到大太白池取水。由于过去交通不发达，很多远道而来取水的人需要休息休整，为了方便在太白山取水时休息，很多外地人就在太白山下的远门口修建了属于自己的庙堂，作为他们那里的人登太白山前后休息休整的驿站，这样就形成了远门口的"九省十三宫"盛景。每次祈雨成功之后，往往要唱大戏谢雨，这不仅为群众提供了重要的娱乐活动，同时也为人们创造了社会交往和经济交流的机会，因此大多数人乐于参与祈雨活动。

太白山祈雨活动是一种大规模群众性的宗教活动，为了表达祈雨者对神灵的虔诚，长久以来，人们设计和积淀了一些祈雨活动的规程。太白山祈雨规程有较为简洁的，但也有非常复杂的，尤其是大坛祈雨，需要派人到太白山顶的大太白池取水，整个祈雨由伐马角、取水、接水、迎水、游水、围坛等一系列程序繁杂的过程组成，前后历时20多天，周围的村民基本上全部参与。所以，大型的太白山祈雨活动是一种规模宏大、程序繁杂、参与者众多、历时较长的大型民间宗教活动。

随着科技的进步和农业灌溉技术的发展，人们已经摆脱了过去靠天吃饭、靠神赐雨的困境，过去曾经普遍存在的祈雨活动便从我们的社会生活中彻底消失了。现在的人们几乎见不到祈雨活动，也无法想象这种活动的过程和盛况。社会的发展使得太白山祈雨活动最终完成了其历史使命，成为历史文化中的一部分。

三、大良村的"伐马角"祈雨

在太白山周围频繁的祈雨活动中，户县（今西安市鄠邑区）大良村的祈雨活动是各地祈雨活动中的典型代表。《咸阳师范学院学报》2012年第1期曾刊载过刘高明、孙立新、贾芝茂三人撰写的《户县大良村"伐马角"祈雨的原始崇拜文化考察》一文。该文详细记述了户县大良村祈雨活动过程。作者在撰写该文时还采访了很多曾经亲自参加过祈雨活动并担当重要角色的人，因此其内容较为可信，其中很多重要细节描述也为我们提供了难得的信息资料。下面根据该文内容，对这次太白山祈雨活动的规程和活动内容予以简要介绍。

大良村"伐马角"祈雨，就是在"马角"的指导参与下进行的祈雨活动。祈雨分小坛、大坛，具体采用哪种方式，村民还是要听马角的，大良村最后一次大型的祈雨活动是在1950年。

马角就是指宗教活动中神灵附体的人。伐马角就是通过特定的宗教仪式使神灵附着在某个人的身体内，然后以该神灵的身份活动。担任马角的人在神灵附体后，自己的意识便处于休眠状态，其言谈举止代表着依附其身的神灵，而与其本人无关，叫"角子"。神灵脱离身体后，此人的意识便会自动恢复。

（一）伐马角

据记载，大良村伐马角的过程非常有趣。找"角子"的这项工作，行话叫"采角子"，即在村民中海选，也可以从邻近村庄愿意参与这项活动的村民中选择。海选的办法是集中愿意参与这项活动的村民，一起在圣母庙敲锣打鼓奏响"伐马角"的仙乐，敲"仙乐"的时间可能会持续很长，有时会从早晨敲打到晚上，甚至一直敲打到后半夜，直到敲打得人困马乏。人们在敲打的过程中观察，看谁有神志恍惚的征兆，便初步确定下来，让其坐在神案前的长凳上，静心诚意，用折叠的黄表纸点着火，在其前额烧烤，在身子周围缭绕，直到烤得其灵魂出窍，神灵附体，随着其"哦"的一声跳起来，忘记了自己，以"神灵"的意识、行为行事，算是采角子成功了。一个人一旦担任了某位神灵的角子，便会长期担任，但如果这个人离开本地或死亡了，便需要重新"采角子"来替换前任。

大良村祈雨活动中要有9位马角，因此祈雨前的伐马角就是一个非常庞大的工程。这9位神灵分别是崇山大王、黑龙大王、巡池大王、开山大王、白马将军、杨泗将军、太尉、清水童子、净水童子。从名称来看，这些神灵基本上是在民间信仰中形成的山川神和个别人神，其中的崇山大王、黑龙大王、巡池大王、开山大王在周围其他村庄没有，只有大良村独自尊奉。各个"马角"手里都持兵器，其中崇山大王手持蛇形剑，开山大王手持钺斧，黑龙大王手持刀，或持软鞭，清水童子手持双剑，其他神灵均手持大刀。

"伐马角"的过程也叫"烘马角"，其规程如下：当旱情非常严重时，村子的"神事"主事人和热心村民先洒扫圣母庙庭院，敬起神明，并在神像前祈祷，说一些"生民罪孽深重，冒犯了神灵""盼降甘霖，怜悯生灵"之类的祷告词。然后在本村各个庙堂礼敬并请出三位太白神牌位及9位"马角"牌位，在圣母庙圣母圣像前设案焚香，燃烛礼敬，并敲打起锣鼓铙钹合奏的"伐马角"仙乐。在要"伐"的"马角"（一般先伐崇山大王）牌位前点着信香（上次"伐马角"结束前预留下的半支）。然后用折叠的黄表纸一端点着火，在担任崇山大王"角子"的前额转圈烧烤，一边烤，一边说："请你出幸！拯救万民！"这时担任角子的人坐在一条长凳上，双目微闭，任火烧烤，一直烤到灵魂出窍，崇山大王附体，身子颤抖，不能自已，"哦"的一声跳起来，进入癫狂状态，"马角"就算是被"伐"了下来。

伐下崇山大王马角后，具体采用小坛或大坛哪种方式祈雨等问题就由马角来决定和主导，村民们对马角的话非常听从。在得到崇山大王的指示后，村民们才按小坛或大坛的规矩祀神祈雨。在确定了祈雨及祈雨方式后，村民们就开始在圣母庙中张罗祈雨活动了。村民们要在这里架锅支灶，安排专人在庙里住下来，礼敬神明。然后其他8个马角都要被一个一个地"伐"下来，伐下了的马角先参见圣母和三位太白，之后就吃住在庙里，不准回家。

他们在生活上是吃素不吃荤，每当遇到祭祀活动，他们就会自觉进行器械表演，耍棍、抢刀、甩鞭、舞剑。因马角处在不能完全自制的状态，为了防止他们进行器械表演时出现意外或伤及他人，所以要在马角腰间拴一条白布，安排专人跟在后边牵制，这叫"拢梢"。

（二）小坛祈雨

大良村村民记忆中的小坛祈雨是在抗日战争后期，时值夏末秋初，当时天旱，村民在圣母庙伐下马角崇山大王，其示意小坛祈雨。村子的"神事"主事人便和热心村民，一边在圣母殿前的庭院里设置八仙桌，在桌面铺三张黄表，表上放置灌满净水的三个瓷瓶，瓶口插上柳枝，焚香燃烛礼敬，一边继续伐下其他马角，在仙乐声中礼敬神水。然后两个人一组轮换在八仙桌前长跪，进行"围坛"。围坛时间是7天，7天里被伐下来的马角统一住在庙里，不回家，不茹荤，四时礼敬神明。礼敬神明时，要仙乐齐奏，马角在癫狂状态下表演器械。马角还要点燃一张黄表，在高炉上方转圈"封炉"，然后赤手从炉内抓出"红铧"，红铧火星四溅，进行巫术表演。在这7天里，如果下了村民满意的透雨，就是"围坛"成功，村子里就要唱小戏，给神还愿，以示谢忱和庆贺。马角的担任者也能得到二斗大麦的酬劳。如果这7天里没有下雨，则是祈雨失败，称作"干坛"，那是很令人失望的事情。据回忆，抗战时期，大良村祈雨获得了成功，还愿演戏三天三夜，周围十里八村的村民都赶来庆贺。

"围坛"期满前，各个马角都要重新点燃一支信香，然后在别人重新用点着火的黄表烧烤下"落马"，结束癫狂状态，恢复自我。而后掐灭信香，永久保存，下次伐马角时用这燃剩的半支香。据说，下次伐马角时，如果不用这半支信香，就"伐"不下来。马角在被伐下来以后，在整个祈雨过程中也不是时时都处在癫狂状态，只是在祭祀、取水、接水、迎水、游水、围坛、谢水的某些阶段处于癫狂状态。马角处在癫狂状态时，人们称其为"出幸"。非癫狂状态，即未"出幸"时段，这时顶"马角"的人，就恢复了自我，言谈举止和日常无异。在"出幸"与未"出幸"之间，每次都有一回角色转换，转入癫狂状态，还叫"出幸"，由癫狂状态转入正常，则叫"落马"。转入癫狂状态时，马角会"哦"的一声跳起来，瞬间完成角色转换，"落马"时所顶的"马角"则会突然休克，仰面向后倒去。这时，"拢梢"的人要及时上前用力扶住，避免其跌倒摔伤，并及时在其前额用掌轻拍，促使其尽快清醒，转入正常。当马角被第一次伐下来后，二次"出幸"时，已经不需要像初始时"烧烤"，只要"领班"一声吆喝，会突然"哦"的一声转变角色。

（三）取水

大良村祈雨时，如果马角指示大坛祈雨，祈雨活动就开启了繁杂的大坛祈雨规程，其程序分为取水、接水、迎水、游水、围坛5个环节。

取水是大坛祈雨的第一个环节，即安排7位"弟子"往太白山大太白池取水。在7位取水的人中，必须有一位德高望重而且属龙的人领队，这位领队的主要任务是背水背笼。取水起行的时间一般都安排在后半夜，各人自带一定量的炒面、饼子等作为干粮，然后到圣母庙祭祀圣母、三位太白神。然后背上水背笼，装着上太白山需要礼敬各位神明的香、蜡、纸、表及取水的三个黑瓷瓶，然后出村北门，在北门外空地回拜村庄，并接受马角的嘱咐和祝告，踏上西行取水的行程。西行的路线是向西穿过户县县城，在县城吃早饭，也可以在西关九龙殿稍事休息。早饭后向西，过祖庵镇，晚上歇脚于周至县终南镇。第二天继续向西，过周至县的司竹镇、县城、哑柏镇，最后歇脚在眉县清湫镇。第三天过眉县横渠镇、槐芽镇、小法仪村、营口镇，到达齐镇高庙，也就是人们记忆中的远门口。远门口有"九省"所建的13座神庙宫观，是各路朝山进香及祈雨人员的集中地。据说大良村在这里也建有自己的汤房庙宇。一行人当晚住下，准备第二天的登山用具。当天晚上三更造饭，四更登山，经一天艰辛攀登，当晚赶到上坂寺歇息。在上坂寺仍然是三更造饭，四更出发，中午登至大太白池。到大太白池畔后，先在地面上铺黄表纸，在黄表纸上堆放瓷瓶，然后焚香燃烛，礼敬太白山神，也礼敬瓷瓶，且口里念祷告词。礼毕，用红绳系好瓷瓶，在太白池中汲水，封口，装入背笼。再礼拜太白山神，背水下山。

取水的7位"头班弟子"往太白山出发后，被伐下来的马角要在圣母庙里继续守坛。村子的主事人首先要安排"二班弟子"带着8个马角（留一个马角守坛）及仙乐队往太白山下远门口"接水"。然后动员全村村民一起准备"钱粮"、高招、亭子、高炉等仪仗，到时往县城"迎水"。

（四）接水

接水的"二班弟子"是在"头班弟子"出发后的第四天凌晨出发，他们仍走"头班弟子"的路线，吹吹打打前行，要赶在"头班弟子"下山时迎接。一般情况也是三天赶到远门口，先住下来，第二天一早，再前行约30里地，往接官亭处迎接。看到"头班弟子"下山，就要仙乐合奏，马角起舞，点起香案，虔诚恭迎。接水仪式完毕后，两班"弟子"合为一体，在仙乐马角的护送下，护送"圣水"到远门口。在远门口休息一晚，也可以再休息一天，根据体力及天气情况，安排回家的行程。在回家的路上，有仙乐马角相伴，过村时马角必然跳神，遇庙时带队的人要上香。这样缓缓悠悠向前行进，来时一天的路程，回去时要走两天或三天。沿路围观的群众也是簇簇拥拥，非常热闹，或供水，或供饭，络绎不绝。沿途的群众也都祈盼祈雨成功，解除旱情，所以一路上有人给其馈赠财物。途中遇到的庙宇，也都乐意提供住宿。回程安排在第十四日回到县城西关九龙殿，九龙殿是供奉九河龙君的神庙，也是往太白山各路祈雨队伍的驿站，归来后先住下休息，"接水"活动就此完结。

（五）迎水

"迎水"仪式是在"接水"队伍到达县城后的第二天进行。这天，全村男同胞除老弱和年幼儿童外，全都参加这项活动，组成浩浩荡荡的锣鼓仪仗队伍，前往县城西关九龙殿迎接"取水"队伍归来。"迎水"锣鼓仪仗队伍的组成：第一梯队为一套"銮驾"，内容有混元伞、杏黄旗、盘龙棍、金瓜、钺斧、朝天镫、仙人掌、剑指诀、矛三诀等，共24组48件，在旧时被认为是神仙出行的仪仗，非常讲究，"銮驾"后随一队锣鼓。第二梯队为"社旗"仪仗，旧时大良村分6社，每社都有多面具有特定图案的五彩大旗，集中在一起有二三十面，由青少年持举，组成仪仗队，队后也跟随一组锣鼓。第三梯队为"钱粮"仪仗，即是二三十根竹竿分别挑起的一束束钱孔状纸束，分别由少年儿童持举，队后也随一组锣鼓。第四梯队为"高招"，是由二三十根竹竿分别挑起的一串串彩纸、彩布、明镜做成的一长串"斗"状装饰物。竹竿稍高，持举费力，由力量强壮的青年持举，队后也随一组锣鼓。第五梯队为抬着行进的三组彩色亭子，各组亭子前均有一对大红灯笼和一对香筒引路，三个亭子里分别安放三位太白牌位。亭子后跟随四人肩抬的一架高炉，炉为一只大铁锅，锅内放置正在燃烧的半锅木炭，炭下为正在烧烤的十数只铁铧。整支队伍行进在路上，前有"銮驾"先导，中间"社旗"迎风飘摆，"钱粮（蜡烛）""高招"一应俱全，后边彩亭、高炉金光耀眼，排列长达近千米，非常壮观。迎水队伍从村子出发时间仍旧是"三更造饭，五更出发"，出北城门，经由草庙、父慈村、南焦羊村、南索村、小屯村、小丰村，穿过县城，到达西关九龙殿前，恭迎取水队伍回村。

到达九龙殿的时间一般就是早饭后，在九龙殿里要举行礼敬神明、礼敬"圣水"的简单仪式。而后，在"仙乐"的鼓乐声中及"马角"的巫舞之中，迎水队伍起步回程。回程的仪仗安排是仪仗队伍前导，取水队伍在后。起步时，背水背笼的长者从九龙殿神堂出发，先是"发水"，即双手拄着树棍，头戴柳枝圈，背水背笼，赤着双足，衣衫褴褛，颤颤巍巍，哆哆嗦嗦，踏着"仙乐"鼓调，在押水"马角"崇山大王或开山大王的押解下，走一步，晃三晃，摇摇摆摆，缓缓前行。其他"马角"这时或在九龙殿前，或在迎水队伍的左右，也处于癫狂状态，或持械狂舞，或"抓红铧"展演巫术，时而奔前，时而奔后。迎水队伍中手持"三眼铳"的人员这时也鸣铳助兴。

从九龙殿"发水"的过程持续时间很长，走出九龙殿就足足有小半个时辰。从九龙殿走进县城西门仅100多米的路程，却要走一个多时辰，走近县城钟楼，就到了大半上午。这时县城四关四街及周围村庄的群众都来观看大良村"伐马角"祈雨，人群把街道拥堵得水泄不通，俗语中的"庄稼汉要得乐，祈雨伐马角"，说的就是这时的热闹景象。从县城西街到东街，队伍不绕钟楼迅速前进，而是穿越钟楼楼洞。楼洞下空间狭窄，人群拥挤更厉害。当仪仗队伍被阻隔而不能前行时，"马角"就来开路。他们舞剑的舞剑，抢刀的抢刀，由于处在癫狂状态，步伐、劈刺都没有准，尽管各个"马角"身后都有一位正常人"拢梢"，但长剑大刀还是不停地在拥堵的人群近前劈刺，险象环生，逼迫拥堵的人群让路。在钟楼前后，仪仗队伍尤其背水背笼的长者行进若被阻碍，就近的"马角"会呼的一声从高炉的炭火中两手抓出两只"红铧"，把铧尖插在嘴里，用牙咬住，口里嗞嗞冒着热气，铧身吊在胸前。而后，双手又忽地从高炉的炭火里抓出四只红铧，两手各提两只，在人群前癫狂抢动，逼迫人群让路，若一时不慎，"红铧"掉在地上，地上若有柴草，还会引燃明火。迎水队伍穿行县城东西大街时，县衙的衙门前和一些商铺的门前，也都摆放有香案，焚香燃烛，礼敬神明。一些小孩还跪在香案旁，双手举香，与大良村的村民一起，祈祷苍天下雨，解除旱象。"马角"遇香案均要"跳跃"三参，在香案前行礼。一些香案旁边还摆放有汤水，供祈雨迎水的人们解渴，有些商铺还捐赠财物，资助大良村祈雨。迎水队伍走上东街，"发水"的过程才算结束，步子有所加快。出了县城东门，时间已过中午。

出县城回村，仍走原路。逢村逢庙，仍要"仙乐"再起，"马角"舞蹈。南焦羊村的民众对大良村的祈雨一直非常敬重，待大良村的祈雨队伍路过村北时，南焦羊村的民众总是在村外的十字路口摆设香案、仪仗，为其助兴，大良村的"马角"当然也要在神案前"跳跃"行礼。待回本村，已到傍晚。进村从西门（金门）入，仪仗前导，将从太白山取回的"圣水"迎入圣母庙，在圣母像前的神案上，同从亭子里取出的三位太白神牌位分前后摆列供奉。此时，村民各持仪仗器械回家，"马角"留下来守坛。

（六）游水

"游水"是在"迎水"回村后的第三天进行。"游水"的路线是本村各个街道、巷道及绕城一周，此时"游水"队伍已经简化，没有"迎水"时的隆盛阵势，只是旗仗前导，"高招"随之，彩亭再后，高炉、水背笼跟进，在"仙乐"的鼓乐声中和"马角"的舞之蹈之下巡游。此时，按照传统仪轨，家家户户也都要在门前放一盆清水，上插柳枝，以示对所游"圣水"的礼敬。这时有一项禁忌：要求妇女回避，不能观看，更不能偷看。

如果被妇女有意或无意撞见观看了，被认作"冲水"，会致使这次所取的"雨"下错地方，和本村无缘，故为大忌。

（七）围坛

"围坛"是在"游水"后的第三天进行，和小坛围坛基本一样，在圣母庙的庭院中央，先安放八仙桌，桌面铺设黄表，表上放置取回水的三只瓷瓶，在前侧焚香燃烛礼敬。桌前仍有俩人行长跪礼，"仙乐"和"马角"早晚奏乐祭祀，时间为7天，庄重严肃，任何人不得怠慢。

大良村的妇女虽然不直接参与往太白山祈雨的场面活动，但后勤工作却全部由她们操办。烧水做饭、整理干粮行装、制作"钱粮""高招"，她们都是男人们的帮手。在男人们"取水""接水""迎水""游水""围坛"的过程中，若旱象急迫，村里还要专门寻找7位大姑娘，在一间清净房舍中央放一只大木盆，盆内有水，水中有石狮子，7位大姑娘围跪在周围，一起洗石狮子，边洗边高声唱："狮娃狮娃哥哥，天干火着，毛头女子没人养活。请龙王，拜玉皇，清风细雨下一场。先洗狮娃头，白雨满街流；后洗狮娃尾，四面八方都下雨。"

大良村的大坛祈雨，从"取水"开始，到"围坛"结束，20多天中，如果下了透雨，都算祈雨成功，就要唱大戏"谢水"，以示庆贺并对山神还愿。如果未下雨，即称"干坛"，还要被人耻笑。据说1950年的祈雨，中间出了一点差错，按规矩是"游水"后的第三天围坛，但人们着急，第二天就围坛，结果直到坛满的第七天，也没下透雨。晚上结束前，别村的人也来看热闹，村子的主事人很尴尬，又"伐"下"马角"崇山大王，问："七日已毕，天上无雨，怎么办？""马角"答："七日无雨，再续两日。"第二天中午即下大雨。有人认为，此次是"干坛"。也有人认为是程序出错，在正常的时间内下了雨，后来还是唱了大戏。

大良村"伐马角"上太白山祈雨时间长，动用人力多，耗资巨大，他们的主要资金来源是依照全村土地总亩数，一亩地一升豌豆，另外，"钱粮""高招""彩亭"的制作也分摊到各户，原则是4家制作一个亭子，两家合作一具"高招"，一家制作一竿"钱粮"，其他捐款捐物另计。

以上是根据《户县大良村"伐马角"祈雨的原始崇拜文化考察》详细描述的内容略做改动而呈现出的户县大良村祈雨规程及其相关细节，活动过程气势恢宏，全面地反映了当地人们举行的太白山祈雨的全过程，也为我们了解太白山祈雨活动提供了一个非常完整的案例。随着时代的变迁和社会的发展，这种场景已经成为历史，后人们也只能通过文字体会当时的情与景了。

第四节　历史上的太白庙

祠祀太白神的庙宇在关中地区曾广泛存在，太白山最早的神祠出现在西汉时期。史料记载，早在汉成帝时期，太白山已有神祠并有大规模的祠祀活动。北魏著名的地理学家郦道元在他的《水经注》中记载："（太白）山上有谷春祠。春，栎阳人，成帝时病死而尸不寒，后忽出栎南门及光门上，而入太白山。民为立祠于山岭，春秋来祠，中止宿焉。山下有太白祠，民所祀也。"由此可知汉成帝时代，太白山神祠已有相当规模。后经历代修葺，不断扩大。唐德宗贞元年间，皇帝下令修建太白山祠堂，是为最早由官方修建的太白庙。柳宗元在《太白山祠堂碑并序》中进行了详载："雍州西南界于梁，其山曰太白，其地恒寒，冰雪之积未尝已也。其人以为神，故岁水旱则祷之，寒暑乖候则祷之，疠疾祟降则祷之，咸若有答焉者。贞元十二年孟秋，旱甚。皇帝遇灾悼惧，分命祷祀，至于兹山。又诏京兆尹，宜饰祠庙，遂下令于旬邑。邑令裴均，临事有恪，革去狭陋，恢闳栋宇，阶室之广，三倍其初。翌日大雨，黍稷用丰。野夫欢谣，钦圣信神。愿垂颂声，刻在金石。文曰（缺）。（碑阴文）时尹韩府君讳皋，祇奉制诏，发付邑吏。令裴府君讳均，承荷君公之命，督就祠宇，莅事谨甚。克媚神意，用获显贶。邑人灵之，其事遂闻。诏书嘉异，劳主者甚厚。乃刻兹石，立于西序右阶之下，肆列裴氏之政于碑之阴。惟君教行于家，德施于人。抚字惠厚，柔仁博爱之道，洽于鳏嫠；廉毅肃给，威断猛制之令，行于强御。狱讼不私于上，罪责不及于下。农事课励，厚生克勤，征赋首入，而其人益赠；创立传馆，平易道路，改作甚力，而其人弥逸。韩府君每用嘉褒，称其理为甸服最。今兹设庙位神，神欢而宁。宜为君之诚敬，克合于上，用启之也。不可以不志。"（见《全唐文》卷五百八十七）

唐玄宗赐封太白山将太白山纳入国家祀典的范围，从而推动了太白山神信仰的发展，太白庙也在眉县、武功县境内广泛得以兴建。宋元以降，太白庙的修建逐渐扩展至关中平原各地，人们将其视为太白山神的行祠。凤翔在宋代开始修建太白庙，扶风在元代也开始建祠祭拜太白神。自明代起，太白庙在各地开始迅速扩展，各县涌现出了大量的太白庙，分布地域扩大到关中平原的全部，陕北的鄜州（今富县）、榆阳（今榆林市区）、葭州（今佳县），陕南的汉中地区也受到影响。很多地方还在这一信仰的驱动下形成了前往太白山朝香的习俗。每年七月初一开始，太白山"香火甚盛，男女奔走偕来"，并在七月初四举行赛神会，乡民"执旗鸣钲，咸于道旁作礼"，以媚神邀福。此外，有些地方则举行"太白会"，如乾州薛禄镇在每年二月初八、中部县（今黄陵县）塘和铺在三月十五日都有太白会的民俗活动。会期一至，民众蜂拥而至，会上"皆演戏，士民拈香甚众"。截至今天，周至县乡村以太白为名号的庙会民俗活动还有十余处。

到清代，在陕西境内各州县，曾有太白庙100多座。根据地方志记载，关中境内29个县有太白庙88座，如果再加上地方志没有记载的与陕北、陕南等地的太白庙，其数量相当大，分布的密度也很高。这些太白庙大部分为民间所建，少部分是经过官方认可或官方倡议下修建的。下表是根据清代关中29个县地方志史料统计出来的太白庙分布情况。

序号	县名	庙数	庙址	修建时间	记载文献
1	潼关厅	1	北街	清嘉庆年间	嘉庆《续修潼关厅志》
2	华阴县（今华阴市）	1	太和堡	清康熙四十三年	乾隆《华阴县志》
3	华州	1	在关外	清顺治十八年	雍正《陕西通志》

序号	县名	庙数	庙址	修建时间	记载文献
4	长武县	1	南关	清康熙年间	康熙《长武县志》
5	三原县	2	东门外	明万历十八年	光绪《三原县新志》
			南关	清顺治年间修	
6	麟游县	5	紫荆山	明洪武年间	光绪《麟游县新志草》
			狼嘴山	明嘉靖年间	
			九曲山	明万历年间	
			九龙山	清乾隆四十九年	
			县西三十里	清康熙年间	康熙《麟游县志》
			县西十三里	不详	乾隆《凤翔府志》
7	扶风县	12	五峰山	元至正年间	嘉庆《扶风县志》
			县东街北	清乾隆三十五年	
			县南虎王村	不详	
			县东马服村	明天启年间	
			县东光道村	明崇祯八年	
			作义村	不详	
			窟坨村	不详	
			齐胜前村	不详	
			聚粮王家村	不详	
			吴郡堡	不详	
			县南三里	不详	雍正《陕西通志》
			县三里南村	不详	乾隆《凤翔府志》
8	临潼县（今临潼区）	2	西关	清乾隆年间	乾隆《临潼县志》
			新开山	清乾隆年间	
9	蓝田县	3	县北四十里阿氏村	明万历年间	雍正《蓝田志》
			县北三十里寇家山	不详	民国《续修蓝田县志》
			县南八里蒋家寨	不详	
10	大荔县	1	长安屯	明万历年间	光绪《大荔县续志》

第二章　太白神信仰

047

续表

序号	县名	庙数	庙址	修建时间	记载文献
11	保安县	1	县西南太白山	不详	《保安县志》
12	永寿县	2	县南二十里蒿店	清嘉庆年间	光绪《永寿县重修新志》
			县南九十里店头镇	不详	
13	盩厔县（今周至县）	3	县西一里	唐懿宗时建	嘉靖《陕西通志》
			纸氏村	不详	乾隆《重修盩厔县志》
			县南二里石基寺后	明万历年间	
14	咸阳县（今咸阳市）	2	县西街	不详	乾隆《咸阳县志》
			县南二十里	明嘉靖四十三年	雍正《陕西通志》
15	渭南县	1	县西北二十里	明天启元年	雍正《陕西通志》
16	长安县（今长安区）	8	县西郭门外	明崇祯前	民国《咸宁长安两县续志》
			太乙元君行宫左侧	明嘉靖年间	乾隆《西安府志》
			庆珍村	清嘉庆十年重修	民国《咸宁长安两县续志》
			曲家斜	不详	
			周家庄	不详	
			张杜村	不详	
			静宁堡	不详	
			泉北村	不详	
17	咸宁县	10	龙王庙堡	明嘉靖年间已存	嘉庆《咸宁县志》
			三北村	不详	
			侯官村	不详	
			县北三过村	不详	
			仁义村	不详	
			田家湾	不详	
			西韦村	不详	
			八仙庵旁	明嘉靖十二年	
			呼于东堡	不详	
			东十里铺	不详	

序号	县名	庙数	庙址	修建时间	记载文献
18	户县（今鄠邑区）	4	占官营	不详	民国《重修户县志》
			东青羊务	不详	
			青羊寨	不详	
			西占官营	不详	
19	乾州	3	州南上官村	明宣德八年	光绪《乾州志稿》
			州城西街	明天启二年	
			石牛山	不详	
20	宝鸡县（今宝鸡市陈仓区）	4	县城东二十里	乾隆前	乾隆《凤翔府志》
			县城东二十五里	乾隆前	乾隆《宝鸡县志》
			县城外西北隅	不详	民国《宝鸡县志》
			朱家湾	不详	
21	凤翔县	2	县城东门外	乾隆前	乾隆《凤翔县志》
			县城东十三里	乾隆前	
22	郿县（今眉县）	9	高庙村	唐代前	郦道元《水经注》
			县东南四十里	始建唐代，元正统四十年重建	嘉靖《陕西通志》
			清湫村	建于宋前，清乾隆四十三年重修	宣统《郿县志》
			县治西十步	至元二十三年	雍正《陕西通志》
			齐镇东凉阁村	建于元代，明弘治年间重修	隆庆《重修太白庙碑记》
			县东二十五里	明成化年间	雍正《陕西通志》
			县南百余步	明嘉靖年间	乾隆《凤翔府志》
			东关外	不详	
			县西南第五村	康熙年间重修	雍正《陕西通志》
23	岐山县	3	县东十三里	雍正年间	雍正《陕西通志》
			高店镇北街	不详	民国《岐山县志》
			益唐镇西门外	不详	
24	泾阳县	1	西关南角门外	宣统以前	宣统《重修泾阳县志》

第二章　太白神信仰

续表

序号	县名	庙数	庙址	修建时间	记载文献
25	富平县	2	金瓮山顶	明万历以前	光绪《富平县志稿》
			流曲镇	明万历年间	乾隆《富平县志》
26	兴平县（今兴平市）	1	县西门外	乾隆四十二年	乾隆《兴平县志》
27	武功县	1	凤岗之巅	汉永平八年	雍正《陕西通志》
28	朝邑县	1	寺后村	明崇祯十六年	康熙《朝邑县后志》
29	韩城县（今韩城市）	1	东郭门外	不详	嘉庆《韩城县续志》

  除了陕西关中之外，陕北的延安、榆林，陕南的安康、汉中等地，也修建有大量的太白庙，只是没有关中地区如此密集。陕西周边的甘肃、宁夏、山西、河南等省份也有太白庙的修建，如甘肃通渭县的太白庙，在县城西25里，初建于元至正十五年（1355）。甘肃徽州（即徽县）太白祠建于明洪武五年（1372）。宁夏固原的太白庙是明万历十四年（1586）由三边总督郜光先主导修建，乾隆三十八年（1773）重修，毁于清同治年间的战火。河南开封的太白庙是毕沅调任河南巡抚后于乾隆五十三年（1788）所建。虽然太白庙曾经如此繁多，但经过近几十年的破坏，现在只有个别庙宇遗址存在。

第三章

太白庙遗存现状

太白神信仰的历史源远流长，经过前面历史文献的梳理可知，祠祀太白神的庙宇不仅曾在陕西关中地区广泛存在，而且还扩散到了陕西周边的甘肃、宁夏、山西、河南等省份。有些地方由于慕名太白山而将本地较为险峻的山峰命名为太白山者也不在少数，这些山上自然会建造一座太白庙，如甘肃渭源太白山、宁夏固原太白山、浙江宁波太白山等。这些历史上曾经大量存在过的太白庙有的早已湮没无踪，有的还能看到残留的遗址，有的却依然存在并修复，成为人们寄托信仰的活动场所。从这些太白庙的空间分布情况来看，明显的特点是距离太白山越近，气候比较干旱的区域，修建太白庙的就越多，而且目前存留的遗址或庙宇数量也越多。据此特点，下面分几个章节由近及远地介绍各地太白庙遗存的现状。

第一节　陕西眉县境内的太白庙

历史上最早的太白庙应该就在眉县境内，而且眉县也是修建太白庙较多的地区之一。明清以后，其中以远门口、清湫、高庙和县城南郊等处的太白庙香火最旺，其中尤以清湫太白庙的规模最大。由于战火和历史原因，这几处太白庙在近百年来遭到不同程度的损毁。遗址保存较好的是清湫太白庙，但目前处于荒废状态。此外，齐镇东凉阁太白庙也还有一些文化遗存。汤峪口太白庙是近代新修的，其目前是道教活动场所，也是目前规模最大、运作状态最好的一座太白庙。这些对于我们了解太白信仰和太白庙的兴衰沿革都有重要意义。

一、槐芽镇清湫太白庙

（一）2016 年前清湫太白庙的状况

清湫太白庙位于眉县槐芽镇西两公里的清湫村中，与太白山南北相望，有霸王河、渭河以及西沙河绕村而流，形成三面环水之势。其周围地势因南依太白山北麓形成南高北低，而太白庙庙址的地势则是北高南低，太白庙就坐落在这片隆起的土台上，坐北向南。现在的太白庙只有一座占地一亩多的小院，院内现仅存砖木结构的三间主殿和两间简易生活用房，建筑面积 300 平方米左右，朽木烂砖和一些破损的石碑碎块堆积在荒草之中。最为引人注目的是露天矗立的几通石碑，经过仔细辨认，这些石碑有宋代的"封济民侯之敕"碑，有元代的"重修太白庙记"碑，有清代乾隆皇帝专门为太白庙题诗的"御笔"碑，此外还有几通不太完整的清代石碑。这些高大精美的石碑好像在告诉人们这里曾经的鼎盛和辉煌。据当地人讲，原来的庙宇占地二三十亩，后来因为历史原因，庙宇破坏严重，庙址范围只剩下现在的不到两亩。太白庙门前 100 多米处，有一个大坑，大坑的周围紧挨的是村民的院落。据说这个大坑当年是三个大水池，也就是"清湫池"。因为不断地填埋，当年的清湫池现在基本上成了一个干涸狭小的垃圾坑了。

二〇一五年的清湫太白庙神殿

（二）宋代的"封济民侯之敕"碑

清湫太白庙中最早的和保存最完整的当属宋代敕封太白神的"封济民侯之敕"碑，该碑碑头浮雕虬龙相绕，威仪大方，不同寻常。碑文主要讲述了北宋时期敕封太白神的前后经过：北宋至和二年（1055）西府出现严重的春旱。时任凤翔府知府的李昭在上任伊始就通过《三秦记》《周地图记》等古籍对太白山的祀典做了研究，他虽然对"祷雨灵应"之说将信将疑，但农情为要，李昭仍然怀着虔诚之心前去祈雨。沐浴斋戒过后，李昭前往清湫太白庙拈香祷告。这次祈雨活动刚刚结束，甘霖即到，旱象解除。到了这年夏天，关中西府又遇伏旱。

骄阳如火，地面干裂，禾苗渐枯，农忧而无收，心急如焚。为解府民如焚之忧，知府李昭便又一次沐浴斋戒，亲率府员前往太白庙祈雨。祈雨当天万里无云，没有丝毫下雨的迹象，但从当天晚上便开始有甘霖滋润，深透地下了一场雨。旱象解除，于是野夫欢谣，府县颂声，民欢而心安，神欢而宁威。两次祈雨的灵验，使知府李昭相信了柳宗元《太白山祠堂碑》中所述。至和二年（1055）七月十三日李昭进奏朝廷，为太白神请封爵位。李昭之奏很快被宋仁宗敕准，封太白神为"济民侯"，敕准文书到达府县后，府县举行了隆重的官方祭告仪式。敕封近两年之后的嘉祐二年（1057）三月一日，时任眉县县令贾蕃命人将凤翔知府李昭乞封奏状同朝廷敕准文书同刻一碑，即为"封济民侯之敕"碑，立于清湫太白庙中，以彰灵验，以志滋润之乐。

（三）元代的"重修太白庙记"碑

清湫太白庙初建应在宋代以前，元代至大二年至皇庆二年（1309—1313），经过四年多时间的重修，清湫太白庙被修建成当时全县最大的太白庙。明代清湫太白庙又进行过两次较大规模的重修。重修虽由官府倡导，但修庙的资金主要源于民间捐助，据《助缘功德主铭》收录的捐助人名录看，捐助者达 500 余人。清湫太白庙所藏的"重修太白庙记"碑文详细记述了元代对其重新修建的情况：

> 太白山南距县四十里，山之阴一十五里，曰清湫镇者，即神祠之所在。其山雄杰奇秀……章历间信宿而后返，往往民惬怯畏，故四方香火率诣祠下，前有湫五分涌雨披，凡雨阳螟疫请必响应，然祠宇历年滋久，雀穿鼠穴，日就不支。……既而秋七月旱祷而雨，越期年夏旱祷，又雨，其后疹气间作祷雨辄雨，促宜迎告于众曰：神既不可以不□庙，貌不可以不修，神固靡责，怠而弗举，无迎为邑，人之羞乎？于是县帅府官吏望族，秦守王振提点希静大师，康德仁耆老李平、于庭秀、李显、张琳、户克明、陈德、陈政、张甫、李琛、赵文秀、侯举、李伯祥、江泽、周成等闻仲宜之言，莫不交欣踊跃，竭力协志，鸠皆相役。始于至大己酉之冬，终于皇□癸巳之十月，最材木之数以千计，瓦璧之数以十余万计，金谷之数以三万□计，斫庆□□之功，皆极一时之选，仍命侍祠者董秀以董之，去旧基可二十余武为正殿一，凡四楹其广八寻，其高如之，制度□诡，百堵外施三间而列湫，各构堂于其上，或烟霏四开，山峰倒射，池影涵碧，树木环□，龟游鱼跃，光景炳耀，东水东西，奔流于渭，凉气喜人，衣被余润，南俯通达，田夫行旅，驾肩结轸，稻胜麦陇，□布森列，徙倚周览，一目千里，真天下之绝观也。俯仰事俯育□□□□之赐亦侯之功报祀无疆……庆尔丹衷。

（四）清代乾隆皇帝志谢碑

清湫太白庙中还有几通清代碑刻，其中两通记录了陕西巡抚毕沅求雨应验后向乾隆皇帝奏报，乾隆皇帝为此专门写了一首答谢太白神的诗，并降御旨要求毕沅将乾隆御笔刊刻成碑。后来又将圣旨内容刊刻成另外一通碑，两通碑文形成了对这件事情的完整叙述。

第一通碑文如下：

清湫太白庙
乾隆为太白庙题诗碑石

> 毕沅奏：五月望前，各属得雨，早谷已垂时播种，大田亦正待翻犁，而晴霁二十余日，地旱燥，待泽颇殷。因率属雩吁于太白山神祠，并遣员诣灵湫取水。甫到山而雷雨立沛，经时始霁。初四日，所取之水至省，即于是夜，大获甘霖，连三昼夜，入土深透，各属亦同日普沾。已种之禾，倍觉发荣滋长。未种者，亦可扶犁布种云云。仰付山神庥感而增敬，因赋诗以志谢：

> 麦前旸雨各称时，麦后廿余日待滋。
> 为祷灵山立垂佑，遂施甘露果昭奇。
> 树碑铸铁传福地，取水凝湫自皓池。
> 粒我蒸民布天泽，蠲诚致谢此摛词。

> 陕西巡抚毕沅奏报，祷于太白山而得雨，诗以志谢
> 乾隆戊戌夏六月中澣御笔

第二通碑文如下：

乾隆四十三年六月十二日奉上谕：

据毕沅奏，太白山神，凤昭灵应，因率在省各官赴庙祷雨，复委员亲诣灵湫取水，六月初一日，甫经到山，雷雨立霈，初四日，水方到省，是夜大获甘霖，连三昼夜，入土十分，深透益壤。附近各属禀报，同日普润均沾等语。览奏欣慰，并亲制诗致谢。神明赐佑，灵应聿昭，我君臣当益申处敬，着该抚于祠内酌建碑亭，刊勒御诗。其碑身高宽尺寸，即开本具奏，候朕亲书发往，将此传谕知之。钦此。

兵部侍郎陕西巡抚毕沅敬遵勒石

（五）清湫太白庙近年来的修复情况

2016年以来，当地群众自发捐资对原清湫太白庙进行了修整扩建，目前在庙内北边修建了大殿，东边修建了厢房，西边修建了碑廊，同时为几通较大的石碑修建了碑亭。修复后的清湫太白庙焕然一新，庄严肃穆，已经成为当地重要的传统文化载体和公共活动场所。

修建中的槐芽镇清湫太白庙

二、汤峪镇汤峪口太白庙

汤峪口太白庙位于太白景区入口处，旁有神功石，群峰环绕，依山傍河。太白庙始建于 20 世纪 80 年代，当时正值改革开放初期，国家逐步落实了宗教政策，岐山人张世贤在汤峪口出家，成为龙门派第三十一代弟子，草创了药王殿。1996 年，张世贤在药王殿上方修建了斗姆宫。张世贤行医济世，为太白庙的建设付出了很大的心血，奠定了太白庙的基础。1997 年，张世贤辞世后，眉县道教协会会长王兴理在香港慈善人士谭兆先生支持下把太白庙扩建成现在的规模。汤峪口太白庙也是眉县道教协会所在地，现住持为倪世玄道长。

汤峪口太白庙

走进太白庙山门，迎面便是灵官殿，殿中侍奉着道教的护法镇山神将王灵官。拜毕王灵官，拾级而上就是太白殿。由于太白庙建在半山腰，三层大殿逐级而上。上到太白殿，地势要比灵官殿开阔许多，太白殿由三孔洞组成，中间进去是太白洞，左面是观音洞，右面是三霄洞。太白殿是侍奉太白庙主要神灵之地。太白洞敬奉着大太白伯夷、二太白叔齐和三太白周贲。走出太白洞，左面的观音洞，侍奉着观世音、文殊和普贤三位菩萨，右面是三霄洞。三霄即云霄、琼霄、碧霄三姐妹，俗称三霄娘娘。

太白庙第三层是五间大殿，也是太白庙最高的一级庙宇，里面敬奉着五帝。他们分别是玉皇大帝、中天紫微北极太皇大帝、勾陈上宫天皇大帝、后土皇地祇和南极长生大帝。大殿正面两侧是两通碑，一通是修建汤峪口太白庙碑，另一通是一功德碑。

在五间大殿右面还有上下两层建筑，它们分别是王姆宫和药王殿。王姆宫处上，药王殿坐下，各三间。王姆宫敬奉着王姆、地姆和斗姆三位娘娘。药王殿敬奉着药王孙思邈、龙王和送子娘娘。太白庙左面也有一个三进院，下面一层是二郎庙，里面敬奉着二郎神杨戬。再后就是丹房，最上面是练功楼。

汤峪口太白庙现为道教宫观，它与最早的各个太白庙不管是存在形式还是功能都有很大的差别。在太白山各庙中，儒、释、道三教和各种民间信仰的神祇同处一庙是常见的现象，这既反映了太白山宗教起源的民间性，同时也能看到各种宗教融合共生的特点。原来各个太白庙因失去"祈雨"这一主要功能而导致衰败不可避免，太白神信仰和太白庙只有经过功能转换，满足社会新的信仰需求后才有可能再次焕发生机。汤峪太白庙应该是这种转化过程的呈现。

三、高庙太白庙

高庙太白庙在美丽的红河谷谷口西侧的土塬上，背靠太白山。红河与李家河在塬脚下交汇。高庙太白庙背山面河，崔嵬嵯峨，有凌云升空之势，为游览太白名山的必经之处。

高庙太白庙的历史十分悠久。北魏郦道元的《水经注》在谷春祠中有："民为立祠于山岭，春秋来祠，中止宿焉。山下有太白祠，民所祀也。"的记述，有人认为这段文字中的"太白祠"指的就是高庙太白庙，惜无文字可考。唐天宝八年（749），太白山道士李浑说老君在太白山显灵，有玉版石记符藏在太白山中，唐玄宗便派人寻找，果然得到，于是封太白神为神应公，在各地建庙祭祀太白神，有人推断高庙太白庙就是在这个时候创修的。宋嘉祐六年（1061），苏轼张罗的太白山祈雨仪式就是在这里举行的。苏轼不但积极组织实施祈雨活动，还亲自为太守起草了为太白山请封神位的奏章。祈雨成功后，苏轼写下了《太白山祈雨迎送词》五章，随后这些奏章、迎送词被镌刻在石碑上，到 20 世纪 50 年代，石碑还耸立在高庙太白庙前。1958 年碑石遭到损毁，现在只保留了半截石碑在眉县文化馆内。高庙太白庙一直到明时规模都相当宏伟。当时占地面积达 50 余亩。后来，高庙太白庙改名为"凌云观"。清光绪二十年（1894），增修前殿 3 间、厢房 5 间。"李家河离营头口十里，山沟两岸高坡上面有村，名高庙。村内有凌云观""广场上有宋碑，即记苏东坡祷雨奏请加封之事"。1933 年，国民党元老于右任和当时陕西省主席邵力子登太白山时，也曾经过这里，并对登临太白山营头一带村落进行了详细的记述，中华人民共和国成立后该庙改建为学校。

苏轼《凤翔太白山祈雨祝文》：

维西方挺持英伟之气，结而为此山。惟山之阴威润泽之气，又聚而为漱潭。瓶盎罐勺，可以雨天下，而况一方乎？乃者自冬徂夏，雨雪不至。至西民之所恃以为生者，麦禾而已。今之无雨，即为凶岁；民食不继，盗贼且起。岂惟守土之臣所任以为忧，亦非神之所当安坐而熟视也。圣天子在上，凡所以怀柔之礼，莫不备至。下至愚夫小民，奔走畏事者，亦岂有他哉？凡皆以为今日也。神其曷以鉴之？上以无负圣天子之意，不亦无失愚夫小民之望。

迎送辞五章：雷阗阗，山尽晦，风振野，神将驾，载云罕，从玉科，旱既甚，盍往救，道阻修兮！

雄旗翻，疑有无，日聚变，神在途，飞赤篆，诉阎阖走阴传，行雨檄，万灵集兮！

风为幄，云为盖，满堂烂，神既至，纷醉饱，赐以雨，百川溢，施沟渠，歌且舞兮！

骑裔裔，车班班，鼓瑟悲，神欲迎，轰振凯，隐林谷，执妖厉，归兽戬，千里肃兮！

神之来，怅何晚，山重复，路幽远；神之去，飘莫追，德未报，民之恩，永万祖兮！

四、齐镇东凉阁村太白庙

在眉县齐镇东凉阁村还有一座太白庙。东凉阁村因据说是东汉时期董卓为避暑而修建的行宫东凉阁而得名。相传董卓在修建宫殿时，也修建了一些庙宇。唐宋明清时，太白庙香火旺盛。特别是遇久旱时，当地官民向太白神祈雨的仪式十分隆重。自唐代起，敬太白神、祈雨祈福活动不可胜数，为地方一大特色风俗。

齐镇东凉阁村太白庙

东凉阁村太白庙经过历代多次修葺，现保留的三通石碑中，一通石碑为明隆庆年间所立的"重修太白庙记"碑，碑文显示在明弘治到隆庆的84年中，有过两次修建，其碑文具体内容如下：

太伯神祠，秦府委官闫玺为改正庙窠地土序。惟神，位奠于地，气通于天，物所必资，灵无不感。盖天下者，无旱涝之方也。乃西凤二郡之民有祈祷之情，其所而经过趣山上□，下水潺潺入□（菣即）以常滴其峰二最太，多寒而少暑，其祀非近，元朝至今，□朝弘治十二年，有本府。先王令旨舍银二十余□（刀）委门官赵德舍椁二根，又重建也。骓主而升，化梁上之□，民闻访重阳宫持戒道人杨道霞，请处而焚修内外，有地五亩，给道而□。见无税粮，（赠，聽）首羊圈仓纳粮为业。本寨乡老殷世禄、王凤鸣、陈世冲、孙睿恩敬委公也，到庙查勘。委系庙寨之形迹，仍给道种，辨纳子粒，余资焚修□□。圣人积德，小人积财。夫子曰，天子之智，不过于理念，公栋梁而沧海于有司□□，神之所感何乎不拯也，特备小碑感称大德卒矣，而难忘恩，留后裔世代颂□。

　　时隆庆五年岁次辛未七月十三日立

　　秦府委官闫玺

　　右护卫指挥同知王化

　　本仓书吏

　　李□、刘□、刘□、弥□、李□、杨□本县□本局□

　　到 20 世纪 30 年代，齐镇东凉阁村太白庙山门、前殿、后殿均完整坚固，雕梁画栋及神像彩妆如新。民国时期办小学，将山门和献殿拆除，改建为小学教室，但后殿及东侧土地庙保存完好，直至"文化大革命"期间，全部拆毁。目前东凉阁村太白庙仍有大殿及侧殿数间，有石碑数通。该太白庙现在只是由当地村民推选的庙会会长定期管理，每逢庙会期间，附近的村民会聚集在这里过庙会。

第二节　陕西其他各区县的太白庙

一、武功县的太白庙

（一）太白行祠

　　武功县的太白行祠位于武功县城西北方向的凤岗之上，据该县县志记载，东汉永平八年（65），建祠于此。元代，为与太白山三池相对应，将太白山神册封为三王：曰苦济、曰惠民、曰灵应，俗称大阿福、二阿福、三阿福，肖像亦以三池分隶之。

武功县太白行祠大殿

　　明初，旧有神之行祠，岁代绵远，庙貌倾损，门庑废阙。明洪武十年（1377）春，都督耿忠乃命工匠士卒补完而增修之。图绘两壁，妆塑神像，焕然一新。又令人于武功故城得神之碑志于遗庙之侧，具载太白古今显灵之迹，并加封徽号。据明代康海撰，清代孙景烈校注的《校正康对山先生武功县志》记载，碑文如下：

　　明洪武九年春，耿忠钦承上命，领兵来戍陕右。操练屯田，以为边备。东自临潼、栎阳、高陵、泾阳、三原、醴泉、兴平、乾州、武功，西抵凤翔、岐山、扶风，南至鄠县、盩厔等处，均设屯所。农作由此丰收，不料又遇天旱，无法下种，远近咸以为忧。询诸故老，皆曰：县境西南方太白山，乃本邑之名山，上有湫池，每当遭遇天旱，则奉迎湫水，每次都能灵验。于是，以四月中旬，择日斋戒，躬致祝词，遣僧觉用等赍香帛祝文，诣山顶投辞请水。既至，率官僚吏卒暨郡民数百千人，备鼓吹郊迎，展祭于武功太白之神祠。当日傍晚，大雨霶沱，三日乃止，远近罔不周沃。及六月，又旱，祷请如前，复获沾足。秋八月，禾将垂实，旱甚，复请祷之，大雨随至，变枯槁为欣荣。易呻吟为歌啸，感神之赐甚渥也。及至次年，丁巳夏四月、六月，俱旱复奉迎请祷如前岁之仪，而亦两蒙灵贶，雨皆尺余。关辅之中，军民鼓舞。两年之间，五次奉迎神灵，次次应验。百谷咸成，年岁丰登。灵贶骈臻，曷伸报答。其所以卫国济民，灵应昭晰，祀典秩然，历历可见。人以诚感神，神以灵佑国。此幽明自然之理也。今以神前后灵感显应之迹，直书刻石，置于庙壁，庶使后之观者，亦知所崇敬云。

清乾隆五年（1740），陕西总督尹继善上奏将太白神祠列入陕西祀典。乾隆三十九年（1774），陕西巡抚毕沅再次奏准，封山为昭灵普润，山神为福应王。太白行祠代有整修，随圮随葺，祭祀不辍，香火不绝。古时庙宇极大，大殿三层，高约 10 丈，壮丽非常。中华人民共和国成立后，太白行祠先作为公用场所，后来被彻底拆除了。1991 年，民间自发捐资在原址上重建了太白行祠。今存道光二十二年（1842）功德碑一通，朝堂塑大太白、二太白、三太白神像三座，左右壁画分别是八仙全图和凌霄朝圣图。

因太白行祠历史久远，规模宏伟，影响较大，因此在历史上曾有很多文人骚客到此游览，并留下了一些脍炙人口的优秀诗歌，在诗歌中对武功县或太白祠有所提及，如李白《登太白峰》："西上太白峰，夕阳穷登攀。太白与我语，为我开天关。愿乘泠风去，直出浮云间。举手可近月，前行若无山。一别武功去，何时复见还。"还有杜甫的《喜达行在所·其三》："死去凭谁报，归来始自怜。犹瞻太白雪，喜遇武功天。影静千官里，心苏七校前。今朝汉社稷，新数中兴年。"

以上资料是根据当地县志和有关资料整理，但细究就会发现现在的武功县距离太白山与以上各种文献史料所说情况有所出入，对此，清代的毛凤枝撰写的《南山谷口考》中的解释较为可信："太白山在眉县东南四十里。山南为洋县、留坝境，山北为眉县境，山东为佛坪境，山西为凤县、留坝境，秦中之望山也。其高处四时积雪，故名太白。……考汉之武功县，在今眉县境非今之武功也，今之武功乃汉之美阳，今之眉县得汉之武功地，而太白山实在县东。"据此而言，有些文献中出现的武功应该是指古代武功县，其所描述的武功县境内发生的事情并非完全是发生在现在的武功县。

（二）贞元镇赎马村太白庙

武功县贞元镇赎马村位于太白山脚下，村里有一规模宏大的太白庙。据杜阳光先生的《贞元镇赎马村太白庙》一文记载，隋唐时期赎马村曾经有狄姓望族在此居住，因祖辈有军功，且因狄氏家族在唐代养护走失的军马且拒收赎金而受到朝廷封赏称赞，"赎马村狄家"闻名遐迩，当时有狄家庙也是远近闻名的庙宇，后来狄姓家族因战乱饥荒而离开此地，但赎马村的名字流传至今。

明成祖永乐六年（1408），朝廷在全国各州县设"道会司"，倡导神道设教，赎马8个村庄的民众为了当地能够风调雨顺，并受狄家庙太白七星塔的传说与影响，就在狄家庙旧址旁修建了太白庙。在明朝中后期，人们在祈求平安中不断地对太白庙进行建设，并将地藏菩萨、送子娘娘、文昌帝君等诸神恭请到庙内建殿供奉，由于各殿的竣工日期和神像开光时间不尽相同，就形成了当今农历七月十三的太白庙会、三月十五的文昌帝君会、正月十五的地藏菩萨会、正月十六的送子娘娘会。庙会不但吸引了四里八乡的男女老少，而且在庙会上通过看戏、听书、物品交易等形式促进了当地人们的社会交往与经济交流。由于信仰太白神的人越来越多，旁边早已破败的狄家庙慢慢

赎马村太白庙门楼（摄影　杜阳光）

地就冷清了，狄姓族长将先祖神位移于太白庙内，安奉在一边的侧殿里，直到民国时，狄姓族人带上先祖神位移居他乡而结束。从此，太白庙替代了狄家庙。

赎马村太白庙太白殿（摄影　杜阳光）

明清时的赎马村太白庙，庙门前有巍峨多姿的牌坊，庙门重叠有序，庙内文昌殿、灵观殿、太白殿、三清殿等6座大殿由低到高排列，造型独特的戏楼盘踞在庙中心的空院子里，钟鼓楼矗立两边。院内松柏成荫，楼台、亭阁、回廊散于其间。南有隔渭河相望的太白山，使得赎马村太白庙庄严气魄，也成为当地的一道景观。曾有明代的康海、王九思、吕楠等文学大家经常来此赏景游玩，赋诗撰文。

清末民初，太白庙被陕西都督张凤翙的部队在与清军作战中捣毁。后又有党玉琨部队在此休整时砍伐了庙里庙外的柏树松木，毁大殿拆牌坊。中华人民共和国成立后，赎马村太白庙曾被改为学堂，庙中的石板、石碑大多被砸烂，牌匾等悉数被破坏，大梁原木被拆下来修建学校。

现在的赎马村太白庙是在会长伊德法先生的带领下，由赎马村群众近十几年自筹资金在其旧址上重新修建的一组仿古庙宇，主要由三清殿、太白殿、灵官殿、山门楼组成。2016年，赎马村太白庙已经武功县民族宗教事务局批准正式恢复开放。

二、周至县境内的太白庙

（一）老县城附近的太白庙

周至县位于太白山东麓，老县城是指已废弃的原佛坪县老县城，现在老县城遗址划归周至县厚畛子镇。老县城始建于清道光五年（1825），曾经繁盛一时，有居民 3 万多人，城内府衙、街区、佛庙、城隍庙和文庙等基础设施齐全，但因该城地处三县交界，又在深山老林之间，所以土匪猖獗，常常袭扰抢掠，社会治安问题严重。民国十一年（1922）三月，郧天禄匪众袭击了佛坪县城，并在财神岭杀死了交接任的两位县知事车正轨、张治。这件事震惊了地方政府，民国十五年（1926），地方政府将佛坪县衙迁到了袁家庄（现在佛坪县县城）。因此老县城内保留有许多清代遗迹和民国建筑基址，诸如用卵石堆砌成的老县城城墙以及清朝时遗留下来的赌场、客栈等，更有清代的石碑、石刻 200 多件。后因行政区划变迁，老县城划归周至县境内。

从太白山南麓登临太白山，其中西边一条路线就是出厚畛子老县城西

老县城太白庙残存的院墙

门，经过都督门，然后再经过太白庙，再经过老子庙、将军庙和跑马梁，最后到达顶峰拔仙台。这条路也是穿越太白山到达太白县的道路，在古代是一条登山的主干道，但是后来随着老县城的废弃，这条道路便也逐渐荒芜难行。这里的太白庙在老县城西门外约 5 公里处，由于老县城和这条登山道路的废弃，这座太白庙也逐渐地被废弃了，现在基本上只有一些残垣断壁和残存的砖雕石刻等，但是从这些栩栩如生、惟妙惟肖的砖雕残片中，也能反映出这座太白庙当年曾经的辉煌和庄严。

老县城太白庙残存的砖雕神像

（二）首阳山太白庙

首阳山是陕西秦岭北坡著名高峰，位于周至县九峰镇耿峪和鄠邑区甘峪交界处，东距西安 60 公里，西距周至县城 30 公里。

首阳山之所以闻名遐迩，当与伯夷、叔齐有关。伯夷、叔齐是孤竹国国君的两个儿子，也是商朝的上大夫。他们的父王临死时，遗命由叔齐继位，而叔齐认为伯夷是长子，应当让位于他，但伯夷却认为父命不可违，便逃跑了，叔齐也不肯继位跟着逃走了。武王伐纣时，用车载着文王的牌位行军。伯夷、叔齐在半路上叩马进谏说："父死不葬，爰及干戈，可谓孝乎？以臣弑君，可谓仁乎？"武王的卫士想杀了他们，姜太公说："此义士也。"

卫士就把他们赶走了。伯夷、叔齐阻拦周武王大军未果，就南行入山隐居，每天清晨迎来第一束朝阳，惊叹道："奇哉美哉首阳山！"首阳山因此而得名。

首阳山顶的太白庙

武王大会八百诸侯于孟津，渡河后陈兵于牧野，殷纣王发兵70万拒之。由于纣王的兵卒大多是由奴隶临时武装成的，他们也痛恨殷纣的统治，于阵前临时倒戈反纣。纣王兵败后自焚于鹿台，商朝灭亡了。伯夷、叔齐耻于食用周粟，便隐居于首阳山，采薇而食。有妇人说："子义不食周粟，此亦周之草木也。"二人羞愤，绝食而死，葬于首阳山。历代士人对伯夷、叔齐推崇备至，尊称其二人为"二贤人"或"二君子"。周朝大将军周贲奉命寻访伯夷、叔齐，知其已亡，感慨不已，撞山而死。后来他们三位被追封为太白神，设庙祭祀。三位太伯轮流管山，风调雨顺，每年七月十三立会大祭。

现在首阳山山顶有庙宇两座，一座坐北朝南，一座坐东朝西。其中坐东朝西者已经倒塌，坐北朝南者，内供奉有太白神，门上有一牌匾，曰：首阳胜境。西侧庙宇旁有一小土屋，土屋内有火炕和锅灶，可以做饭休息。

山顶有大面积的高山草甸，估计超过一万平方米，草甸内有一数平方米的小湖，常年有水，戏称嫦娥洗澡处，不可直接饮用。山尖有奇石，五彩斑斓，人称五花石。

首阳山太白庙三尊太白塑像

三、西安市的太白庙

（一）莲湖区西关太白庙

西安市有一条重要的路线叫太白路，这条路北起西南城角，西南至丈八东路。很多人不知道为什么这条路被命名为太白路，其实这与西安的老太白庙有密切关系。西安的老太白庙的位置就在现在西门外200多米的路北王家村所在地，与路南的八家巷巷口正对。从《清代西安府图》上可以看到，出了西安的安定门就是西郭门，从安定门到西郭门之间的西关正街南北两边有很多庙宇，街北从北火巷巷口以西沿途分布着关帝庙、城隍庙、三圣宫、二郎庙、太白庙、安庆寺等，这些庙宇的北边紧邻潘家村和风云坛，现在潘家村仍然存在。街南沿途分布着北极宫、瘟神庙、雷神庙等，北极宫的南边紧邻八家巷和解家巷，这两个巷道现在仍然存在。其中，路南的北极宫与路北的太白庙正对。从地图上来看，太白庙是这些庙宇中占地最大的一座，由此可以推断，清代的西安府太白庙的规模是比较宏大的。此外，在该图中还能看到，在西安东郭门内也有一座太白庙，位置在八仙庵的东南方向通往东郭门的大街北边，紧挨在一起的是药王庙、花神庙、太白庙和关帝庙。从图上来看，这座太白庙规模很小，后来也湮没无闻了。

西安太白庙的始建时间已不可考，《西安府志》卷六十二中有以下这样一段记载：

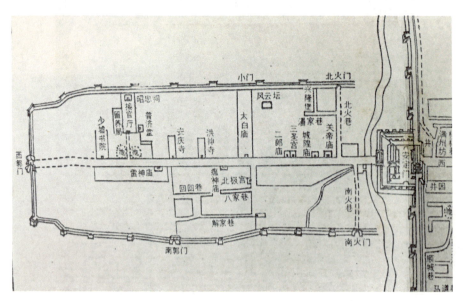

《清代西安府图（局部）》

太白庙，《通志》，在县西郭门外，明崇祯间汪中丞乔年修，本朝总督白如梅重修。按：太白即《禹贡》"惇物山神福应王主祠"，在凤翔府郿县境。乾隆三十九年春三月三，辅雨泽少愆，中丞毕公帅属虔祷于省城太白庙，并命潼关丞汪皋鹤前赴郿县。自清湫庙步行二百九十余里，至山顶三清池取水。未及三十里而甘霈应时，四野霑足。奏请特加封号，重修祠宇，以答神庥蒙恩。加封"昭灵普润"四字。山神感沐怀柔，数稔以来，凡有祷祈，聿昭丕应。至于历代封典故迹，详《通志》，郿县不具录。

由此推知，西安太白庙在明代就已经存在，清代的记载是光绪二十六年（1900）陕西大旱，慈禧因在陕避难，便拨银两重修太白庙。民国十五年（1926）北洋军阀唆使刘镇华围攻西安城8个月，杨虎城、李虎臣两将军率领将士坚守古城时，在四关城郭都挖了防御战壕。从此可以看到，民国时期，这些城郭还存在，且发挥了实际作用。从中华人民共和国成立初期的地图还可以清楚地看到这些城郭，大概也就是中华人民共和国成立初期，这些城郭及城郭内的古代庙宇等建筑逐步被拆除掉了。1949年前，西关大街路北的十字就叫太白庙十字，后来西安开拓环城西路延伸的这条道路时就命名为太白路。由此可见，太白庙曾经在西安有过重要影响，现在虽然已经湮没在时代变迁和城市建设中，但却留下了一个路名作为最后的余响。

（二）灞桥区太白庙

目前在西安市还有一些小型的太白庙，其中灞桥区新农村（古名龙王庙村）的太白庙是一座合法的宗教活动场所。根据村名可知，此处原来有一座龙王庙。据该庙宇重修碑碑文记载，该太白庙兴盛于明洪武年间，有正殿三进，殿宇宏伟，两侧丹房门楼，亭房阁楼，古柏参天，仙境宜人，文明传播十方。据《长安志》记载，清乾隆四十二年（1777），巡抚毕沅，路经水关，重修庙宇，历封"昭灵普润"四字匾额，总督白如梅题书"金精灵泽"悬挂于太白庙壁。中华人民共和国成立后，曾遭破坏拆除，当地信众在2000年前后自发筹资恢复修建了该太白庙，2006年登记为正式的宗教活动场所。

（三）蓝田县虎吼山太白庙

蓝田虎吼山太白庙，坐落于蓝田县的虎吼山西向山脊上，山顶、山腰、山下分别建有殿堂。虎吼山太白庙原名为"秦子孝公祠"，相传为百姓感

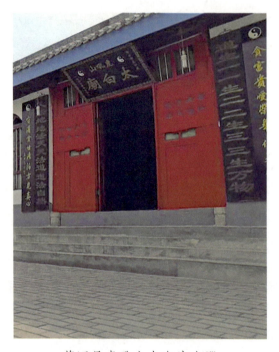

蓝田县虎吼山太白庙大殿

怀秦孝公贤德，为纪念而建。又相传唐高宗前往太白山祈雨，路上遇到蓝田县虎吼山四十八村村民代表赴太白山祈雨，拥塞道路，中间不乏白发高龄者。高宗感念百姓善信虔诚，远道祈雨不易，于是让当地官府在蓝田虎吼山上修建太白殿，以便百姓就近朝拜祈雨，此后太白殿香火延绵不绝。金元时期，全真道道士慕志远修复扩建太白殿，增设地母殿、吕祖殿、药王殿等，并以虎吼山形如莲花，遂改庙名为金莲观。虎吼山太白庙主殿供奉的三位太白是在太白山修炼成仙的三位姬姓兄弟。清末民初，太白殿由湘子洞住持郑至贤道长代管。"文化大革命"时期，太白殿多数建筑被毁。1992年以后，各方信众对现有三处殿堂进行了修复。虎吼山太白庙每年两次庙会，一次是农历正月十六，一次是农历七月十九。除此之外，也有大量信众在初一、十五朝山拜神。

第三节　甘肃境内的太白庙

太白神因祈雨灵验而闻名于世，所以其在干旱少雨的甘肃影响也很大，在甘肃境内也存在着很多太白庙。随着农业灌溉技术的发展，农业生产对祈雨活动的依赖基本消失，很多地方的太白庙随着时间的推移已经废弃难觅，比如甘肃陇南的太白庙和天水一带的太白庙已经基本消失了，但有些地方的太白庙已经融入当地民俗文化而保留了下来，比如渭源县小太白山太白庙、通渭县的太白庙和平凉崆峒山的太白庙依然是当地传统文化的组成部分。

一、通渭县太白庙

甘肃通渭县境内有多座太白庙，其中规模较大的太白庙有三处，分别是通渭中林山太白庙、通渭襄南顶头山太白庙、通渭襄南凤龙山太白庙，而且这三个地方所祀太白均不相同。中林山太白庙供奉的是"太白大爷"，塑像净脸蓝袍；襄南顶头山太白庙供奉的是"太白二爷"，塑像净脸红袍；襄南箭杆岭凤龙山供奉的是"太白三爷"，塑像青脸绿袍，是佩剑的武将。

据当地相关文献记载，因通渭县境内常年大旱，当地百姓被迫多次信香求雨不得，后来听说太白神"能兴云致雨，息涝弭灾"，就在各地兴建太白庙，祭祀太白神，以期能够保佑本地风调雨顺。通渭县太白庙建于明代，盛于清代，清光绪二十八年（1902），当时通渭县县令詹廷镛还特为当地太白庙撰写了"霖雨苍生"的匾额。此庙衰于民国时期，"文化大革命"期间遭遇破坏，1980年恢复重建，现为全县最大的山场庙会之一。由于当地太白庙较多，所以附近三个乡镇的山头就将三位太白神分别供奉了，凤龙山供奉的就是太白三爷。这在各地太白庙中还是比较少见的。

在通渭县各个太白庙中，凤龙山太白庙保存得最为完整，整个祠庙二进院落，祠庙大门上方亦悬着"箭杆岭凤龙山"的巨匾，红底黑字。

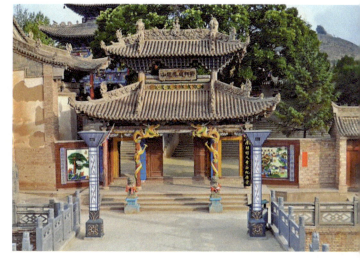

通渭县凤龙山太白庙

中层悬挂三块牌匾，正中稍高，上书"中天慧日"四字，题头落款均无，两侧稍低，一面书"气高河汉"，一侧书修建者名单。进大门须沿台阶而上。祠庙大门前有两对石狮，均张口露齿，怒目而视，只是一对较大，在台阶下方两侧，另一对稍小，在台阶上方门柱两侧。在当地自古就有太白庙八景之说，其中一景就是"湫池映月桥"，原来的老桥已经坍塌，后来当地人又重新修建了新桥，并在桥边立碑说明，碑文中还引用了一首清代秀才的诗，来说明当地太白庙湫池能够预报气象："通渭境内的道观、佛寺、神庙、仙宫，惟太白庙有八景之称。湫池是八景之一，当地人因其神奇而虔敬有加，清朝增生王天锡有诗曰：湫池水满验丰年，遇旱干凝液不通。润泽盈瓶必获雨，燥泥沾瓮每多风。三农共籍神恩佑，六社全凭圣德蒙。咸仰皇王乐有道，士民安堵万家同。"

　　除此之外，通渭县境内还有多座规模大小不等的太白庙，其中十字乡

通渭县凤龙山太白庙的湫池映月桥

的太白庙在当地也很有影响。通过以上情况来看，在古代，干旱是影响当地农业生产和人们生活最大的问题，人们在无奈之下只能求助于太白神，因此当地普遍信仰和供奉太白神。

二、平凉崆峒山太白庙

崆峒山位于甘肃省平凉市崆峒区，是丝绸之路西出关中的要塞，自古就有"中华道教第一山"之美誉。崆峒山西接六盘山，东望八百里秦川，南依关山，北峙萧关，泾河与胭脂河南北环抱，交汇于望驾山前。传说，华夏人文始祖轩辕黄帝曾亲临崆峒山，向智者广成子请教治国之道和养生之术，秦皇、汉武等也曾经慕名登临过崆峒山。崆峒山是一座儒释道三教共融的宗教文化名山，在崆峒山众多的宗教建筑当中，太白殿是最重要的殿堂之一。崆峒山的太白殿始建年代不详，但根据其在崆峒山所占位置来看，其在崆峒山各个建筑中应该是比较早的。

崆峒山太白殿是回廊式大殿三楹，面东供奉北极镇天真武大帝像，龛前有周公、桃花仙姑分列侍奉，两侧墙壁上的壁画是马、赵、温、关四位灵官护法神，面西太和殿供奉的是三位太白神。旁边的解说词说："太白神常奉玉皇大帝之命招抚各方，为天庭钦派使者，奉祀三太白，可视为老仙人分化或分领各方。"崆峒山太白殿供奉的三尊太白神像是手持笏板的文官形象，由于年代久远，他们的服饰颜色已经没有区别，区别只是他们

崆峒山太白庙一角

手持笏板的姿势不同。太白大爷双手平举笏板，似乎正在向天帝禀报情况；太白二爷的笏板顺右臂立于手中，看似等待天帝宣召；太白三爷的笏板由左手握着横放在膝盖上，一副很放松的样子。

在崆峒山太白殿南墙上镶嵌着一通清道光二十八年（1848）刻的碑，碑石用砂岩制成，高41厘米，宽68厘米。碑文从右到左竖刻，共28行，现碑文依然可见。碑文主要记述了清代后期，崆峒山地区的善士们看到山上很多神殿废旧残损，尤其是太白殿亟须维修，于是大家共同努力，经过十多年，募资2300多两白银，对崆峒山上的太白殿等建筑进行了整修。碑文原文如下：

> 重修空同太白楼、钟鼓楼牌坊、飞仙阁、灵龟台、东华庵、朝天门、灵官殿记。今夫山楼台星列，东台有洞出元鹤，是即天下之真空同也。距郡城西四十里，都人士多皈依之。一日聚谈于山，曰：'群工待兴，太白楼为尤钜，可若何。陈设会朱尚智曰：吾存募银子母近百五十，请分理生息以俟动用，可乎。'修理会张文麟等诺之，而又为之计。自甲午至戊申，越十五年，工始告竣，计费二千三百余金。噫！胡为乎来哉。募之耶，问何以募，则首事者过都越国，亲故朋侪间，莫不相劝以善。集腋成裘，筹有功项，累如私负，交易酬应，各逾百金。当筑凿时，往来跋涉，风雨劳瘁，皆弗恤。惟于局终空额，犹能分垫百两之多。求之晚近，殊甚寥寥，抑亦山之钟灵，固大有人在也，谨记。郡庠生邑人王弼臣撰文，邑优廪膳生司汉书书丹，道光二十八年岁次戊申小春谷旦立。修理会首，宋永泰。子：浚、王兰、冯椿、张文麟、何登甲、张玢、朱万泰，住持，段教文共襄善举。铁笔士曹绪周刊。

甘肃平凉其他县镇各地还有一些小型的太白庙，但现在基本上都属于村庙，大多数只有一间小庙宇，有些塑三尊神像，有些塑一尊神像，有些只有一个写着太白神位的灵牌。总体而言，平凉地区曾经是太白神信仰比较盛行的地区，后来随着社会的发展，现在基本上处于逐渐消失的过程。

第四节　宁夏固原的太白庙

宁夏回族自治区的太白庙遗存主要分布在固原市区，根据目前调研的情况来看，在固原市城区主要有两座太白庙遗存，一座是位于固原市中山街的老太白庙遗址，另一座是位于固原城东南太白山（又名黄峁山）上的太白山道观。老太白庙基本上已经荒废，仅当地民间人士在维护着其古迹遗存，而太白山道观则是正常运行的宗教活动场所。

一、固原北关太白庙

固原北关太白庙位于固原老城北门外西北方向的山脚下，即现固原市原州区中山北街穿越古雁岭的附近。

根据《固原县志》（今原州市）及相关碑文记载，老太白庙的建造和存在历史非常清楚。明代郜光先《固原鼎建太白山神祠记》记载了固原太白庙创建的缘起和过程。据碑文记载，固原太白庙是由明代兵部侍郎郜光先倡导，于明万历十四年（1586）修建。

郜光先（1533—1586），字子孝，号文川，山西长治县人，明嘉靖三十八年，登进士，授上海县（今闵行区）知县，后升任监察御史、大理寺少卿。擢右佥都御史、右副都御史，巡抚延绥，改左副都御史，巡抚蓟州、辽州、保定，兼理边务。晋兵部右侍郎，总督三边军务。据郜光先在碑文中记载，明万历十年三月，他被任命为兵部右侍郎，总督三边军务后，当时西北地区正在经历旱灾，而且灾情非常严重。"枕藉死于道路者无算。是时行者未归，居者呻吟未息也。……冬天无雪，春复不雨抵今矣。已而历左辅郡邑，则麦将就槁。亭口、高平、萧关以往，则黄霾四塞，赤地极目。"为了缓解旱情，郜光先作为地方最高执政官让当地官员在城隍庙筑坛祈雨，但是没有任何效果。无奈之余，他想起陕西太白山神祈雨素有灵验，就抱着试一试的心态，派人到太白山祈雨。出乎意料的是第一次祈雨活动竟然真的成功降雨，虽因雨量太少不能缓解旱情，但给了他们信心，于是又进行了第二次祈雨活动，但降雨量依然有限。郜光先就认为是自己不够虔诚，便在太白山神前"三日长跪于庭，誓以一身易万人之命"，结果"俄大雨如树，刻余，水深盈尺。诸文武将吏，相视愕然，果三日夜乃已。东抵洪河，西及甘峻，南迄汉中，方延袤万里，靡不沾足"。第三次祈雨活动，最终祈到了充足的降雨，而且这次祈雨活动的神奇过程震惊了当地官民。

为了便于以后进行祈雨活动，当地民众主动请求修建太白神庙，郜光先也因势利导，"为捐俸金二百先之。乃节钺诸公，以及使帅司道，各捐俸有差"。当地官吏民众也积极响应，"吏民军士，富者捐资，贫者捐力，不招而集者日千人"。太白庙选址在固原城北门外西北的山脚下，"乃卜地廓北乾方，西负山陵，东面流水"。固原太白庙的设计规模也非常宏大，"庙制：筑垣为城，方二里而羡，应门起高台危观，甃以砖石。门外竖四柱坊，近道竖二柱坊，中门亦作阿阁，而钟鼓楼左右翼之。正殿七楹，以奉太白山神。后寝五楹，以奉三阿。左右各二十五楹，中为驰道、露台，两壖为碑记亭。北疏户为厘宫，以待享赛祈祀者斋宿更衣。南疏户为经舍，以居黄冠佛子，供朝夕香火扫除。又两隅为门房，以栖司启闭者。"

固原太白庙从万历十年九月开始兴建，一直到万历十四年十一月竣工，前后经历了四年两个月。碑文记载，在修建太白庙的过程中，刚开始动土，就在山门两侧涌出了两眼泉水，"水清冽甘美，湛碧泓渟，可挹可鉴，夏秋不溢，冬不冰"。这更为太白山神蒙上了一层神奇的色彩。当地人因为常年遭受旱灾之苦，所以在生活极端艰难困苦之际，仍能官民协力，万众一心地兴建如此规模的庙宇，可见当地人对太白山神的深度信仰和巨大期望。固原太白庙建成是当地的一大盛事，不仅为当地人提供了一个祭祀太白山神的场所，因其"咸谓壮丽宏伟，足可与华岳相埒"而成为当地一处重要的人文景观。

太白庙建成后，兵部侍郎、大司马、三边总督郜光先以亲身经历者的身份撰写了《固原鼎建太白山神祠记》，该记详细记述了建庙的前因后果及其自身经历的种种事例。同时，在太白庙修建期间，主政固原的党馨撰写了《创修太白山寺上梁文》。党馨，字季方，明代青州益都人。隆庆二年（1568）戊辰科进士，任山西襄垣县知县，迁安徽徽州府同知。后任陕西副使，备兵固原，以边功升宁夏巡抚，著有《四书会成》《历代纪年》，纂《三边四镇志》等书。在修建固原太白庙期间，党馨正好在固原一带镇守，因此他也参与了整个过程。

其次，曾担任陕西布政使和陕西巡抚的李汶在万历十五年，即太白庙建成的第二年专门撰写了《新建太白山神祠记》，该文也经过碑石铭文得以保存。李汶是嘉靖四十年（1561）的举人第三名，翌年又中进士。万历十年（1582）李汶任陕西布政使，万历十二年（1584），李汶升任都察院右佥都御使巡抚陕西。他根据陕西的情况，给皇帝上奏折陈述水利、灾民、批关、诸封等四事，又向朝廷提出了他的防边大略十策，被一一恩准，边防大振。李汶督边12年，历经大小战役100多次。这期间，皇帝一次次地下旨慰问，9次晋秩至少师兼太子太师、兵部尚书两加勋，授特进银青光禄大夫、左柱国，赏尚书双俸禄等。由此可知，在郜光先主政祈雨和修建太白庙的过程中，李汶作为地方政要是全程见证者，所以在他的《新建太白山神祠记》说："不佞汶躬盱盛典，漫埏其略为记，与有荣焉。若人书垂不朽，已祥镌司马簪华中，不复更缓频缕之也。"这表达了对灾难中黎民百姓的疼惜和对大司马郜光先的赞叹，最后也为自己见证和参与整个过程深表荣幸。

固原太白庙自1586年建成之后，前后共经历了4次修葺。第一次修葺是在明崇祯元年（1628），由知州卢应麟主持修葺。第二次是清代康熙四十一年（1702），由知州徐英主持修葺，这次修葺在郭昌泰的《重修太白山神祠碑记》中题道："至本朝康熙壬午，州牧徐公复理新之。"第三次是在乾隆三十八年（1773）由固原知州郭昌泰主持的一次大型维修，维修竣工郭昌泰撰写了《重修太白山神祠碑记》。据碑文记载，这次维修"经始于癸巳三月，越八月工竣。计费金五千有奇，用工三万有奇。乃复郜公之旧焉"。同时，他的下属包文焕也撰写了《重修太白祠西路乐施碑引》，记载此次修葺状况。通过这次修葺，太白庙基本上恢复了初建时的状况。

太白庙遗址上被破坏的"新建太白山神祠记"碑（摄影 李晓华）

从外远眺太白庙遗留的三个门洞（摄影　李晓华）

清同治年间，固原太白庙因兵燹遭到了毁灭性的破坏。此后，虽经民国期间民间人士的筹资修建，但只是修建了正殿三楹和门台佛殿一座，其余则无力再修复。中华人民共和国成立后，固原太白庙就作为封建迷信的代表被彻底地拆毁，只留下院墙和东面三个门洞。

现固原南北向开通了一条连接老城区与新城区的中山北街，这条大路从老太白庙遗址上穿过，将太白庙分割为东西两部分。中山北街西边的部分太白庙遗址上修建了一座佛教寺院——圆明寺，东边部分仍然是一片荒原，只有一些当地群众尽力地维护着仅剩的三个大门洞。

从残存的庙墙来看，当年太白庙建筑规模宏大，气势不凡，长250米，宽100米，占地40多亩。太白庙坐西朝东，开东门。部分庙墙保存较好，为夯土筑成，高约两米，院墙四角有大包角，远远高出庙墙很多，包角上面原来还有包角楼。保存最为完整的是东面的砖包墙院墙，墙两层楼高，有三个大型门洞，大门上有太白庙精美石刻牌匾，牌匾全文为"太白山神祠"，"太白"两个字保存完整，落款为丁丑年天中。洞中依然供奉着太白神像。

残损的清朝乾隆三十八年重修太白庙石刻牌匾（摄影　李晓华）

二、固原东关太白山道观

在宁夏固原市东关外东南方向的黄峁山上，有一座山峰被称为太白山，山上有一座道观名为太白山道观。因该道观大殿中供奉的主尊神也是太白神，因此本书称其为固原东关太白庙。

该道观修建于清代前期，后来毁于战火，近年来当地民众又自发集资恢复了道观，因固原老太白庙已经毁损无存，所以当地人就在此供奉太白神。东关太白庙经过十多年的恢复性修建，2017 年基本竣工，并立"复修固原太白山太白庙"碑一通，该碑文云：

> 明中设府，固原镇守三边，大兴农牧，守疆保民，祈请太白山神，北向而佑之，一在城之东北暖泉围城二里，总督部公，所建庙貌宏伟，堪比华岳道观。一在城出东南山巅之下有三泉，百姓呼之太白山，每有雨意，云会其上，明清谓之云根雨穴之境。

固原太白山恢复修建的太白山道观山门（摄影　李晓华）

然而同治兵燹，道秩散失，虽为瓦砾，旱祷辄应，士庶百姓，垒土成庙，四时祭祀，社会贤达每瞻仰故址，共怀重启道场之宏愿也。

　　上面的碑文没有明确说出此处的太白庙建于何时，只是说此处与固原北关明代太白庙有关联，因此处是当地人祈雨取水之地。据《廿二史札记·明史》卷三十五记载魏忠贤生祠的情况中有这么一条信息："魏忠贤生祠之建，始于浙抚潘汝祯，汝祯因机户之请，建祠西湖，疏闻于朝，诏赐名普德，此天启六年六月事也。自是诸方效尤，遂遍天下……天启七年（1627）八月……三边总督史永安、陕抚胡廷晏、巡按庄谦、袁鲸建之固原太白山。"这说明在明熹宗天启年间，固原东关就已经有太白山名称的存在，此处的太白庙应当是在该山命名为太白山时所建。由此推断，固原东关太白庙最晚在明天启之前就已经存在了。

　　该太白庙在修复过程中挖出了一通清代乾隆六十年（1795）的"南门里坊淘池会创修太白湫池宝亭及并杨泗将军庙"卧碑，碑文记载："太白

固原东关太白山新修太白庙殿堂（摄影　李晓华）

后山之麓有湫池四眼，岁时牲祝，每遇天道亢阳，四境赴湫处祷雨泽，无不如期而应。"根据碑文内容可知，固原东关黄崡山因有4眼山泉，是当地人祈雨取水之处，被称为湫池，该山也被当地人称为太白山，太白山上的庙自然也被称为太白庙。后来人们为了保护湫池而盖了4座亭子，同时在亭子旁边还修建了一座杨泗将军庙。由此可以推断，固原东关太白庙始建于明代，清代前期又修建了湫池亭，后来在同治年间毁于兵燹，此后虽有修复，但难成规模，影响也越来越小。

固原太白山道观成为合法的宗教活动场所后，从2012年开始，在石明义会长和当地群众多年的努力下，现已修建完成重檐二层七楹大殿一座、东西两边配殿、钟鼓楼以及山门等工程。

第五节　浙江宁波的太白庙

宁波太白庙位于浙江省宁波市鄞州区东吴镇政府东南6公里的天童村太白山麓，由山得名。宁波太白庙始建于清咸丰六年（1856），整组建筑群坐北朝南，面向街市，前后两进院落，三进五间，硬山式建筑。中轴线上依次为大门、通道、门楼、戏台、厢房、明堂、大殿等建筑。太白庙在

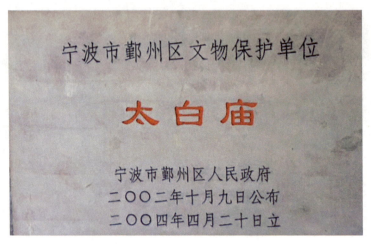

浙江宁波太白庙文物保护标识

鄞州是民国年间留下的 300 多个民间神庙中保护最完好的一座，1986 年就被列为鄞县（今鄞州区）文物保护单位。2002 年 10 月，被列为鄞州区文物保护单位。

据民国《鄞县通志》及庙内屏风上的文字记载，宁波太白庙供奉的神灵是传说中唐代的一位孝子杜雍，因此这个太白庙宣扬的信仰主旨是孝道文化，因此又被当地人称为"孝庙"。据方志记载，杜雍，字世杰，是唐代咸通时人，他在途中遇到了强盗，背着母亲，抱着儿子逃到了天童太白山麓。杜雍先将儿子草草藏匿后，又将母亲掩藏于附近的山洞中，但当他

浙江宁波太白庙

再回来寻找儿子时，儿子却不见了，"遂隐此躬耕以养，并不再去求取功名。乡人感其孝，杜雍死后，建庙纪念"。

但另有记载这座太白庙的建造年代是在明代晚期崇祯年间，当时天童街已经成为鄞东十八街之一，有相当规模，于是在此建了一座小庙。在清代嘉庆二年（1797）太白庙作首次扩建之后，形成后来的从老街通向山脚的建筑群，自南向北有路亭、前天井、头门，接下去的是过道、中天井，包括一棵千年银杏、仪门。从仪门起，庙由原来面宽三开间扩大到五开间，其中有戏台、后天井，神殿又增左右偏殿，于是太白庙成为入口小、后进

宁波太白庙戏台

宽大的口袋状建筑群。太白庙在咸丰丙辰年（1856）又扩建头门和仪门。民国二十年（1931），太白庙及戏台又一次整修，天童寺方丈圆瑛禅师在庙门口立了施茶碑，头门和仪门进行扩建，特别是将仪门翻建成二层楼、双卷棚，后天井增设4根方斗式旗杆，通体朱砂外墙护围中的太白庙庄严而肃穆。

　　太白山南麓的天童村，有古道东通北仑及象山港，西通小白、阿育王寺。在源于太白峰的天童溪南岸，自东向西形成一条老街，旧为朝拜天童寺必经之路。自宋代起此地形成街市，街东街西的天童村和童一村合起来有千余户人家。《鄞县通志》称，太白庙由徐、王、应、谢、蔡五姓为主崇祀，每年农历正月灯戏、九月十六赛会、四月初八天童寺香会，庙内都会做戏。据光绪《鄞县志》记载："今之庙，即古之社也，古者人民聚落所在，必奉一神以为保佑，邑中之戏，多演于庙中。"故多演于庙中之戏也即所谓"社戏"。太白庙戏台构筑精巧，看场宽敞，能容纳上千人同时看戏，且左右前后都有可供出入的偏门。然而头门、仪门却设置两道高达半米的门槛，进门以后有马夫和神差虎视眈眈、明察秋毫。因此，整体气氛有点令人望而生畏。

第四章

太白山道教文化

太白山宗教文化具有多元一体的特点，但从历史传统、现有规模、社会认知以及活动影响等方面来看，道教文化是太白山宗教文化中的主体，正因如此，太白山才被称为仙山。道教在太白山开始传播的时间非常早，《道德经》就是产生于太白山脚下的楼观台，后来从道教早期的上清派再到后来的内丹派、全真道，都在太白山地区保持着持久而频繁的活动，并形成了较大的社会影响。在这个过程中，很多著名的道教历史人物参与并推动了太白山道教文化的发展。同时，还有各种道教经典和传奇文学作品，以太白山为题材创作的神仙人物和故事，对太白山道教文化的发展起到了推波助澜的作用。随着道教经典将太白山纳入道教洞天福地系列后，太白山在中国道教文化中的地位更加重要和稳固。在太白山现存的宗教建筑、碑刻、法器等文化遗存中，有大半属于道教。太白山宗教文化起源于太白神信仰，随着道教将太白神信仰纳入道教文化系统之后，对太白神信仰的发展起到了重要的推动作用。

第一节　太白山道教文化的传入与演变

太白山自古是修道者最主要的修行场所之一。《初学记》云："太乙山，西去长安二百里，山之秀者也。中有石室灵芝，常有一道士不食五谷，自言太乙精人。"但凡高道修行辟谷，都要寻求一清静幽雅之去处，而太白山高峻险阻，不易攀登，兼之山林茂密，入山则人烟稀少，出山又地近关中平原，理所当然会成为修行之最佳处所。同时太白山也是秦岭最高峰所在，有"武功太白，去天三百"之誉，道教人士梦寐以求的飞升成仙，在此也自然近便得多。有如上诸多优点，太白山被道人选中为修行场所就是理所当然的事情了。

太白山的道教活动具体起源于何时现已不可考，但有资料记载，汉元帝时太白真人给道士王仲都送了一枚虹丹，一经吃下则不惧寒冷，即使隆冬时节，犹着单衣。隋大业年间开始有道士在太白山起炉炼丹的记载。在唐代，由于道教受到李唐皇室的尊崇，道士被皇室引为宗亲，在朝野相当活跃。太白山地处京畿近郊，山势巍峨险要，成为道士隐修炼丹的大好去处。当时太白山有大量的道教活动，很多著名的道教人物如孙思邈、郭休、王休、李浑等都曾在太白山长期修道炼丹，为太白山留下了重要的道教文化影响。如被尊为医圣的孙思邈就曾在太白山隐居修行多年，《旧唐书·孙思邈传》即有"周宣帝时，思邈以王室多故，乃隐居太白山"的记载。因来自太白山的道士大力宣传太白山的神异，并使太白山和道教的玄元皇帝（**太上老君**）联系起来，从而进一步提高了太白山的地位，扩大了太白山的影响。据《新唐书·王锽传》记载，李浑曾在太白山隐居，他向皇帝上奏说自己曾在太白山间遇太白老人告以玉版石记符，皇帝大感神异，于是下令将太白山册封为"神应公"。另一位自称太白山人的道士王玄翼则宣称："玄元皇帝降于（**太白山**）宝仙洞。"这使太白山的神秘色彩日益彰显。

太白山保存至今的道观遗址，多系唐时所建，如钟吕坪的中坪、东坪和西坪以及青牛洞等。此后，五代、北宋时期，太白山道教活动相续不衰。

宋元以后，随着王重阳创立的全真道发展壮大，太白山又成为全真道信众活动的重地。王重阳的弟子丘处机得到成吉思汗和忽必烈的重用，其所创立的全真道龙门派在关中广为流传。此后在太白山活动的道士大多属于全真道龙门派，一直延续至今。在太白山道教文化遗存中，经常能见到与龙门派相关的文字记载，在三清池大庙的祭台上，有一块民国十四年（1925）的木牌，上书"龙门派第十六代传人张道士之位"。

此外，唐代太白山道士和官员文人多有往来，李白、卢纶、李洞、项斯、陆龟蒙等均与太白山道士有来往唱和，留下了以隐居太白山道士为题的大量诗文作品，这些文学作品一方面勾勒和塑造了太白山的仙山特色，同时使太白山宗教文化题材进入了文学艺术殿堂。随着这些文学作品的广泛流传，太白山也广为天下人所知，为提升太白山的知名度起到了重要的推动作用。

第二节　太白山与洞天福地

洞天福地理论是道教文化的重要组成部分，也是在道教宇宙论基础上形成的对自然环境的一种另类的认知。道教认为，在人类栖居的以地球为中心的自然空间中，包含着数十个相对隔绝、大小不等的生活世界，即十大洞天、三十六小洞天和七十二福地。这些洞天福地大多数位于中国境内的大小名山之中或之间，它们相连贯通，构成了一个特殊的时空世界。这些洞天福地中栖息着不同的仙灵，也是修仙养道的优胜之所。

按照道教的解释，洞天福地世界与我们所处的世界相似，具有各自的天地、日月、山川、草木等自然组成因素。由于洞天福地蕴含于我们所处的世界空间中，因此与我们的世界就有着各种各样的联系，例如世人有时误入洞天，洞天居民有时也造访人间。同时又由于它们存在的相对独立性而具有独特的时空构造，而且它们的存在具有很大的隐秘性，对世人一般是不敞开的。从功能方面看，除少数避世型洞天外，洞天福地可以视为道士在达到终极解脱目标前的修炼场所。从起源角度看，道教洞天福地理论的产生与形成，应与道教产生初期曾经充当过修道之士的基本居留场所的"石室""洞窟"等有密切关系。从道教的宇宙论、存在论的角度看，洞天福地理论反映了道教看待天、地、人、物的独特视角，是以一种环环相套的圈层宇宙构成论为背景来解释天、地、人、物的存在形式，这与道教的根本理论有着内在的一致性。早期道教经典如《抱朴子·内篇》《真诰》等都认为，欲求神仙，须登山请谒，入山居住或合药。而且列举了全国各

第四章　太白山道教文化

地能确定的洞天福地所在之山，认为"此皆是正神在其山中，其中或有地仙之人。上皆生芝草，可以避大兵大难，不但于中以合药也"。由此可见，道教的"洞天"概念是一个系统的整体环境，既包括"洞"，也包括"洞"之外的"天"。

太白山大爷海旁边的宝仙洞

太白山被列为道教三十六洞天之第十一洞天。《三十六洞天记》载："第十一太白山洞，周回五百里，名曰玄德洞天。在京兆府长安县（今西安市长安区），连终南山，仙人张季连治之。"由此可见，太白山作为道教的第十一洞天，是指整个太白山方圆500里范围之内，都属于洞天环境，并非仅指某一个具体的石洞或石室。但是石洞和石室在洞天文化中还是具有重要位置的，可以说洞是洞天的核心因素并具有特殊的地位，这也使得洞天中的各种石洞被蒙上了神秘色彩。太白山山洞众多，其中和道教神异相关的就有金星洞、宝仙洞等。如李浑所言的见太白老人之事就发生在金星洞，而宝仙洞则是王玄翼所说的太上老君显圣的洞府。对于信仰道教和依道修行的道门中人而言，在作为道教第十一洞天的太白山修道，具有非常重要的宗教意义。

时至今日，随着人们对道教文化的深入研究，洞天福地学说日益为社会环境科学和养生科学所重视，这对于以后提升太白山的社会文化地位具有重要价值。在考察中我们发现，太白山有许多山洞，大部分山洞幽深险要，尚未开发，这些山洞对于开发太白山洞天福地文化具有较高的价值。

第三节　太白山与八仙信仰

一、八仙传说的起源与形成

八仙的传说起源很早，但人物构成有多种说法。最早的八仙之说出现在汉代，是指帮助西汉淮南王刘安著成《淮南子》的8位文人，开始称为"淮南八公"。如《小学绀珠》记载："淮南八公：左吴、李尚、苏飞、田由、毛披、雷被、晋昌、伍被。"由此可见，淮南八公只是8个文人，而并非神仙。因淮南王好道家的神仙丹术，后世传他修成神仙，跟随淮南王的"淮南八公"也就被逐渐附会演变成"淮南八仙"。在晋代谯秀所著的《蜀纪》中，又提出了"蜀中八仙"的说法，这八仙依次是："首容成公，隐于鸿闬，今青城山也；次李耳，生于蜀；三董仲舒，亦青城山隐士；四张道陵，今鹤鸣观；五严君平，卜肆在成都；六李八百，龙门洞在成都；七范长生，在青城山；八尔朱先生，在雅州。"上述的"蜀中八仙"与后来所传的八仙毫无关系，但其中的人物都是道教中人，而且这种说法产生了长远的影响，五代时有道士作画为蜀中八仙，所画人物就是依照《蜀纪》中的容成公、李耳、董仲舒、张道陵、严君平、李八百、范长生、尔朱先生等八位。

五代宋初，道教界盛传"钟吕金丹道"，社会上关于吕洞宾的仙话传说流传甚广，再与道教内丹修炼法的传播相互影响，使得钟离权和吕洞宾两位的神仙形象越来越突出。宋末元初，北方的全真道全面兴起，而且全真道也是以"钟吕金丹道"作为其根本道法，并将钟离权、吕洞宾等推为金丹道法的北五祖，这使得钟吕二仙在中国道教界获得了崇高而稳定的地位。与此同时，中国民间传说、杂剧戏谈等便与道教神仙相互演衍，八仙

第四章　太白山道教文化

095

故事流传越来越广，内容也越来越丰富。由于吕洞宾被道教奉中为吕祖，各地道观，尤其全真道观祭祀不辍，从而使得吕洞宾逐渐成为八仙中的核心人物。

元代形成的"八仙"是现代"八仙"的雏形，但其中的个别人物在不同说法中略有变化和调整。马致远的杂剧《吕洞宾三醉岳阳楼》第四折末《水仙子》，以吕洞宾的口吻，依次介绍八仙道："第一个是钟离权，现掌着群仙箓；这一个是铁拐李，发乱梳；这一个是蓝采和，板撒云阳木；这一个是张果老，赵州桥骑倒驴；这一个是徐神翁，身背着葫芦；这一个是韩湘子，韩愈的亲侄；这一个是曹国舅，宋朝的眷属；则我是吕纯阳，爱打的简子愚鼓。"上述八仙，均为男性，没有后来所传八仙中的何仙姑，却多了个徐神翁。在岳伯川《吕洞宾度铁拐李岳》中，有张四郎却没有何仙姑。明《三宝太监西洋记通俗演义》中的八仙，则以风僧寿、玄虚子取代张果老、何仙姑。直到明代吴元泰作《八仙出处东游记》后，铁拐李等八仙过海的故事日渐流传，八仙人物也在流传中稳定下来，最后正式定型为钟离权、张果老、韩湘子、铁拐李、吕洞宾、何仙姑、蓝采和及曹国舅等8位。八仙中各位人物的来源和时代不尽相同，有些是史书有所记载的历史人物，如钟离权、张果老、吕洞宾等。张果老即史书中记载的道士张果，吕洞宾是唐代道士吕岩，有诗作录入《全唐诗》，钟离权则有著述《还丹歌》《破迷正道歌》《灵宝毕法》等留存。其中有些人则是传说或民间信仰中的人物，如何仙姑、蓝采和等。这说明八仙文化是道教文化和社会文化在相互影响下逐渐演变而来的，并非真有8位神仙同时下凡来到了人间。

道教中的八仙文化的出现和形成，使中国道教文化在社会上的流传和影响达到了一个高峰。在八仙文化兴起和流传过程中，太白山的道教文化正处于鼎盛时期，所以在太白山宗教文化中与八仙相关的内容非常丰富。这说明在历史上道教八仙文化与太白山关系非常密切，至今尚有大量与八仙有关的宗教文化遗存，其中以钟吕坪的八仙文化最为丰富和集中。据明代《眉县志》载："（钟吕坪）山不甚高而顶宽平，俗传钟离权、吕洞宾、韩湘子得道成仙于此，故此易名'钟吕坪'。"此外，大小文公庙和八仙台等都是与八仙有关的文化遗迹。太白山八仙文化中，尤以钟离权、吕洞宾、韩湘子的相关内容最多。依据史料来看，太白山曾是钟离权、吕洞宾和韩湘子等人的重要活动之所。下面对这三位进行介绍。

二、钟离权

钟离权，姓钟离，名权，字云房，一字寂道，道号正阳子，又号和谷子，咸阳人。农历四月十五日生，五月十八日飞升。钟离权有关人物原型，约出现在五代、宋初之际。《宣和年谱》《夷坚志》《宋史》等书都有他的事迹记载。《历代神仙通鉴》《续文献通考》等书中也有他的记载。钟离权存留的著作有《还丹歌》《破迷正道歌》《灵宝毕法》等。据文献记载，钟离权从小精通文学艺术，书法尤喜草圣张旭。其人身长八尺，官至大将军，后因兵败入终南山，遇东华帝君授以至道，然后隐于晋州羊角山修行。钟离权成道后，常束双发髻，衣槲叶，故被称为"髻道人"。《唐才子传》卷十记载，钟离权曾在太白山修道："先是有钟离权，字云房，不知何代何许人，以丧乱避地太白，间入此阁，石壁上得金诰玉篆，深造希夷之旨。常鬟髻，衣槲叶，隐见于世。"由此可见，太白山是钟离权当年重要的修道之所。现在太白山上有关钟离权的传说非常之多，看来也并非空穴来风。后来王重阳创立的全真道尊钟离权为"正阳祖师"，被列为道教北宗二祖，元世祖封其为"正阳开悟传道真君"，元武宗加封为"正阳开悟传道重教帝君"。

因钟离权自称"天下都散汉钟离权"，也因这句"散汉钟离权"的自谓，后来被讹传为汉钟离，进而发展成以为他是汉代人。《全唐诗》录有他的 4 首诗，并附有小传：

传说中的钟离权画像

"钟离权，咸阳人，遇老人授仙诀，又遇华阳真人，上仙王玄甫，传道入崆峒山，自号云房先生，后仙去。"他留世的诗题为《题长安酒肆壁三绝句》："坐卧常携酒一壶，不教双眼识皇都。乾坤许大无名姓，疏散人中一丈夫。得道高僧不易逢，几时归去愿相从。自言住处连沧海，别是蓬莱第一峰。莫厌追欢笑语频，寻思离乱好伤神。闲来屈指从头数，得见清平有几人。"

三、吕洞宾

吕洞宾，姓吕名岩，字洞宾，道号纯阳子，生于唐德宗贞元十二年（796）农历四月十四。吕洞宾为道教八仙中的核心人物，也是全真道北五祖之三祖，钟吕内丹派代表人物。一般认为吕洞宾生于河中府永乐县招贤里（今山西省芮城县永乐镇），另有说法认为他是唐末京兆（今陕西西安）人。《全唐诗》载："吕岩，字洞宾，礼部侍郎渭之孙，河中府永乐县人。咸通中举，进士不第，游长安酒肆，遇钟离权得道。不知所往，诗四卷。"宋代的佛教典籍《五灯会元》有相似说法："吕岩真人，字洞宾，京兆人也。唐末三举不第，偶于长安酒肆遇钟离权，授以延命术，自尔人莫之究。"

宋代道教学者曾慥在其编著的《集仙传》中称唐与五代成道之士中"独纯阳子吕公显力广大"，所以在民间，吕洞宾是一位与观音菩萨、关公一样妇孺皆知、香

传说中的吕洞宾画像

火占尽的人物，他们被中国民间合称为"三大神明"。在道教文化和民间信仰中，他是八仙中最著名、传说最多的一位。到了金代，因吕洞宾信奉道教，于是将"祠"改成了"观"。吕洞宾之所以为世人熟知并广为供奉，也与后来盛极一时的全真道有关。全真道祖师王重阳自称就是受钟吕二祖的点化而悟道，后来全真道丘处机被元代封为国师，掌管天下道教。随着全真道在全国的推行发展，吕洞宾的影响力也就越来越大。元朝初年，忽必烈知道吕洞宾信奉的道教在群众中颇为流传，便拆除原来小型的吕公观，大兴土木，修建了宏伟的永乐宫。永乐宫从开始修建大殿到最后绘完几座殿堂的壁画，历时110年，几乎与整个元朝共始终。在明末清初的战争中，传说吕洞宾曾经搭救过在海上险些遇难的明朝兵部尚书袁可立的兵船，所以道教在整个清朝时期都得不到弘扬发展。

吕洞宾虽然是道教中人，但是他是属于内丹一派，其改变了道教过去过于注重烧炼服用"仙丹"而转向了修炼"内丹"的修行理路，使道教的内丹派越来越发扬光大，给道教注入了新的生命力。吕祖的道术，讲究身内有丹药，修持在个人。按照吕祖这一派的修炼方法，虽然未必真能成仙飞升，但有些人练就一身精深的内功还是有可能的。

吕洞宾留下了大量的诗词作品，其诗作大致可分为题咏、赠答、劝度、修炼等，其劝度诗大部分见于《浑成集》上卷。吕洞宾的修炼诗多与讲述内丹和外丹修炼有关，他的内外丹兼修的思想理论也主要是通过这些诗来表达。《全唐诗》中收录了吕洞宾的诗共200多首，《唐才子传》中也有他的传记。可见，吕祖除了在道教界具有重要地位，在中国文学艺术史上也有其一席之地。

四、韩湘子

韩湘子，唐代人，据传是跟随吕洞宾学道成仙，《新唐书·宰相世系表》《酉阳杂俎》《太平广记》《仙传拾遗》等书都有关于他的介绍。元朝人所著《韩湘子引渡升仙会》《韩退之雪拥蓝关记》等都记载了韩湘子得道成仙的故事：韩湘子原是苍梧之野、宾龙峰西经皇老洞中东华公和西城公座前的白鹤，因经常听仙人们讲道而深有感悟，只因它是鸟类，不得登上仙班。后来，吕洞宾教其先转化为人类，脱去羽毛。韩湘子于是投胎于河南孟县（今孟州市）韩家，出生后取名韩湘。因他自幼丧父母，是叔祖父韩愈将其培养成长，希望他能攻读儒学。吕洞宾化名为"官无上"，前来传道点化韩湘子，使韩湘子很快得道成仙。后来，韩湘子几次点化韩愈，而韩愈始终不悟。

据《酉阳杂俎》载，韩湘子为韩愈宗侄孙，性狂放，能奇术。韩湘子欲度其叔祖父韩愈，曾在初冬时数日内令牡丹花开数种色彩，每朵又有诗一联"云横秦岭家何在，雪拥蓝关马不前"之句。韩愈不悟其中之意，韩湘子就走了。后来韩愈因上书《谏迎佛骨表》一事，触怒皇帝被贬潮州，别家赴任途中，经过蓝关时，遇大雪堵路，马匹疲惫难行。这时，韩湘子出现在韩愈面前，韩愈也想起韩湘子牡丹诗的暗示，于是写下《左迁至蓝关示侄孙湘》一诗："一封朝奏九重天，夕贬潮阳路八千。欲为圣明除弊事，肯将衰朽惜残年。云横秦岭家何在？雪拥蓝关马不前。知汝远来应有意，好收吾骨瘴江边。"

传说中的韩湘子画像

五、太白山的八仙文化遗迹

从以上文献可知，道教八仙中的有些人生前主要活动在长安附近，他们完全有可能在太白山修道、传道。而且，这些资料显示，在八仙中，钟离权、吕洞宾、韩湘子之间是直接的师徒关系，钟离权是吕洞宾的师父，吕洞宾是韩湘子的师父，他们之间道法一脉相承，因此他们共同修道的可能性更大。太白山钟吕坪流传下来大量的相关传说也主要是围绕八仙中的他们三位，由此可见这些历史传说并非荒诞不经，而是与历史史料之间具有非常密切的联系。《钦定大清一统志》卷一八三《凤翔府》载："钟吕坪在眉县东南五十里南山内，小山不甚高，而顶宽平，俗传钟吕传道于此。"在太白山中，与钟离权、吕洞宾和韩湘子三位有关的遗迹非常多，其中以钟吕坪最为集中，下面简要列举介绍。

二仙受书台。位于东坪下山神殿，相传此处为东华帝君王玄甫为钟离权、吕洞宾亲授天书之地。

钟吕坪庙宇

仙通沟。位于钟吕坪北面的进山口，为三坪四谷的交会点。此处悬崖陡壁，百丈之高，状若一谷开三坪。如果遇到雨季，湘子沟的山水一泻沟底，飞流直下，似银河落天。冬季流水成冰，远看似"一柱擎三坪，玉屏映终南"的美丽景观。相传这里是钟离权用仙掌掀通的沟，故而称"仙通沟"或"掀通沟"。

湘子树。生长于东坪庙北的场边，相传是韩湘子亲手栽植的，高约 10 丈，径约 5 尺，自然长成 5 层，底层由八根股枝盘绕而成，酷似八条龙盘绕交织在一起，故称"湘子树"，又称"八爪盘龙柏"。相传八仙经常围坐在八根盘龙枝上谈经论道。

蓬莱仙树。位于中坪庙后，参天蔽日，两抱有余，无花无果，无人识名，"文化大革命"中被砍伐，幼树现已长高至数丈。相传是吕洞宾当年从山东蓬莱移植而来，500 年开一次花，500 年结一次果，故称"蓬莱仙树"。

九天来石。位于西坪山腰的路旁，足有三间房大小，据传是吕洞宾作法从太白山拔仙台移来的，可坐看北京，卧看长安，人称"眺望石""湘子坐功石"。

扶腰神石。位于东坪腰间路旁。大石扎山中深不知底，悬露之石足有两间房屋大小。据传，吕洞宾、钟离权、韩湘子下山归来正遇瓢泼大雨，在此避雨时对弈数日，大石染上仙气，因而上下山的人行到此只要在石下支根木棍，顿有消疲增力、如人扶走的感觉。此石又称"支腰石"。

紫府洞天。位于老君洞和中坪之下，仙通沟上的石壁畔，洞高七尺，深有数丈，山泉飞流洞口而下。据传曾是东华帝君王玄甫及吕洞宾修道之处，又称"凝阳洞"，为凝聚青阳之元气之意。周围有洞穴多处，称"玄珠洞"，传为八仙居住之处。

湘子宝洞。位于湘子沟青冈林中，相传是韩湘子藏宝的地方，内有湘子宝物和洞宾宝剑。

湘子金柜。存放于中坪庙中。相传柜由 120 多个抽斗组合而成，是韩湘子专为测试人心善恶之用，心善者可以拉出并能得到金银珠宝，心恶者则拉不出，强拉会有炸雷声响，蛇怪窜出。可惜民国战乱时被焚毁。

一柏一石湘子庙。位于山神殿与东坪之间。据说庙建于一棵古柏树东南方向的大股枝上，庙脊飞檐用数百碗碟拼成 100 个小庙，内各有小神一尊，主庙内供韩湘子塑像，栩栩如生，搭梯方可上香。因树旁有块大石，故称"一柏一石湘子庙"，远看是顶轿，近看是座庙。庙与古柏毁于民国战乱。

小文公庙与大文公庙。太白山上有大小文公庙，是太白山现存重要的地标，也是游人往来宿营的主要地点。小文公庙位于太白山海拔 3320 米处。小文公就是八仙中的韩湘子。因韩愈死后，朝廷赐谥号"文"，人称"韩文公"，又因其系韩湘子长辈，太白山人就将韩愈称作"大文公"，韩湘子则为"小文公"。大文公庙就是供奉韩愈的庙宇，小文公庙则是以韩湘子为主神。

拔（八）仙台。位于太白山顶，海拔 3771.2 米，是太白山最高峰。现在被称为"拔仙台"。目前的说法是周武王灭商纣以后，姜子牙在此封神，这种说法应该源自《封神演义》。根据文献资料的记载和现场考察来看，此地原来名字应是"八仙台"，多处古代文献资料都将其记作"八仙台"，如清人赵嘉肇《太白纪游略》中有"太白极顶，曰八仙台"的记载。再根据实地考察发现，太白山周围留下了许多和八仙相关的传说，有多处遗迹和旧址，且八仙信仰出现的时间远远早于《封神演义》成书时间，拔仙台有可能是随着《封神演义》的故事在民间广泛流传的。西周的兴起又是在宝鸡地区，姜子牙封神的封神台到底在哪里成为悬念，而太白山高峻挺拔极具仙气，同时八在关中方言里念 bá，久而久之，百姓口中的"八仙台"也就成了拔仙台。

第四节　太白山著名的道教历史人物

自唐代以来，太白山涌现出许多高道名士，他们不仅布道阐教，建立组织，修建宫观，而且诠释经典著书立说，发展道教理论，在道教史上闪耀着熠熠光辉，其中最著名的有孙思邈、胡愔、张圆泰等人。

一、药王孙思邈

孙思邈（541—682），京兆华原（今陕西铜川耀州区）人，唐代道士，是中国乃至世界史上伟大的医学家和药物学家，被后人誉为"药王"，许多华人奉之为"医神"。孙思邈通老庄之学，精医学、阴阳、推步，长期隐居太白山，不慕名位，居山著述，为人治病。孙思邈小时候就显露出非凡的聪慧，7岁能日诵千言，10余岁见独孤信，被称为"圣童"，20岁精通百家学说。

北周大成元年（579），以王室多故，朝政混乱，孙思邈辞官隐居太白山学道，他主要修行炼气养形，究养生长寿之术。到周静帝即位后，杨坚辅政时，他被征为国子博士，但推说自己身体有病不能担任官职。隋大业（605—618）中，孙思邈周游蜀中的峨眉山。隋朝灭亡后，孙思邈隐居终南山沣峪之中，与佛教律宗祖师道宣为邻，高僧高道共处交流，相互非常友善。唐太宗李世民即位后，召孙思邈到京师，以其"有道"，授予爵位，但他固辞不受，然后又躲到峨眉修炼"太一神精丹"去了。高宗显庆三年（658），皇帝又征召他入京，寓居在废公主府。第二年，高宗召见孙思邈，授谏议大夫之职，他仍然固辞不受，又回太白山隐居修行，研习医药。咸亨四年（673），高宗患疾，

药王孙思邈画像

令其作为御医随驾。上元元年（674），孙思邈再次以身体不好为由辞职回山隐居，唐高宗赐良马，并将鄱阳公主邑司以属之。永淳元年（682）卒，遗嘱薄葬，不藏明器，不用牲牢祭祀。宋徽宗崇宁二年（1103）追封为妙应真人。

孙思邈一生著作颇丰，主要有《千金方》《摄生论》《福寿论》《保生铭》《存神炼气铭》《摄养枕中方》等。药王孙思邈对我国医药学的贡献非常大，可以说在中医学史上无出其右者，他的医学巨著《千金方》是我国历史上第一部临床医学百科全书，被国外学者推崇为"人类之至宝"。他在医学方面创造了无数个第一，如第一个完整论述医德，第一个倡导建立妇科、儿科，第一个麻风病专家，第一个提出复方治病，第一个发明手指比量取穴法，第一个提出并试验成功野生药物变家种药物，第一个创绘彩色《明堂三人图》，第一个创立"阿是穴"概念等。正因为他在医药方面的丰功伟绩，使他成为中国人心目中的"药王"，在他去世后，各地人为他修建庙宇予以奉祀，一方面是纪念他为人类做出的巨大贡献，另一方面是希望他的神灵能够护佑苍生不再遭受疾病的痛苦。

二、献玉版石记符的李浑道士

李浑是唐代著名道士，深得玄宗皇帝赏识，正是在他的推动下，太白山得到李唐皇室的册封。据《新唐书·王铢传》记载，李浑曾在太白山隐居，玄宗天宝八年（749），他向皇帝上奏说自己曾在太白山间遇太白老人，告知金星洞有玉版石记符，皇帝命御史中丞王铢等人入仙游谷求而获之。玄宗大感神异，于是下令将太白山册封为"神应公"。对于这件事，多种史书都有所记载，其中《旧唐书》记载最详细：

> 八载六月，玉芝产于大同殿。先是，太白山人李浑称于金星洞仙人见语，老人云，有玉版石记符：圣上长生久视。令御史中丞王铢入山洞，求而得之。……太白山封神应公，金星洞改嘉祥洞，所管华阳县改为真符县。两京及十道一大郡，置真符玉芝观。

这次事件不仅使唐玄宗获得了太白山神所示玉版石记符，玄宗惊奇之外也非常感动，为此做了一系列相应的活动，其中包括封太白神为"神应公"，将"金星洞"改名"嘉祥洞"，将太白山下的"华阳县"改名"真符县"，另外还要求长安和洛阳两京以及十道一大郡都修建一座"真符玉芝观"。这一系列的活动，对太白山以及太白神地位和影响的提升非常之大。而这一切都与太白山道士李浑有非常大的关系。

三、亲见太上老君的王玄翼

王玄翼是太白山道士，和李浑一样，他也推动了太白山在国家祭祀体系中的地位提升。《旧唐书》志第四记载："九载十月，先是御史大夫王铁奏称，太白山人王玄翼见玄元皇帝于宝山（仙）洞中。乃遣王铁、张均、王倕、韦济、王翼、王岳灵，于洞中得玉石函《上清护国经》、宝券、纪箓等，献之。"就是说太白山道士王玄翼在宝山洞中见到了太上老君，皇帝就派了六七个大臣前去宝山洞中考察这事，结果在这个洞中得到了玉石函《上清护国经》、宝券、纪箓等仙家宝物，拿回去后献给了唐玄宗。这件事情是天宝九年（750）十月的事情，《资治通鉴》中载："时上尊道教，慕长生，故所在争言符瑞，群臣表贺无虚月。"玄宗皇帝信仰道教，接二连三地获得这些仙家宝物，自然是非常高兴，整个朝廷为此祝贺了一个月时间。

四、女道医胡愔

胡愔，女道士，号见素子，又称见素女子，约生活在晚唐武宗、宣宗时（约9世纪中期）。胡愔长年隐居太白山，对道教基本经典《黄庭经》有深入的研究，她根据《黄庭经》撰写了《黄庭内景五脏六腑补泻图》，此书对养生延年之法讲述得清晰明白，在医学史上很有影响。胡愔是继孙思邈之后太白山又一位名医，也是我国医学史上不多的女医学家之一。

五、南宗三祖薛道光

薛道光，原名薛式（1078—1191），又名薛道原，字太源。北宋时期阆州人，一说为陕西鸡足山人。著名内丹学家，道教南宗二祖石泰的嫡传弟子，为道教南宗第三代传人，道教称为"紫贤真人"。南宗五祖为北宋时期道教金丹派"南宗"或"紫阳派"尊奉的五位重要人物，包括张伯端、石泰、薛式、陈楠及白玉蟾。因他们多数在南方活动，所以被后世称为"南五祖"。

薛道光本来是佛教僧人，法名紫贤，人称毗陵禅师。毗陵禅师曾经云游长安，留居开福寺，参长老修岩，又参高僧如环。因观桔槔开悟，并呈颂曰："轧轧相从响发时，不从他得豁然知。桔槔说尽无生曲，井里泥蛇舞柘枝。"长老颇为赞赏，自此顿悟无上圆明真实法要，机锋敏捷，宗说兼通。

宋徽宗崇宁五年（1106）冬天，薛道光住在眉县太白山佛寺听讲，遇到从扶风县来的道人石泰。石泰当时已是八十有五的高龄，黑发红颜，神宇非凡，夜里还做针线活计。薛道光察觉石泰不是一般人，就在谈话之中故意引用张伯端的诗句。石

道教南宗三祖薛道光

泰有些惊奇，问薛道光你怎么知道张紫阳，他正是我的老师。薛道光还不太相信，就举出《悟真篇》中的句子向他请教。石泰看他很诚心，就简略地为其讲解大要，薛道光听后即大悟，平日埋藏在腹中的各种疑团一下解开。薛道光确信石泰是张紫阳的真传弟子后，进而要求拜石泰为师。石泰笑言道，你不怕有叛教的嫌疑吗？薛道光坚定地回答，生死大事，如果拘于门户，难道不是自己耽误自己吗？石泰听后连连点头，并言自从紫阳先师授道以来将近30年，今日才遇到可以继承法脉的传人。于是石泰传授口诀真要给薛道光，并告诫他赶快去通都大邑，依靠有能力供养者修道，自己就此退隐于世了。

从此薛道光弃僧从道，幅巾缝掖，混俗和光，以了性命大事。光宗绍熙二年（1191）道成。薛道光享年114岁。留有颂："铁马奔入海，泥蛇飞上天。蓬莱三岛路，原不在西边。"在四川阆中流传着薛道光善做香与灸，曾用其给百姓治病。薛道光的徒弟南四祖陈楠曾有"陈泥丸"之美名，民间仍有艺人吆喝卖"薛式九灸"和"紫贤香"。由此推测，传言非虚。薛道光有《丹髓歌》《还丹复命篇》《悟真篇注》等传世。

六、清末道士张圆泰

张圆泰（1855—1914），号一清，陕西眉县丁家沟（今小法仪镇二郎沟村）人，道教全真道龙门派第十九代传人，也是近代太白山道教史上最著名的人物。张圆泰生于清咸丰五年（1855）十二月十九日，羽化于民国三年（1914）正月初三日，享年59岁，葬于王母宫西南。张圆泰曾任太白山大爷海道观及其下院王母宫和清湫太白行宫的住持，是19世纪后期眉县道会司管理太白山的实际住持人。光绪二十六年（1900）慈禧太后和光绪皇帝西逃至西安，张圆泰为慈禧治病，深得太后欢心，被收为义子，又因其武功精湛，被封为御前引导焚香，赐号"玉冠紫袍至道真人"。

张圆泰双亲早丧，由兄嫂抚养长大，20岁至太白山大爷海拜赵真人为师做了道士。赵真人羽化后，他致力于山中宫观的重修改建，将远门口王母宫改为大爷海下院，募集资金改建山上庙宇斋房，共增建房屋100余间，添置良田 70 余亩作为各宫观粮田。光绪二十六年（1900）关中大饥，饿殍遍野，为赈济灾民，张圆泰提供了粮食百余石，事后拒绝百姓归还。宣统年间（1909—1912）又出资数百金为眉县吸食鸦片者设立戒毒所，并自制药物免费为乡民治病。张圆泰道行高尚，追随者甚众，其住持王母宫时有道徒何明仙等 13 人，徒孙王至信等 10 人，以及徒玄孙赵理鹤等多人，还有远近俗徒不下百人。张圆泰临终时，专为徒众开示了"道士"的内涵，他说："汝辈出家为道士，亦知其名何谓乎？道士者，士而有道之称也。盖道为万化之源，士居四民之首，二字之义最难担当。吾殁后戒之戒之，勿为其事而无其功，亦勿窃其实而盗其名，在在鹏程，相待有期。汝师无德，□□□□法也，尚其勉旃，吾死已瞑目矣。"

第五节　历史文献中的太白山神仙传说

太白山被称为仙山和洞天福地，不仅仅是因为其独特优美的自然风貌，主要是道教文化在这里的长期传播发展，为其披上了浓厚的道教色彩，此外，还与各种文学作品的鼓吹与渲染有非常大的关系。从唐代以来，有各种各样的文学作品，以太白山为背景创作了一系列的神仙传奇故事，这些生动传奇的神仙故事经过长时间的流传，最终使人们确信太白山就是一个神仙居住的仙山洞府。下面就是太白山文学作品中影响较大的神仙人物和故事。

一、谷春

《列仙传》记载，谷春是栎阳人，成帝时任郎官。他因病而死，但是尸体却一直保持着温热。家里人发丧守孝后，仍不敢用钉子把棺材钉死。过了五年，他又着冠帻，坐在县城门的闸板上，县城的人都非常惊讶。家里人来接他，他不肯跟着一道回去。打开他的棺材，里面只有衣服，没有尸体。他在闸门上待了三天后，便离开那里去了长安，又坐在长安城北的横门上。家里人知道后追他回去，他却上了太白山。人们在太白山为他建立祠堂，他时常来祠堂中住宿。太白山上留有他的踪迹，当地人便传说他吸纳精气修成了道身。谷春到底是一位真实存在过的人，还是虚构的人物，目前已经无法确定。因为郦道元的《水经注》记载，在东汉末年，太白山上就有谷春祠存在，可见那时候，当地人并没有把他当作一个虚构的神话人物来对待，而是作为一位得道仙人来供奉祭祀。

二、成弼与炼金术

中国古代志怪小说集《广异记》中记载了太白山道士能用红铜冶炼金子的故事。

隋朝末年，有一个道士居住在太白山，炼丹砂，配制九转还丹成功，于是得道。道士居住在山上几十年，有个叫成弼的人供给他饮食并侍奉他。道士与成弼共同在山上住了十几年，而从不告诉成弼炼丹的方法。后来成弼因家中父母有丧，便向道士告辞回去。道士说："你跟随我这么久，今天回去是家中有忧患。我没有别的送给你，送你丹十粒。一粒丹化十斤红铜，就是黄金，足够你办丧事。"成弼于是回家，像道士说的那样化黄金以满足使用。

办完丧事，成弼有了邪恶的意图，又进山去见道士，请求道士能再给他一些丹砂。道士不给，成弼竟持刀威逼道士交出丹砂，道士不从，成弼就用刀砍断了道士的两只手。后来又砍下了道士的双脚，道士面色不变。成弼更加恼怒，就用刀砍下了道士的头。等到解开道士的衣服，见胳膊肘后面有红色的口袋，打开口袋，里面就是丹砂。成弼很高兴，拿着丹砂下山。忽然听见有人喊他，回头一看，喊他的正是那道士，成弼大惊。道士对成弼说："我没想到你会是这样的人，你没有良好的品德享用这些丹砂，神必定会杀死你，最终就像我一样。"说完就不见了。

成弼得到了很多丹砂，用它炼成了很多金子，成弼家于是非常富有。而那金子的颜色稍红，优于平常的金子，可以用来服食。不久之后，成弼被人告发，说他私自造钱。官府将成弼捕去，他禀报说是因为自己能把铜变成金子，并没有别的原因。唐太宗听说了这件事，下诏令成弼制造黄金。

黄金造成，太宗皇帝很高兴，授予成弼五品官，并命令他专门制造黄金，只有将天下所有的铜都用完才能停止。成弼总共才造了几万斤黄金丹砂就用完了。这些黄金就是大唐金，又名成弼金，因百炼而更加精粹，非常贵重。

成弼因炼金丹砂用尽而请求离去，太宗令他禀告造丹砂的方法。成弼实在不知道具体方法，诉说自己不知。太宗皇帝认为他说谎，很生气，就用兵刃威胁他。成弼仍然说不出方法，于是他的双手被武士砍断。他还是说不出来，武士便砍掉了他的双脚。成弼急得没有办法，只好述说了他能变化金子的来龙去脉。太宗也不相信，就杀死了成弼，而大唐金就在市面上开始流通使用。传说大唐金后来流传到外国，人们把它当作宝货。

成弼炼金虽为故事，但也并非全然无据，据说在成弼炼金之后，炼铜成金的风气盛行不衰。《旧唐书》卷一九一记载了这样一件事，武则天曾以成弼所炼金子赏赐给大臣，大臣们无法辨其真伪。孙思邈的弟子孟诜能够分辨，"诜少好方术，尝于凤阁侍郎刘祎之家，见其敕赐金，谓祎之曰：此药金也，若烧火其上，当有五色气，试之果然。则天闻而不悦，因事出为台州司马"。武则天听到刘祎让人识破了自己的药金，便找机会将其贬出京城。

三、裴氏子

唐代皇甫氏所著传奇小说集《原化记》中有一篇叫《裴氏子》的文章，记述了厚道的裴氏三兄弟遇到太白山神仙的故事。

唐朝开元年间，长安有一家姓裴的弟兄三人，居住在延平门外。裴家兄弟都很孝顺，为了照顾好老人，即使家里很穷也没有人愿意出去做官或经商。有一回一个老头路过他家要水喝。这老头的衣服、面色与常人略有不同。裴家人对他很恭敬，招待很周到。他们问老人是干什么的，老人说自己以卖药为业。他们又问老人的家族如何，老人说不必讲了，他们也不再追问。从此，这位老人来来往往经常住在裴家，好几年之后裴家也没有厌烦的意思。

有一天，老人对裴家人说："我见你们家里极其贫困简陋，而对客人却能长期不知疲倦地恭敬、照顾，你们确实有长者之风。你们积德如此，一定会有大福的。我也受到你们很多恩惠，现在给你们弄一点财物来，用来作为今后几年的储备。"裴氏兄弟表示感谢，于是老人让他们找来几斤炭，在地上挖了个坑当炉灶，点上火。不一会儿，又让人拿来几块手指大小的砖瓦，放在火里烧，片刻之间全都烧红了。老人从怀里取出一点药扔到里边，火上冒出来一股紫烟，一顿饭的时间砖块就变成金子了。金子的重量大约有一百两，老人全给了裴家人。老人说："这些金子的价格，是一般金子的一倍，估计够你们家用三年了。我现在要离开这里，等到你家的金子用光了，我再来。"裴氏兄弟更加敬重老人了，拜别时问老人家住在哪里。老人说："以后我会让你们知道的。"说完就告别而去。裴氏兄弟就卖了黄金，买了许多粮食积存起来。第二年遇上水灾、旱灾，只有他们家没受到饥饿之苦。

三年后，老人又来了，又烧了些金子送给他们。裴氏兄弟中有一个愿意跟着老人学道，老人就领着他往西去了。他们来到太白山的西岩下，这里有一块大磐石，右边有石壁。老人用拐杖敲了敲，磐石立刻就移开了，原来这是一个洞口，有道士和小童出来迎接。老人领姓裴的走进洞中，一开始觉得光线黑暗，渐渐地变得明亮起来，就看到了城郭和人物。这里面的殿堂宫阙，和人世间的寺观差不多；里边的道士、玉童、仙女，不计其数。姓裴的被迎进去后，歌声乐声大作，道士们有的弹琴，有的下棋，有的读书，有的论谈。老人领着姓裴的与他们见礼，对他们说："这是长安城中的主人。"当天就留姓裴的住了一宿，拿胡麻饭给他吃，拿麟脯给他吃，还给他酒喝。第二天，姓裴的想要回家，大家和他告别。老人把他送出洞来，送给他一些金银珠宝让他上路，并对他说："你现在不应该久住，暂且回去，二十年之后，天下将会大乱。这里是太白山左掩洞，你到了那个时候，可以来这里，我会迎接你的。"姓裴的拜谢告别。二十年后，发生了安史之乱，姓裴的全家都去了太白山，隐居在洞中好几年。他们住在仙境中，全都学到了道术。叛乱平定之后，他们又出来居住，兄弟几人都做了大官。这一家人，不管主人与仆人，全都得到长寿。

四、许栖岩

唐代裴铏著的传奇小说集《传奇》中有一个关于太白山神仙的故事叫《许栖岩》，故事讲述的是太白山中别有仙界洞天，其与我们的世界在时间和空间上都完全不同，但仙界的人有时候也到凡间来，凡间人偶尔也会闯进仙界洞府中去。

许栖岩是岐阳人，进士及第，在昊天观学习。他每天的早晨和晚上，必定恭敬地看着观内神仙肖像，叩拜祝祷神灵，希望求得长生的福分。当时南康的韦皋太尉镇守四川，邀请四方宾客，远近各地士人都很敬慕他的义气，到四川拜访他的人很多。许栖岩也打算买一匹马进川，但是钱不太够，便到西市去找便宜点的马。许栖岩看见有一个番人牵着一匹马，马长得瘦小单薄，价钱也不高，就买了它拉回来。因为将要长途跋涉，所以许栖岩每天都给这匹马增加草料，但是它身上的肉却一天比一天少了。许栖岩怕它支持不到要去的地方，就到卜卦的地方卜了一卦。得到个上卦，卜卦的道士还对他说："这匹马是龙马，你应该像对宝物那样爱惜它。"

许栖岩骑着瘦马进四川，登上入蜀栈道的时候，不小心人和马都摔到悬崖下面去了，由于悬崖下面有多年积累的落叶接住了，所以他和马都没有摔伤。但是这里仰视不见峰顶，四面又没有路，想不出一点办法。许栖岩就解下了马鞍，去掉辔头，让马随便走。他在枯干的落叶中捡到一个像拳头那样大的栗子，吃了之后，也不感到饿了。许栖岩在悬崖下四处搜寻出路，偶然发现一个洞穴，便进洞往里走，洞里的路很不平坦，有时下坡，有时登高。大约走了十多里，忽然到了平川，这里花草树木茂盛奇异，池沼水清如镜。有一个道士卧在石上，两个玉女随侍。许栖岩上前求见，询问两个玉女道士是谁，玉女说是太白洞太乙真君。许栖岩就把自己所遭遇的事告诉了玉女，玉女怜悯他，把他的情况禀报给太乙真君。太乙真君问他说："你在人世间，也很喜好道术吗？"许栖岩回答说："不敢说喜好，只是读过几遍《庄子》《老子》《黄庭经》罢了。"太乙真君发问说："三本书当中，你对哪几句有心得？"许栖岩回答说："《老子》说，那精气很真实;《庄子》说,呼吸用脚跟;《黄庭经》说,只用它来延年益寿。"太乙真君笑着说:"你离道术很近了,可以教。"

太乙真君命许栖岩坐下,用小杯斟酒给他喝,然后说:"这是石髓,嵇康没有机缘得到,你却得到了。"喝完酒,太乙真君就邀请他进了另外的房屋,里面有一位道士叫颖阳尊师,正在给太乙真君排列算筹,进行推算,说今天晚上应当向东游览10万里。许栖岩仔细一看颖阳尊师,正是给自己卜卦的那位道士。这天晚上,许栖岩和颖阳尊师跟随太乙真君,登上了东海西龙山的石桥,前去参加众真君的集会。座内仙客中的东黄君,看见许栖岩高兴地说:"许长史的孙子,有仙相啊!"到了天亮,他又跟随太乙真君回到太白洞中。住了半个月,许栖岩想家要求回去,太乙真君说:"你喝了石髓已经可以长寿千年,不要泄漏,不要荒淫,等你以后回到这里,有缘再见吧。"许栖岩骑着那匹瘦马刚要走,太乙真君说:"这匹马原本是我洞中的龙,因为发怒损伤了庄稼,惩罚它负重。你有仙骨,所以能遇到它。不然的话,这太白洞府,瑶华上宫,你凭什么来到这里?回到人间以后,把它放到渭河转弯的地方,任凭它到什么地方去,不要再留它。"说完他们就分别了。

许栖岩骑着马,不一会儿就到了虢县,却怎么也找不到家了。一问乡里人,才知道已经过了60年了。许栖岩想起出太白洞的时候,二玉女托他买虢县田婆针,于是买了田婆针,把它拴在马身上,在渭河转弯的地方,解下鞍,让龙马自己走了。许栖岩幼年在乡里的时候,已经见过田婆,到现在这么多年过去了,田婆容貌身形还像原来一样,大概也是仙人。许栖岩在大中末年又进入太白山,此后杳无音信。

五、韦自东

唐代裴铏著《传奇·韦自东》。

唐德宗贞元年间(785—805),有个名叫韦自东的人,是一位侠义刚烈之士。他曾游历太白山,住在段将军的庄园里,段将军也素来知道韦自东健壮勇猛。有一天,段将军和韦自东眺望山谷,见有一条小路隐隐约约。

韦自东问段将军，这条小路通往什么地方。段将军说，这小路通到山顶的一座庙里。从前有两个僧人住在这个山顶的庙里，庙里的殿宇很宏伟，山林泉水也很好，这庙是唐开元年间万回大师的弟子建造的，真是鬼斧神工，不是人力所能建得了的。据打柴的人说，那两个和尚后来被怪物吃掉，已经有两三年不见踪影了。又听人说有两个夜叉住在山上，所以谁也不敢到山上的庙里去了。韦自东一听，非常生气地说：我向来就喜欢干铲除强暴打抱不平的事，夜叉是什么东西，竟敢吃人。今天晚上我一定把夜叉的头砍下来，扔在你的门外。段将军拦阻说：空手斗虎，徒步过河，都是鲁莽人所为。冒险丧命，难道你不怕吗？韦自东并不在意，整好衣服手持宝剑直奔山上而去，势不可当。段将军暗想，韦生这是自讨苦吃了。

韦自东攀着藤萝蹬着岩石上了山，进入寺庙中不见一个人影，又见两个和尚的住处大敞着门，鞋子和锡杖俱全，被褥枕头也都在，但上面蒙着很厚的尘土。又见佛堂里长满了小草，草上有大兽睡卧的痕迹，四面墙上挂了很多野猪、黑熊之类的尸体，也有些是烧熟吃剩的肉，还有锅灶和柴火。韦自东这才知道砍柴人的话是对的，心想夜叉还没回来，就拔了一棵碗口粗的柏树，去掉枝叶做成一根大棍，把大门撑住，又用一个石佛堵在门口。

这天夜里月明如昼，半夜时分，一个夜叉提着一只鹿回来，见门封住了就发怒吼叫起来，并用头撞门。夜叉撞翻了石佛，跌倒在地上。韦自东趁机抡起柏树朝夜叉头上砸下去，打了两下它就死了，然后把死夜叉拖进屋里，又把门关上。不一会儿，另一个夜叉也回来了，好像因为先回来的夜叉不迎接它而恼怒，也大声吼叫起来用头撞开门，摔倒在门槛上，韦自东又用棍子打死了这个夜叉。韦自东看雌雄两个夜叉都死了，估计不会再有夜叉的同类，就关上门煮鹿肉吃。天亮后，他割下两个夜叉的头，提着余下的鹿回来给段将军看。段将军吃惊地说：你真比得上传说中除掉三害的那位英雄周处了！然后就煮了鹿肉一起喝酒尽欢，远近来了很多的人围观夜叉的头。

这时人群中走出一个道士，向韦自东施礼说：我有件心事想向您倾诉一下，不知行不行？韦自东说：我一生专门救人急难，有何不可。道士说：

我一直诚心修道，并专心炼制仙丹灵药，已经不是一朝一夕了。两三年前，一位神仙为我配了一炉龙虎金丹，我在山洞里炼这炉灵药已经有段时日了，眼看就要炼成，但有妖魔几次来到我洞中，砸我的丹炉，丹药也差点废散。我希望有一位勇武刚烈之士，持剑护卫，如果我的仙丹能炼成，一定与其分享。不知您能否一去呢？韦自东高兴地说：这正是我平生所愿！然后就带着宝剑跟道士走了。

他们走了很多险路，来到太白山最高峰的山腰处，此处有一石洞，洞内有百余步见方，这里就是道士炼丹的地方，只有道士的一个徒弟守护在里面。道士对韦自东说：明天早晨五更时分，请你手持宝剑站在洞口，如果看见有怪物你就用剑砍杀它。韦自东说：我记住了。于是韦自东点一支蜡烛，站在洞口等着。

不一会儿，果然有条几丈长的巨蛇，金目白牙，裹着浓重的毒雾来到洞口。将要进洞时，韦自东挥剑猛砍，好像砍中了蛇头，大蛇化成一股轻雾遁去。约一顿饭工夫，洞口又来了个美貌女子，手里拿着一束荷花慢慢走来，韦自东又砍了一剑，那女子化成一片云又消失了。又过了一阵天要亮了，只见一个道士骑着仙鹤，驾着彩云，带着很多侍从自空中而来，对韦自东说：妖魔已经除尽，我弟子炼的丹就要成功了，我应当过来做个见证。骑鹤的道士在空中盘旋一会儿，天亮后来到洞口，对韦自东说：我弟子的丹炼成了，我很高兴，我现在作一首诗，希望你也和一首。说着就念了四句诗：三秋稽颡叩真灵，龙虎交时金液成。绛雪既凝身可度，蓬壶顶上彩云生。韦自东揣摩诗的含义，心想：他一定是炼丹道士的师父，就收起宝剑向他行礼。那道士却突然冲进洞里，只听见炼丹炉轰隆一声爆炸，什么都没留下，炼丹道士失声痛哭。韦自东这才知道上当了，骑鹤道士也是妖怪变的，于是韦自东心中非常悔恨惭愧。韦自东和道士用泉水洗净了炼丹的锅鼎，喝了些泉水就下山了。从此以后，韦自东面容更显得年轻了。后来韦自东去了南岳衡山，谁也不知道他在什么地方。到现在，段将军的庄园里还有那两只夜叉的头骨。那炼丹道士不知道去了哪里。

第六节　太白山道教文化遗存概述

太白山神祠建筑最早可追溯到汉代，此后北朝、隋唐五代、宋元时期屡有兴废，较大规模的重修出现在明代中后期。宋元和明代，太白山上的道士亦不少。明万历三十年（1602），太白山各神祠寺观得到大规模整修，覆以铁瓦。现存太白山道教建筑和法器、碑刻等遗存中，有相当多属于明代，现太白山绝顶拔仙台主殿烧毁后存留的大铁瓦上仍有明万历年间铸造等字样。

清康熙年间，钟吕坪香火旺盛、周边村民大力筹款集粮重修庙宇。对此，清代学者李雪木著《槲叶集》中《重修钟吕坪募缘疏》有详载。宣统年间沈锡荣领衔修撰的《眉县志》也对此事进行了记载："太白神殿前各有地，殿各坍损过半，择于六月十六日开工。基不改辟，限于地也；宇不增高，虑其揭于风也；铸铁带瓦，虑其易于掀播也，则增。"清咸丰七年（1857），山下六村又对东坪前后大殿进行了整修。清乾隆四十三年（1778），眉县知县李带双重修太白山下院远门口十三宫，即玉皇宫、保安宫、山西宫、三清宫、紫阳宫、清阳宫、通天宫、九阳宫、福应宫、新圣宫、北圣宫、万圣宫、寿阳宫。出资重修远门口十三宫的功德主除了眉县本地人外，还有来自周边兴平、扶风、武功乃至山西等省的人。

明清两代太白山上新修或重建的庙宇宫观有一个显著特点，即材质多采用铁质，如大太白池、文公庙、三官庙、药王殿、太白庙、斗姆宫以上的庙殿多用铁瓦，神像多为铁铸或木雕，功德碑则用铁碑。庚子事变，慈禧西逃至西安，保安宫道士频频遣人至西安问候御驾，深得圣心，乃于远门口保安宫立碑勒石，封香山口王母宫住持张圆泰道长为"钦赐玉冠紫袍至道真人"。

民国时期，太白山多土匪。冯玉祥督陕期间，为清剿土匪，对当时被土匪据为巢穴的远门口十三宫及沿山一带庙宇以火焚之。民国后期，住持道士黄祥鹤对保安宫重新修茸。

1949年以后，太白山残存的庙宇中，还有一部分从事宗教活动。

第四章　太白山道教文化

1958 年，庙宇宫观受到较为严重破坏。1959 年，槐芽、汤峪、小法仪一带，尚有道士 45 人（含坤道 1 人）。"文化大革命"时期，山上建筑物被毁，道士也难觅踪迹。改革开放后，宗教政策逐渐落实，道教信仰活动得到部分恢复，太白山地区庙宇宫观逐渐重建，开始有人出家办道。据当地政府部门统计，在槐芽、汤峪、小法仪地区，1978 年有乾道 20 人，坤道 6 人，拔仙台、大爷海两处道观有道士 5 人（含坤道 1 人）。1984 年有乾道 10 人，坤道 2 人。1986 年有乾道 9 人，坤道 5 人。1987 年有乾道 16 人，坤道 5 人。1990 年有乾道 20 人，坤道 10 人，全县开放道教活动点 16 处，有道教居士约 2000 人。

第五章

太白山佛教及其他宗教文化

第一节 太白山佛教文化的传入与发展

太白山是丝绸之路从西进出关中平原的必经之处，在历史上太白山曾是丝绸之路佛教文化传播的重要节点之一，其不仅是丝路佛教文化传播的路经之地和羁留之处，也是中国佛教遇到法难时的庇护之所和休养根据地。它为佛教文化的发展培养和储备了重要人才，对中国佛教的恢复和发展起到了重要的作用，是当时长安佛教文化的研修中心之一，但这些曾经的辉煌已为历史的风尘所掩盖而鲜为人知。

一、太白山与法门寺共同形成了丝路佛教传播的重镇

佛教文化进入太白山的具体时间已无可考，佛教文化经由丝绸之路进入关中地区乃至长安需要从太白山北麓经过，由此推断，很可能在佛教初传之际，就已经有佛教文化在太白山传播。据法门寺碑铭记载，在法门寺建寺的早期阶段，佛舍利塔就是由来自太白山的僧人护持管理。这说明最晚在北魏时期，太白山上就有僧人居住。西魏时期，法门寺扩建后也主要是由太白山的僧人管理寺院。由此可见，在南北朝时期，太白山上已经有僧人居住，佛教文化应该是在此之前早已传入。

丝绸之路是佛教传入中国的主要路径，在这条佛教文化传播道路上，形成了诸多的佛教文化重镇和支撑点，陕西境内的扶风一带，就形成了以

太白山与法门寺为主要支点的关中平原西部的佛教文化重镇。太白山位于关中平原的西侧南边，古丝绸之路沿着太白山北麓的古道进入关中平原，举世闻名的佛教圣地法门寺就位于太白山下的平原上。法门寺现今所在的法门镇（旧崇正镇）位居关中盆地的西侧一角，亦名美阳关，古来既是丝绸之路通往西方的交通要道，也是固守西边的军事要地。因此，太白山与法门寺，一南一北，一山一寺，遥相呼应，形成了丝绸之路进出关中平原的第一道门户。

据法门寺出土的碑铭《大唐圣朝无忧王寺大圣真身宝塔铭并序》记载："有苦此寺大圣真身宝塔者，□摩迦王之系孙阿育王之首建也……或曰华夏之中有五，即扶风得一也。虽灵奇可睹，而载纪莫标。昔者汉□□□，齐梁鼎峙、遭时毁歇，晦迹丘墟，营□不□，□□祥异气，往往间出，故

法门寺佛塔与其南面的太白山

风俗谓之圣冢焉。空传西域之草，独享中人之荐。厥有太白二三沙门，摄心住持，得口清静。"该碑文的意思是法门寺塔最早是由阿育王派人修建的佛舍利塔，而且这样的塔在我国境内有 5 座，扶风法门寺塔则是其中之一。法门寺最早是塔庙，名为"育王塔"，该塔在"齐梁鼎峙"之际，毁废成为荒冢，当地人称为"圣冢"，由太白山的几位僧人看守护持。后来由西魏的小冢宰拓跋育扩建寺院，名为"阿育王寺"。以此算来，至今已有 1430 多年，是我国现有的最古老的寺院之一。在此之后法门寺虽数易其名，但其一直深受皇权的青睐和护持，尤其在唐代，历次对法门寺的修建、改名和从法门寺迎送佛骨等，更是由皇帝及其大臣亲自所为，是名副其实的皇家寺院，也是陕西关中境内最负盛名的佛教圣地。宋徽宗曾为法门寺御笔亲书"皇帝佛国"四字。金大安二年（1210），德顺僧师伟《奉赞法门寺》诗谓："百代王孙争供养，六朝天子递修鲜。"正道出了此寺的实情。自"大魏二年"起，历北周、隋、唐长达350余年，法门寺一直是王室所苦心经营的佛寺，它是中国唯一的"皇帝佛国"。

法门寺作为中国历史上最古老、最重要的皇家寺院，其对丝路佛教文化的传播影响很大。而在法门寺历史的发展过程中，始终伴随着太白山僧人的影子，除了西魏时期扩建法门寺之前该寺塔由太白山僧人看护经营之外，后来的佛教僧传中记载的多位来自太白山的高僧曾经住持法门寺，或由法门寺来到太白山研修佛法。由于法门寺距离太白山不过数十里之遥，往来较为方便，因此便常会有法门寺的僧人去太白山隐修，同时也有大量来自太白山的僧人前往法门寺住持寺务或弘扬佛法。一山一寺，南北对峙，中间有丝绸之路穿过，往来经过的佛教僧众，必然会逗留法门寺礼拜佛指舍利，或上太白山休憩观景。由此，太白山与法门寺便共同形成了关中平原西部的佛教文化重镇。

除了大量的华人僧侣常常往来于太白山与法门寺，还有沿丝绸之路来华传法的域外胡僧也会羁留太白山上修道弘法。唐代诗人岑参有《太白胡僧歌》（《全唐诗》卷一九九），该诗生动地描写了一位居住在太白山上的西域胡僧的神异事迹。诗云："闻有胡僧在太白，兰若去天三百尺。一持楞伽入中峰，世人难见但闻钟。窗边锡杖解两虎，床下钵盂藏一龙。草衣不针复不线，两耳垂肩眉覆面。此僧年几那得知，手种青松今十围。心将流水同清净，身与浮云无是非。商山老人已曾识，愿一见之何由得。山中有僧人不知，城里看山空黛色。"岑参笔下的胡僧，不知他的年龄有多大，只知道他栽的松树都已经10围粗细，眉长数寸，用草和树叶做成衣服，经常捧读《楞伽经》。胡僧具有神通之力，曾降伏猛虎和毒龙。他曾看见东峰上有两只老虎博斗，在弱者将死之时，用僧杖将两虎隔开，使两虎和解。西边的湫池中有条毒龙，为一方的祸患，胡僧将毒龙收入钵盂中，藏在床下。这首诗虽然是文学作品，描述的手法也极尽夸张，但从中我们却可以获得太白山曾经有胡僧长期居留的事实，也从侧面反映了太白山佛教文化的久远与深厚。

二、太白山曾经是佛教僧众躲避法难的首选之所

因佛教文化进入太白山时间较早，而且山下又有繁盛的法门寺，使得太白山积淀了非常深厚的佛教文化基础，然而真正促成太白山佛教文化繁荣兴盛的重要原因则是历史上发生的数次打击佛教的灭佛运动。太白山距离都城长安较远，又因其山高沟深，植被繁茂，物产丰富，入山之后难觅行踪，出山之后便是关中平原，非常适合作为佛教僧众的避难之所。每当发生灭佛运动时，长安的很多僧人为了躲避官方的迫害，常常会将太白山作为理想的避难之所，然后在这里修建寺院，修行学习，使太白山逐渐发展成为长安佛教的一个后方根据地，并留下了很多有关僧众躲避法难和研修佛法的遗迹和文字记载。从这个角度来看，太白山是佛教遇到挫折时休养待时的重要根据地，对保护遭逢法难的佛教僧众发挥了重要的庇护作用。《高僧传》和《续高僧传》对这一情况反映得较为清晰，下面仅举数例僧传中与之相关的记载予以说明。

释僧周是南北朝时期著名高僧，据《高僧传》记载，僧周自幼性情高烈，志向远大，又十分低调，很少有人知道他的行踪。北魏太武帝灭佛前，他在嵩山坐禅时告诉门人大难将至。于是带着徒众数十人逃到太白山，他们发现这里地势高险，不易被官兵发现，就盖了简易房屋定居下来。太武帝死后，镇守长安的永昌王奉旨恢复重兴佛教。听说太白山僧周德业非凡，永昌王便派使者入山征请。僧周以年老体衰拒绝征请，弟子僧亮应命出山，僧周则终老在太白山。

释智诜禅师，字慧成，俗姓徐，徐州人。少年聪敏，在四川游学精勤。后北上准备到关中学习，正遇上北周武帝灭佛运动，于是逃入太白山。隋文帝即位后，智诜出山，在长安讲述戒律。蜀王杨秀将之请回四川，住在益州法聚寺，一时间到其门下皈依学法的僧俗无数，后成为蜀地著名高僧。

释道安，俗姓姚，冯翊胡城（**今陕西渭南**）人。少年颖慧，出家后四处游访，学无常师，性情恬淡安静，举手投足都很有威仪，和他相处过的僧人都很敬佩他。后来，他到太白山隐修，栖遁林泉，讲读经论。北周初年，

第五章　太白山佛教及其他宗教文化

奉诏入住长安大陟岵寺（即大兴善寺）讲经说法，京城附近的士子都来向他学习。北周天和四年（569），武帝想要废除佛教。道安知道后搜罗经籍，向武帝进献文章《二教论》，详述儒释道三教之义，明三教殊途同归的思想。道安的文章在社会上引起了巨大反响，迫使皇帝暂时放弃了废佛的想法。建德三年（574）武帝强行颁布诏令，全面废除佛、道教，强令僧人、道士还俗。道安无奈逃到太白山中，最后圆寂于太白山中。

释僧照，少年就跟随静蔼禅师出家，他不喜热闹，经常僻居独处。北周武帝灭佛令颁布后，他便跟随静蔼禅师隐入太白山，与其他师兄弟一起盖庙造寺，为后来入山避祸的僧众提供住所。隋文帝即位后大兴佛法，僧照在户县南山田谷建立了神田寺授徒讲道，名振关中，僧俗崇仰。

在僧传典籍中明确记述在太白山修行居住的高僧较多，而且他们都是当时佛教界有重大影响或者为佛教做出重大贡献的高僧，有些高僧在进入太白山之前就已经是僧团领袖，他们进入太白山时往往是率领一个僧团，由此可以推断出在法难期间进入太白山躲避的僧众数量不少。对照我们在太白山实地考察过的佛教文化遗址情况，从进入太白山的几个山口，一直纵深到达山顶，一路绵延数十公里的山谷中，都有佛教寺院存在，由此可见在古代太白山上居留佛教僧众非常之多。

三、太白山为法难后佛教的恢复提供了人才储备

如前所述，由于太白山和法门寺的特殊地理位置和影响，在陕西扶风、眉县一带形成了繁盛的佛教文化，尤其在发生"三武灭佛"的特殊历史过程中，有大量的僧人逃到太白山躲避法难，并在此隐居修行，弘扬佛法，使太白山形成了关中地区除终南山之外的又一个佛教文化传播中心。在太白山躲避法难的过程中，他们继续修行学习，待灭佛运动过后，这些僧人便出山回到长安和其他地方继续弘扬佛法，为佛教难后重建发挥了重要作用。

释普济，雍州北山互（今陕西宜君县）人，少年时依止圆禅师出家，严守戒律，喜欢住山修禅。北周武帝灭佛时，他逃到了太白山躲避，忍饥

挨饿，历经艰难。隋文帝复兴佛教时，普济出山弘法。贞观年间在长安光明寺住锡，擅长讲授《大品般若》和《法华经》等经典，并为之作了注疏。普济学养深广，讲经声音浑厚，周围一里内的人都能听到。

历史上的三次灭佛运动分别为北魏太武帝自太平真君七年（446）始灭佛，至其驾崩，灭佛运动时间共6年。北周武帝自建德三年（574）始，至其驾崩（578），灭佛运动时间共5年。唐武宗自会昌二年（842）开始灭佛，至其驾崩（846），灭佛运动时间共5年。虽然每次灭佛运动持续时间只有数年，但对佛教的打击非常大，寺院被大量地拆除，绝大多数僧人被迫还俗或被杀害。在灭佛运动结束后，佛教界往往是寺院一片狼藉，高级人才凋零难觅。在这种情况下，太白山中避难的僧众无疑就会成为法难后恢复佛教的一支重要力量。因此说，在历次佛教法难之后，太白山为恢复和发展佛教提供了重要的人才储备，为佛教的恢复和进一步发展做出了重要贡献。

四、太白山是佛教僧众理想的学习修行之地

历史上三次灭佛运动前后相距400年左右的时间，每次运动都会迫使大量僧众逃往太白山。在此期间，太白山始终作为关中地区重要的佛教文化根据地存在，因此积淀了丰厚的佛教文化资源。太白山长期以来作为佛教传播的重要根据地，环境优美，适宜静修，很多高僧视其为理想的修行之地而终身居留于此，这也使得很多年轻僧众将太白山作为重要的修行求法目的地。他们在此学成出山，弘扬佛教文化，为推动和促进中国佛教的发展做出了较大贡献，下面就僧传文献资料中的相关记载略举数例。

释通达，雍州人。30岁出家，四处游学，到处参访名师，都觉得不满意，后来进入太白山独自修行。通达进山后既不携带粮食，也不盖房屋，饿了就食草，累了就在树上休息。如此过了5年，终于参透玄机，于是出山而去。释通达晚年住在京师律藏寺，开讲大乘学说。通达胸襟广大，生活简朴，衣服必定经过多次缝补，一双麻鞋穿了许多年。通达后来在长安弘扬佛法声名大振，使宰相房玄龄非常敬重，经常将他迎请至府中，以最隆重的礼节招待。通达不拘形迹，对这些外在的礼节毫不在意，有时候甚至露着肚皮和房玄龄讲论佛法。

释道林，俗姓李，同州合阳人。25 岁出家后就到了太白山，在这里建寺修行。后逢隋文帝大兴佛教，道林成为首批剃度的 7 人之一。剃度之后，文帝请他住在大兴善寺担任僧职，道林拒绝了皇帝的建议回到了太白山继续隐居。后住同州（今大荔县）大兴国寺。武德七年（624）七月，道林圆寂。停尸 7 日，尸体颜色没有改变。弟子将他安葬在山崖上，送葬的信众数以万计。

释道岳，俗姓孟，河南洛阳人。据《续高僧传》记载，道岳禅师，自幼习儒学，熟读《孝经》。15 岁跟随僧璨出家为僧，喜欢学习经论，受具足戒后更对戒律有所研究。道岳曾跟随志念、智通学习《成实论》和《杂心论》，跟随道尼学习《摄大乘论》。后在太白山太白寺听慧安禅师讲授《俱舍论》，多有领悟。以后他一直隐居在太白山，闭门学习，两年之后方才下山，在长安开始讲学，跟随他学习的学生有百余人。隋大业八年（612）奉诏住大禅定寺，写成 22 卷《俱舍论疏》，声名大振。唐贞观初年入印度来华僧人波颇译场，二人情敦道术，厚密加恒。后为太子李治激赏，住京师普光寺，任寺主。

释法藏（643—712），唐代僧人，华严宗三祖。法藏本是康居国人，随同祖父侨居长安。法藏禅师 17 岁入太白山求法，后去云华寺师事智俨，听讲《华严经》，得其嫡传。先后于太原寺、云华寺讲《华严经》。武则天命京城十大德为其授具足戒，并赐以"贤首"之名，人称"贤首国师"，后佛教界尊他为"华严宗三祖"。

其实在太白山学成出山后为佛教做出巨大贡献，并有重要影响的僧人非常多，以上仅仅为举例说明。据此而言，太白山曾为中国佛教发展培养出了众多的高层次僧才，也是年轻僧众修学佛法的理想之所。

五、太白山曾是爱好佛教文化的文人士大夫的游览胜境

通过各种历史文献可以看到当时太白山佛教活动的基本状况，同时也

能从中了解到当时全国佛教发展状况。从南北朝到隋唐期间，太白山曾经是中国佛教修行弘法的重要基地。因太白山佛教文化繁盛，同时具有天然的美景，因此吸引了很多喜欢佛教的文人士大夫来此游山参佛。太白山有些僧人和当时爱好佛教文化的文人士大夫多有来往，这些文人骚客为此撰写了数量众多的诗文，太白山的佛教文化和僧人也往往成为他们诗作的对象。唐代诗人林宽《送僧游太白峰》写道："云深游太白，莫惜遍探奇。顶上多灵迹，尘中少客知。悬崖倚冻瀑，飞狖过孤枝。出定更何事，相逢必有诗。"这首诗既描述了太白山的美景，也反映了太白山佛教文化的盛况。著名的佛教诗人贾岛也和太白山僧多有往来，其在《送宣皎上人游太白》中云："剃发鬓无雪，去年三十三。山过春草寺，磬度落花潭。得句才邻约，论宗意在南。峰灵疑懒下，苍翠太虚参。"其另一首《送僧归太白山》云："坚冰连夏处，太白接青天。云塞石房路，峰明雨外巅。夜禅临虎穴，寒漱撇龙泉。后会不期日，相逢应信缘。"通过这些诗歌，不仅可以欣赏到诗人对太白山美景的陶醉和赞叹，同时也能间接地了解到诗歌中包含的丰富历史文化信息。

太白山既是丝绸之路上佛教文化传播的基地之一，也是长安佛教文化的组成部分，其与京都长安的佛教文化的发展同频共振，休戚相关。在南北朝到隋唐时期，长安佛教的发展达到高峰期，此时太白山的佛教文化处于其最繁盛时期。

六、太白山佛教文化的式微与民间化

五代以后，国家政治经济中心从长安转移到开封和江南，长安地区也逐渐丧失了佛教中心的地位，但长安地区的终南山和太白山在汉传佛教僧团中仍保持着重要的地位和影响。虽然这一时期的佛教史料较为缺乏，太白山佛教的情况并不清楚，但根据当地发现的各种碑石铭文资料可以确定的是，到终南山、太白山参学仍然是大多数僧侣修道生活中的重要经历。元明清时期，关中虽然不再是全国的佛教中心，但在三教合一思想潮流的影响和推动下，太白山民间佛教活动开始积极发展，逐渐与道教、儒教、

民间信仰相结合，与民众日常生活的关系也日益紧密。

近代以来，因兵荒马乱等各种原因使太白山的佛、道教寺院、道观毁坏严重，但太白山作为佛、道教隐修的理想之所，依然吸引了众多的修道之人来此修行。近代最著名的高僧虚云禅师就曾经对太白山隐修生活留下记载。光绪十三年（1887）春二月，虚云禅师在终南山隐修期间，曾游过太白山，他的自述年谱对此也有简单记载："游太白山，高一百八里，六月不溶雪。至二坂寺、大坂寺，上大龙池顶，水分四流。"光绪二十九年（1903），虚云禅师再入终南山，先是隐居在嘉午台狮子茅蓬。第一次游历使虚云禅师发现太白山是一个理想的修行之所，所以他为避尘扰，就再次来到太白山准备长期静修，但在山里岩洞中住了几日后，他被人发现，为了免于打扰，就离开了太白山向南方去了。

宋元以后，随着中国政治和经济文化中心的东移和长安佛教逐渐走向低谷，太白山佛教文化也随之逐渐式微并走向了民间化。在这个过程中，太白山道教文化获得了较为持续和稳定的发展，如此便使后人认为太白山只是一座道教文化盛行的仙山，而不知佛教文化在此亦曾繁盛的史实。

第二节　太白山著名的佛教高僧

太白山佛教曾经有过辉煌的历史，尤其是在南北朝到隋唐的几百年间，太白山曾是长安佛教发展的后方基地，在佛教发展遇到挫折时，太白山又是佛教的避难和存留之所。这为太白山佛教文化的发展打下了非常坚实的基础，大量高僧曾在此修行弘法，也使得太白山在中国佛教文化中具有非常重要的地位。正因如此，时至今日，太白山仍是众多佛教信众向往和行脚的神圣之地。通过各种史料文献，我们发现曾经在太白山修行弘法的著名高僧非常多，其中很多高僧在当时是佛教界的领袖，有些高僧当时被皇帝封为国师，有些后来被佛教界尊为创宗立派的祖师爷。下面根据史料的记载，对其中最重要的 10 位高僧作简要的介绍。

一、预知法难的释僧周

僧周是南北朝时期著名高僧，北魏太武帝灭佛时，他正在嵩山一带修苦行。一日，正在坐禅的他突然告诉门人大难将至，于是带着徒众数十人逃入太白山中。他们发现这里地势高隐，不易被官兵发现，就盖了简易房屋定居下来。此后不久，魏太武帝就发起了轰轰烈烈的灭佛运动。后来太武帝被害，佛教重兴。当时永昌王镇守长安，奉旨恢复佛教，他听说太白山的僧周德业非凡，是一位难得的高僧，便派遣使者入山中征请僧周出山。僧周以年老体衰为由，拒绝出山，但他推荐了他的弟子僧亮出山。僧周临终时告诉徒弟说他就要走了。当天晚上，有火从僧周所睡的绳床后冒出来，烧着了僧周的身体，大火烧了三天才熄灭，但房屋却不曾受损。僧周是当时著名的高僧，他在法难来临之前已经预知并带领自己的弟子躲开了这次灭门之灾，为佛教后期的恢复保存了力量，后来他的弟子们为佛教文化的发展做出了重要贡献。

二、复兴佛教的释僧亮

释僧亮，俗姓李，长安人，是僧周的弟子。僧亮曾跟随师父僧周在太白山避难修行，后经师父推荐，出山大兴佛教。据《高僧传》记载，北魏太武帝灭佛运动结束后，朝廷又开始复兴佛教，僧亮在其老师僧周的推荐下决定出山恢复佛教，弘扬佛法。僧亮出山时断言："佛法兴盛与否就在今天，如果我因为出山被害，我也没有怨言，如果没有危险，那么佛教振兴指日可待。"僧亮跟随使者到了长安，永昌王和长安百姓听说他来了，纷纷扫洒街巷，夹道迎接。僧亮向永昌王等人开示了祸福轮转、因果轮回的道理，听众悲喜交加。在僧亮的倡导带领下，长安周围佛寺很快得到修复，各地逃亡的僧人也纷纷回来弘法，关中佛教开始复兴起来。

三、舍身西去的释静蔼

释静蔼（534—578），俗姓郑，南北朝时期北周荥阳人。据《佛祖统纪》《续高僧传》记载，静蔼禅师少年时游览寺院，看到描绘地狱种种苦刑的壁画时，感到毛骨悚然，顿生出家之心，随即到瓦官寺，在和禅师座下皈依。17岁时，受具足戒，广学经论。后来跟随景禅师听闻《大智度论》，后又跟从天竺梵僧10载。除《大智度论》外，他还精通《中论》《百论》《十二门论》等经典。静蔼禅师严持戒律，修慈三昧，一生只以脆布为衣，丝绵皮革等物品一概不用，在当时已经是非常著名的高僧。

北周武帝将要灭除佛法时，静蔼禅师亲自到宫阙之外上表申诉，当面抗旨。因武帝不听其劝告，他便率领门人弟子数十人进入终南山深处，隐居修道。后来感觉终南山依然不安全，又悄悄地带领弟子们移居到太白山锡谷之中。

静蔼禅师身披丧服，但暗中弘扬大乘佛教，著有多种著作，藏于岩洞之中。静蔼禅师看到灭佛运动使佛法沦落荒废，便告诉弟子们说：我既然无益于这个世间，便准备舍弃生命，往生极乐世界。一天，静蔼禅师来到一座山峰，让侍者下山明天早上再来。静蔼禅师跏趺坐于石上，用刀割自己的肉，一段一段放在石头上，把肠子挂在松枝上，五脏都清晰可见。手足头面，都割成一块一块的，最后割下心脏，捧在手中而卒。第二天早晨侍者上山，看见禅师合掌捧心，面向西方，跏趺而坐，与他昨日离开时一样。但奇怪的是尸体没有血迹，只有白色的像乳汁一样的液体四处流溢，凝结于石头之上。然后又看到静蔼禅师书写的偈颂遗留在石壁之上，偈颂如下：

诸有缘者，在家出家，若男若女，皆悉好住，于佛法中，莫生退转。若退转者，即失善利。吾以三因缘，舍此身命：一见身多过。二不能护法。三欲速见佛。偈云：无益之身，恶烦人功。解形穷石，散体岩松。天人修罗，山神树神，有求道者，观我舍身。愿令众生，见我骸骨，烦恼大船，皆为覆没。愿令众生，闻我舍命，天耳成就，菩提究竟。愿合众生，忆念我时，具足念力，多闻总持。此报一罢，四大凋零，泉林径绝，岩室无声。普施禽兽，乃至昆虫，食肉饮血，善根内充。愿我未来，速成善逝，身心自在，要相拔济。此身不净，底下屎囊，九孔常流，如漏堤塘。此身可恶，不可观瞻，薄皮里血，垢污涂漫。此身臭秽，犹如死狗，六六合成，不从他有。观此臭身，无常所囚，进退无免，会过蚁蝼。此身难保，有命必输，狐狼所瞰，终成虫蛆，天人男女，好丑贵贱，死火听烧，暂见如电。死法侵入，怨中之怨，吾以为霉，誓断根原。此身无乐，毒蛇之箧，四大围绕，百病交涉。有名苦聚，老病死薮，身心热恼，多诸过咎。此身无我，以不自在，无实横计，凡夫所宰，久远迷惑，妄倒所使，丧失善根，畜生同死。

舍弃百千，血乳成海，骨积大山，当来兼倍。未曾为利，虚受劲苦，众生无益，于法无补。忍痛舍施，功用无边，誓不退转，出离四渊。舍此秽形，愿生净土，一念华开，弥陀佛所。速见十方，诸佛圣贤，长辞三途，正道决定。报得五通，自在飞行，宝树餐法，证大无生。法身自在，不断三有，殄除魔道，护法为首。十地满足，神化无方，德备四胜，号称法王。愿舍此身已，早舍身自在。法身自在已，在诸趣中，随有利益处，护法救众生。又复业应尽，有为法皆然。三界皆无常，时来不自在。他杀及自死，终归如是处。智者所不乐，应当如是思。众缘即运凑，业尽于今日。

侍者就地垒石成塔埋葬了静蔼禅师。这天是北周宣政元年（578）七月十六日，静蔼禅师时年 45 岁。

四、拒见文帝的释僧照

释僧照，少年就跟随静蔼出家，他不喜热闹，经常僻居独处。建德三年（574）五月，北周武帝下令"初断佛、道二教，经象悉毁，罢沙门、道士，并令还民"。同时，还下令"三宝福财，散给臣下，寺观塔庙，赐给王公"。一场大规模的、轰轰烈烈的灭佛道运动由此展开。武帝灭佛令颁布后，僧照便跟随师父静蔼禅师移居太白山，与其他师兄弟一起建庙造寺，为入山避祸的僧众提供住所。隋文帝即位后大兴佛法，僧照在户县南山田谷建立了神田寺并在这里授徒讲道，名振关中，僧俗崇仰。隋文帝末年，他又在岐山隐居。文帝听说僧照道行高深，命令宰相杨素前去请僧照入宫。僧照因喜欢山林幽静不愿出山，婉拒了文帝的邀请，皇帝对之更加礼遇。僧照大业七年（611）去世，终寿83岁。

五、敕封菩萨僧释道判

道判禅师，俗姓郭，曹州承氏人，三岁丧父，15岁开始外出求学，19岁发心出家，受具足戒后又到各地访求良师益友，并下决心西行求法。北齐乾明元年（560），结伴21人，从邺城出发西行，一路历经艰难，于保定二年（562）到达长安，受到武帝宇文邕的高规格接待，住在大乘寺享受丰厚的供养。两年后，他向皇帝上表请求西去天竺求法，得到皇帝的准许并给予国书和金钱的资助。道判一路西行到西域高昌国，最后因遇到战乱被迫返回长安。此后跟随静蔼禅师学习，前后15年。后来武帝灭法，道判与静蔼禅师一起逃到了太白山，同行伴侣26人一起岩居穴处，共同学习。后来隋文帝大兴佛教，道判被列为120位菩萨僧之一，入住长安大兴善寺担任僧职。开皇七年（587），文帝为其在终南山建龙池寺，官给供养。大业十一年（615）五月四日圆寂，享年84岁。

六、二教论主释道安

释道安受具足戒后，进一步精研《涅槃经》和《大智度论》。北周时，奉诏入住长安大陟岵寺（即大兴善寺），在此讲经说法，京城附近的士子都来向他学习。道安博通内外学，文笔优美，受到当朝儒生和贵族的拥戴。北周武帝宇文邕灭北齐后战功赫赫，然对道安非常恭谨。有一次道安正在讲经，适逢武帝前来，道安稳坐讲席，让皇帝和其他人一样席地而坐听他讲经。

北周天和四年（569）三月十五日，皇帝在大殿召集京城高僧、高道、硕学明德士、文武百官，讨论三教优劣废立之事，此后又两次召集讨论，将要废除佛教。司隶大夫甄鸾乃上《笑道论》，主张废除佛教。道安见此状，向武帝进献文章《二教论》，详述儒释道三教之义，明三教殊途同归之得。道安的文章在社会上引起了巨大反响，使皇帝暂时放弃了废佛的行动。建德三年（574）废佛之声再起，武帝强行颁布诏令，五月十七日，下令全面废除佛、道教，僧人道士强令还俗。道安隐姓埋名逃到太白山中，终老于此。

　　道安推崇孝道，他住中兴寺时，将母亲带在身边以便照顾。道安身边虽有侍者，但照顾母亲的事情不让他们插手，如劈柴、挑水等杂务都是亲自完成，每天早上必定亲手为母亲煮饭，伺候母亲用完餐后才开始为弟子讲课。他说：母亲生养了我，如果不是我亲自劳动就不能算是供养母亲。

七、隋炀帝国师释法安

　　据唐道宣著《续高僧传》卷二十六记载，释法安，姓彭，安定鹑孤（今甘肃灵台）人。年少时就出家为僧，在太白山九陇精舍习禅为业，一生粗食弊衣。开皇年间来到江都，令门人通报于晋王（后来的炀帝）自己前来拜谒。当时门人看他个矮丑陋，举止粗俗，所以并不为他通报。但他坚持守在门外，不肯离去，于是门人只好试为通报。晋王听闻后马上召见了法安，两个人一见如故，于是法安便住于慧日道场。晋王每出去巡游，必带法安随同。杨广登基后曾出巡泰山，路上渴乏难耐，但周围都是岩石，没有地方取水。法安于是用刀刺石，引水崩出，解了炀帝之渴。时人大为惊讶，问他哪来这么大的力气，法安答："此乃借帝王之力也。"后来到了泰山，神通寺僧人来请施主，法安为其传达，炀帝于是题字于寺院的墙壁上，以示弘护正法。法安与炀帝同游泰山，一僧人穿着破旧的衣服骑着白驴前来，炀帝问这是何人，法安回答，这就是东晋的朗公和尚，即神通寺的建立者，特来迎接您的。到了寺中，又看见一神，高大伟岸，在讲堂上手扶鸱吻，下望进入的人。炀帝又问，法安答曰："此太白山神，从王者也。"其后看到各种奇异之事不可胜数。后来法安又跟随炀帝入沙漠，达泥海，每次遇到危险，法安都能预先避之，化险为夷。法安禅师外表与其他僧侣没有区别，但内有不可思议的神功，他睡觉时不枕枕头，脖子直着伸到床边，每天流口水近一升，当时人们感觉非常怪异。

　　大业初年，炀帝对法安更加倚重，王公贵族见他皆屈膝行礼，身边常有禁卫军护卫，供奉若神灵。又去往名山召集当时的隐逸高僧齐聚慧日寺，

第五章　太白山佛教及其他宗教文化

共有 2000 余人，四事供给都由政府出资。至大业十一年（615），法安禅师上奏四方将有难，此后无疾而终，终年 98 岁。法安禅师临终前曾告诫炀帝说他亡后百日，内宫将有火灾，请炀帝小心慎重。到了寒食节那天，宫内油灯引起了火灾，由于晚上大门紧闭，三院宫人均死于火灾。法安禅师圆寂后，遵其遗嘱，灵柩被送到太白山下葬，费用都由官府出。

八、普光寺主释道岳

释道岳（568—636），唐代著名高僧。据《续高僧传》记载，道岳禅师俗姓孟，河南洛阳人，自幼习儒学，熟读《孝经》。17 岁跟随僧璨出家为僧，喜欢学习经论，受具足戒后更对戒律有所研究。先后跟随志念、智通学习《成实论》和《杂心论》，后又跟随道尼学习《摄大乘论》。后在太白山太白寺听慧安禅师讲授《俱舍论》，多有领悟。以后他一直隐居在太白山，闭门学习，两年之后方才下山，在长安开始讲学，跟随他学习的学生有百余人。隋大业八年（612）奉诏住大禅定寺，写成 22 卷《俱舍论疏》，声名大振。唐贞观初年入印度来华僧人波颇译场，二人情敦道术，厚密加恒。后为太子李治激赏，住京师普光寺，任寺主。贞观十年（636）春二月病逝，时年 69 岁。

九、贤首国师释法藏

华严三祖贤首法藏法师

法藏（643—712），唐代僧人，华严宗三祖。本康居国人，随祖父侨居长安。法藏禅师 17 岁入太白山求法，后去云华寺师事智俨，听讲《华严经》，得其嫡传。唐高宗咸亨元年（670），荣国夫人杨氏死，武后施宅为太原寺，度僧以树福田。于是同学道成、薄法及京城其他大德连状荐举，度他为僧，得受沙弥戒。先

华严三祖法藏禅师

后于太原寺、云华寺讲《华严经》，武则天命京城十大德为其授具足戒，并赐以贤首之名，人称"贤首国师"。

法藏禅师用晋、唐两译对勘梵本增补脱漏，使现行《华严经》得以完善。圣历元年（698），武则天诏令法藏在洛阳佛授记寺宣讲，深得武后赏识。为使武则天契入华严境界，法藏指殿前金狮子为喻，深入浅出广阐妙义，其文字记录便是著名的《金狮子章》。他还参加翻译了《密严经》《金光明最胜王经》《大宝积经》《显识论》《大乘法界无差别论》等多种经论。后来法藏积极参与拥立唐中宗复位的政治活动而有功，中宗让其连升三品，但法藏再三谢绝，中宗遂转赐其弟康宝藏。中宗还下诏表扬法藏："传无尽之灯，光照暗境；挥智慧之剑，降伏魔怨。凶徒叛逆，预识机兆，诚恳自衷，每有陈奏，奸回既殄，功效居多。"

十、禅宗泰斗释虚云

虚云禅师，汉族，1840年出生，湖南湘乡人，生于泉州，俗姓萧，名古岩，字德清，60岁后改字幻游，号虚云，乃近代"一身而系五宗法脉"之禅宗大德。虚云禅师19岁出家，20岁依福州鼓山涌泉寺妙莲老和尚受具足戒。40岁发心朝五台山，以报父母深恩，由普陀山法华寺起香，三步一拜，备受饥寒而道心愈朗，三年遂愿，终于到达五台山，亲见文殊菩萨金颜。后在滇中阐教近20年，95岁返曹溪，重建南华，中兴云门。历任福建涌泉、广东南华、云门大觉诸大寺院住持。1953年发起成立中国佛教协会，被选举为名誉会长。同年，当选为全国政协委员。虚云禅师一生一衲、一杖、一笠、一钟行遍天下。虚云禅师于1959年农历九月十二日病逝，世寿120岁，戒腊100年。

虚云禅师作为近代禅宗泰斗，其为佛教界所做出的主要贡献除了上述恢复重兴寺院功德外，更重要的是为后世禅宗复兴而选择培养储备了大量的护法居士和弘法高僧，其门下弟子中较为著名的有十多人，在改革开放后恢复佛教文化中发挥了重要作用。清光绪十三年（1887）春二月，虚云禅师在终南山隐修期间，曾游太白山，自述年谱有简单记载："游太白山，

虚云禅师像

高一百八里，六月不溶雪。至二坂寺、大坂寺，上大龙池顶，水分四流。"
光绪二十九年（1903）虚云禅师再入终南山，先是隐居在嘉午台，后为避
尘扰，欲入太白山，在山里岩洞中住了数日后，因被人发现而出山南去。

以上简要介绍的 10 位高僧只是与太白山有密切关系的众多高僧的代
表，这些出自太白山的高僧也是中国佛教的著名高僧，他们的高深也反映
了太白山佛教曾经的高度。他们各自在其所处的时代为中国佛教做出了重
要贡献，这也是太白山为中国佛教发展做出的贡献，因此说太白山佛教是
中国佛教的重要组成部分。

第三节　太白山佛教文化遗存概述

从文献资料来看，从南北朝到隋唐期间，太白山曾经是中国佛教修行
弘法的重要基地，很多著名高僧曾经在此长期居住修行，尤其是在三次重

（三）石刻

石佛像　唐代。1960年发掘于太白县上白云村。汉白玉质，石造像高70厘米，宽49厘米；平面凹刻、浮雕。右边框有铭文两行，共33字。字体为楷书。浮雕饰彩绘，稍有剥落，三像头面部均遭破坏。右侧边框有楷书铭文"名像一躯，大唐天宝元年岁次壬午四月八日书立，奉为口口七代先亡见存一口造"。二级文物，现藏太白县文化馆。

▶石佛像

在上白云发现的唐代佛像资料图片

大的灭佛运动中，更多的僧众逃到太白山避难。由此而言，太白山上应该曾经修建有较多的佛教活动场所。现在太白山仍然存留的大量的佛教寺院遗址也可以反映出这一情况，但古代历史文献中曾经出现的一些寺院名称，如"太白寺""九垄岩"等在现存的遗址中已经没有踪影，这说明经过长期的战乱毁坏，太白山附近有很多寺院已经湮没于历史烟尘之中，或者太白山现有的佛教寺院遗址中，有些寺院遗址就是由古代那些佛教寺院变化更名而来。在太白山有些寺院传说始建于隋唐时期，而现存的资料大多属于明清时期，因此，这些寺院始建于隋唐的说法并非想象或空穴来风。目前，在太白山能够看到的佛教文化遗存中比较确定的有观音堂、观音洞、下坂寺、上坂寺、平安寺、上白云、下白云、菩萨大殿、中山寺、蒿坪寺、蛟龙寺、上洪武寺、白马寺、皇觉寺、铁佛寺、石佛寺、蟠龙寺等。

在这些佛教文化遗存中，有些寺院中还存留部分文化价值很高的佛教造像等文物，如中山寺留下了一尊贞观四年（630）的文殊菩萨像（现存眉县文化馆）。石像系汉白玉雕琢，半跏趺坐伏狮，头戴莲花冠，胸佩莲花璎珞，腰系宽带，右手握带，左手放膝前，面容丰满慈祥，形象逼真，栩栩如生。石像背后有"唐贞观四载玄奘□"等字样，由此像可以推断，中山寺的建造应和玄奘有密切关系。此外，1999 年在梦泉寺西南出土三尊石佛像，其中一尊底座刻有铭文"眉县太白乡教坊里小法尼，成化十九年三月一日"，系明代造像。1960 年在上白云发现的唐代凹刻浮雕汉白玉佛像，高 70 厘米，宽 49 厘米，右边框有"大唐天宝元年岁次壬午四月八日书立"等 33 字铭文。该佛像不仅具有很高的文物艺术价值，而且对太白山佛教具有重要的历史文化价值。此外，各个寺院遗存有各种碑石，这些碑石不仅记载了这些寺院的兴衰历史，也记载了当地佛教文化的发展历史，具有很高的历史文化价值。

斜峪关的蟠龙寺在宋代曾是眉县第一大寺院，嘉祐七年（1062）二月二十七日，时任凤翔府通判的苏轼亲临其寺留宿一晚，留下了著名的诗篇《二十七日自阳平至斜谷宿于南山中蟠龙寺》："入门突兀见深殿，照佛青荧有残烛……起观万瓦郁参差，目乱千崖散红绿。门首商贾负椒荈，山后咫尺连巴蜀……"对当时蟠龙寺地势概貌进行了形象描述。

菩萨大殿据传修建于明代，在民国二十二年（1933）经历了一次重修。《重修菩萨大殿暨续定山界记》："太白山秦中第一仙境，钟五岳之灵，兴云施雨，泽润生民，御大旱而捍大灾，时忽阴而天忽晴，具终南山之真脉，持清徐之清气，山高二百余里，横向八百之遥，真仙居之地也。但路途遥远，中道无歇宿之处，每逢神会，香客多阻于地。为终南山要道，休息之站口。青山屏列，曲水抢流，修庙宇，盖造住房，以免四方香客蒙犯霜露。"时任国民政府监察院院长于右任和陕西省主席邵力子等人于八月登临太白山，行至菩萨大殿，于右任先生书写了"扶孤启家"匾额赠送给寺院，邵力子为正修的菩萨大殿捐俸银 600 元。

十字山天主教堂

第四节　太白山的天主教文化

一、太白山天主教文化的传入

太白山地区也有天主教的流传。天主教是基督宗教的三大宗派之一，其正式名称为"罗马天主教会"或"罗马公教会"，即由罗马教宗领导的教会。天主教最早传入中国是在元朝。清康熙年间，由于罗马教廷挑起"礼仪之争"，不准中国教徒敬孔祭祖，并不许当时中国各地天主教堂悬挂仿制康熙皇帝赐给汤若望的敬天大匾，而遭康熙皇帝禁教陷低谷。19 世纪中叶鸦片战争后，西方传教士依靠不平等条约的保护开始在中国迅速传教。中华人民共和国成立后，天主教开展了"三自"运动，使天主教由帝国主义的侵略工具变成中国教徒独立自主自办的宗教事业。

清康熙年间，天主教开始流传到太白山周边地区，最初由陕南人刘嘉录在横渠镇豹窝一带传教。十字山位于陕西眉县横渠镇跑安村（原青化镇跑窝村），是中国天主教朝圣地，被称为"东方的加尔瓦略山"。据说清乾隆年间，陕西城固县人刘嘉录神父到意大利那玻利城圣家学院学习并晋铎品。1771 年，他毕业回国前夕谒见教宗，恳请教宗给中国赐一个朝圣地，得到教宗的首肯。他回国后，在传教过程中发现眉县豹窝附近的地理环境和耶路撒冷的加尔瓦略山类似，就绘成图报送罗马教廷。罗马教皇庇护六世批准了刘嘉录神父的申请，命名该山为"十字山"。于是，刘嘉录就在此先后兴建若瑟堂、圣母亭、十字山小堂等 14 处苦路建筑。1777 年，工程完毕后，定于每年五月三日和九月十四日为朝圣日。

清朝末年，眉县大旱，灾民们聚集到十字山逃税抗赋，官府发兵围剿，用大炮轰击教堂等，各个建筑物被夷为平地，因山上弹坑随处可见，故又称"炮窝山"。民国初年，司铎侯志文率领教友重建教堂，恢复旧观。1932 年圣地划归周至教区。"文化大革命"期间，建筑再次被毁。

二、太白山天主教文化的现状

1984 年落实宗教政策后，教产归还教会，教堂等建筑逐渐恢复，形成现在的规模。1988 年许文治神父被派来"十字山"，任豹窝教会本堂神父，修建起五间二层神父宿舍，后又拆掉圣母山的圣母亭，在后面又建起了圣母堂，同时用水泥铺设了"十字山"通往外界的道路。1995 年后，重修了东塬天主教堂。

第五节　太白山的民间信仰文化

在太白山的民间信仰文化中，除了太白神之外，还有大量其他方面的民间信仰和供奉的神祇，有些信仰对象是真实的历史人物，因其在历史上具有较大的影响，又因其与太白山有一些特殊的因缘，从而被当地的人们作为信仰对象供奉祭祀，如白起、韩愈等。有些信仰对象纯粹是文学作品中虚构的人物，由于传说中他们所具有的特殊神功为当地人们所需要或崇拜，就被作为信仰对象予以建祠供奉，如《封神演义》中的三霄娘娘在很多庙宇中被供奉，烧香台殿堂中供奉的神灵中还有传说中的雷震子。此外，还有从其他地方传来的民间信仰对象如鬼谷子、杨泗将军等。

一、大文公韩愈信仰

在太白山上，有两座文公庙，一座是大文公庙，一座是小文公庙。其中大文公庙居于接近太白山峰顶之处，是从太白山北坡登山的数条路径会合之处，所以大文公庙是从北坡登临太白山峰顶最重要的休整之处。太白山大文公庙供奉的是韩愈，小文公庙据说供奉的是八仙中的韩湘子，据说因为他是韩愈的侄孙，所以被奉为小文公。

韩愈（768—824），字退之，河南河阳人，世称"韩昌黎"或"昌黎先生"，唐代杰出的文学家、思想家、哲学家、政治家。

贞元八年（792），韩愈登进士第，两任节度推官，累官监察御史。

太白山大文公庙遗址

后因论事而被贬阳山，元和十二年（817），出任宰相裴度的行军司马，参与讨平"淮西之乱"。元和十四年（819），是扶风法门寺佛塔开塔的时期，唐宪宗准备迎佛骨舍利入宫内供养。韩愈听到这一消息后，愤然写下了著名的《谏迎佛骨表》，上奏宪宗皇帝。他认为不仅不应该信仰佛教，而且还说出了历朝过于信佛的皇帝都"运祚不长""事佛求福，乃更得祸"等激烈的语言。这封奏表彻底激怒了唐宪宗，要处死韩愈，当时大臣裴度、崔群出来说情，说韩愈"内怀至忠"，应该宽恕，以鼓励忠臣提意见。最后，皇帝决定将他贬职为潮州刺史。韩愈到潮州后，公正严明，尤其重视当地教育的发展，一年后又被朝廷召回重用。晚年官至吏部侍郎，人称"韩吏部"。长庆四年（824），韩愈病逝，追赠礼部尚书，谥号"文"，故称"韩文公"。韩愈去世后，名声反倒越来越大，正如《新唐书·韩愈传》中所说："自愈没，其言大行，学者仰之如泰山北斗云。"

北宋咸平二年（999），潮州始建韩文公祠，最初建在金山，后来迁到州南七里，当地人还请苏轼撰写了著名的《潮州韩文公庙碑》。碑文高度颂扬了韩愈的道德文章和政绩，并具体描述了潮州人民对韩愈的崇敬怀念之情。碑文写得感情澎湃，气势磅礴，被人誉为"宋人集中无此文字，直然凌越四百年，迫文公而上之"。自此之后，供奉文公韩愈的庙宇开始在全国各地出现。宋神宗元丰元年（1078），追封昌黎伯，并从祀孔庙。这时候的韩愈作为文公，是孔庙中的陪祀。太白山的大文公庙历史也非常久远，明代的史料中就记载太白山上有文公庙。

二、杨泗将军信仰

关于杨泗将军的来历，有几种不同的说法。一种说法是杨泗将军是一个因治水有功而被封为将军的明朝人，一种说法是杨泗将军是晋朝周处那样的敢于斩杀孽龙的勇士，还有一种说法是杨泗将军就是南宋农民起义领袖杨幺。两湖地区老百姓崇信杨泗将军的习俗相当普遍，尤其是在洞庭湖周边，当渔民们开船启航前都要拜祭杨泗将军，一般佛寺道观都有供奉。有学者认为，杨泗将军就是南宋时席卷荆湖地区 7 个州所属 19 个县的农民起义英雄杨幺。因杨幺在起义军中排行老四，他在洞庭湖起义失败以后，事迹在洞庭湖区广为流传，变成众人敬奉的水神。当地老百姓对杨幺立祠供奉，但为了避免朝廷的禁止和降罪，就隐其名，只称杨四将军或者杨泗将军。洞庭湖流域有许多庙内主供杨泗将军，仅湖南湘阴县，就曾有30多座将军庙。《中华全国风俗志》记载："（洞庭湖区）各船户最信奉杨泗将军，公立庙，各船开到，例必至庙敬之。"

湖南作为杨泗将军信仰发源地，到明清时，随着江汉水上交通的发达与各地经济联系的增强以及"湖广填四川"移民潮的出现，杨泗将军信仰随船工和移民上溯江汉，传到四川、湖北、河南、陕西等沿江沿河口岸。到了晚清，陕南各地信奉并修建了许

眉县营头镇杨爷庙的清代石碑

多杨泗将军庙，目前，陕南各地仍有杨泗将军庙上百座。在秦岭北边，杨泗将军庙较少见，但在太白县太白山的登山道路旁有关杨泗的庙宇有两座，一座就是太白县鹦鸽镇南塬村的杨泗将军庙，再就是眉县营头镇大理村境内的杨爷庙，可能因为这里是陕南地区通往关中地区的要道而流传过来。

三、武安君白起信仰

白起是战国后期著名的军事家，眉县常兴镇白家村人。白起因作战勇猛，屡立战功，在秦国军队中初任左庶长、左更。秦昭襄王十四年（前293），秦国军队与魏、韩两国联军激战于伊阙，白起以避实击虚、先弱后强之战术，歼魏、韩联军24万，遂升任国尉、大良造等职。此后，白起率

白起像

秦军多次与韩、魏、赵、楚等国交战，取城70余座，后擢升为秦军主帅。秦昭襄王二十八年（前279），白起率军攻楚（史称鄢郢之战），破楚郢都，逼楚王迁都，因功升为武安君。

白起为秦统一六国建立了不朽功勋。但白起杀戮无度，攻楚时以水淹郢都而伤及无辜百姓数十万。秦昭襄王三十四年（前273）与赵国长平之战，大破赵军，他下令坑杀赵军降卒40万。长平之战，赵军精锐受重创。后来秦昭襄王要白起率军攻赵，白起谏言秦昭襄王暂且放弃攻赵战略，此事触怒了秦昭襄王，被罢官赐死，白起被迫自刎而亡。白起临死时，仰天长叹："我对上天有什么罪过，竟落得如此下场？"过了好一会儿，他又说，"我本来就该死。长平之战，赵军降卒几十万人，我用欺骗的手段把他们全部活埋了，这就足够死罪了！"说完自杀。白起死非其罪，秦人很怜惜他，乡邑地方都建祠祭祀。传说后来白起将军的旧部弃甲回到了鳌山下，在这人迹罕至的鳌山之巅为白起将军勒碑修庙，将白起将军神像安置于庙内，焚香祭祀。灵位上书"武安君之神位"，门楣悬匾"白起庙"。后又铸一高大铁碑立于庙前，以纪念白起生前的丰功伟绩。由于白起庙地处高寒的山顶，无人守庙，现在只留下石砌的残垣断壁。

四、鬼谷子信仰

鬼谷子姓王名诩，又名王禅，道号玄微子。据传其额前有4颗肉

太白山鬼谷子洞

痣，成鬼宿之象，创建鬼谷门派。战国著名谋略家、道家代表人物、兵法集大成者、纵横家的鼻祖，精通百家学问，因其长期隐居在鬼谷之中，故自称鬼谷先生。鬼谷子常入山采药修道，于嵩山东南学仙。"王禅老祖"是后人对鬼谷子的称呼，为道家老学五派之一。史料记载，鬼谷子通天彻地，智慧卓绝，人不能及。2000多年来，兵法家尊他为圣人，纵横家尊他为始祖，算命占卜的尊他为祖师爷，谋略家尊他为谋圣，名家尊他为师祖，道教尊其为王禅老祖。在中国文化史上，他是与孔子、孟子、庄子、荀子、墨子、韩非子等先哲齐名的学术大家。

鬼谷子隐居鬼谷不计年数，其弟子也不计其数。他最出色的弟子有苏秦、张仪、白起、李牧、毛遂等人。在道教中，鬼谷子更是洞府真仙，位居第四座左位第十三人，被尊为玄微真人，道号玄微子。《录异记》中说："鬼谷先生者，古之真仙也，云姓王氏。自轩辕之代，历于商周，随老君两化流沙，周末复还中国，居汉滨鬼谷山。"玄微真人鬼谷子住在鬼谷洞天，

第五章　太白山佛教及其他宗教文化

所以历数代而不老，是为了在凡间超度几位仙人。无奈他的诸弟子如苏秦、张仪、白起、李牧、吕不韦等，皆尘缘未尽，凡心未了。鬼谷子只好暂时居于世间，暗中关注弟子，不时帮助他们扶正祛邪。相传鬼谷子有隐形藏体之术，有混天移地之法，还会脱胎换骨，超脱生死，能撒豆为兵，斩草为马。

因为有如此传奇的身世，所以鬼谷子自然就成为中国民间信仰崇拜的对象之一，在全国很多地方都有与鬼谷子相关的传说和庙宇。太白山关于鬼谷子的传说地较多，最著名的是山上的鬼谷洞，据传鬼谷子曾在此修过道，现在这里既是一处风景奇观，也是当地人供奉祭祀鬼谷子的地方。

五、财神赵公明信仰

赵公明，本名朗，字公明，又称赵玄坛，赵公元帅。"玄坛"是指道教的斋坛，也有护法之意，为道教四大元帅之一，同时为阴间雷部将帅和五方瘟神之一。

关于赵公明的记载最早见于晋代，当时为督鬼之神人。晋代干宝的《搜神记》载："上帝以三将军赵公明、钟士季，各督鬼下取人。"晋代陶潜的《搜神后记》中记载："赵玄坛，秦代人，得道于终南山。"南梁道士陶弘景在《真诰·协昌期》中说："天帝告土下冢中直气五方诸神赵公明等，某国公位甲乙年如千岁，生值清真之气，死管神宫，翳身冥冥，潜宁冲虚，辟斥诸禁忌，不得妄为害气。"这些文献记载确立了赵公明在道教中的重要地位。后来又有元明时期的道教文献《三教源流搜神大全》说赵公明终南山人氏，秦朝时避世在山中，虔诚修道。汉朝张道陵天师在鹤鸣山精修时，收他为徒，且让他骑黑虎，守护丹室。张天师炼丹功成后，分丹与赵公明食之，之后的赵公明神异多能，变化无穷，能够驱雷役电，呼风唤雨，更能为信徒保命解灾，成为道教的重要护法神。

真正将赵公明推向财神地位的是明初宁波知府王琏撰写的《琅琊金石辑注》，书中记载："财神者，姓赵名朗，字公明，琅琊古来有之。昔者天上生十日，帝命羿射九日。其八坠海为仙，海上八仙是也。余一陨于天台，

周至县财神庙赵公明塑像

其身为石，太阳石是也，其精为人，赵公明是也。既长成，至峨眉山修炼，得神仙之术。商周交兵，遂受闻太师之邀下山助商，失利为太公所杀。太公岐山封神，朗受封玄坛真君，日精再归天台，遂真阳附石，神体合一。辖招宝天尊、纳珍天尊、招财使者、利市仙官，专司人间迎祥纳福之责。此后石下有庙供真君之位，天台山亦易名财山焉。"明代《列仙全传》又加固了赵公明的地位："赵公明为八部鬼帅，周行人间，暴杀万民，太上老君命张天师治之。"

　　真正让赵公明从道教中走向民间大众的是小说《封神演义》，小说中虽然姜子牙并没有封赵公明为财神，只封赵公明为"金龙如意正一龙虎玄坛真君"，简称"玄坛真君"，统率"招宝天尊萧升""纳珍天尊曹宝""招财使者陈九公""利市仙官姚少司"4位神仙，专司迎祥纳福、商贾买卖。但中国民间认为赵公明手下所掌管4名与财富有关的小神，分别是招宝、纳珍、招财和利市，其为各个小财神的上司主管神，自然是最大的财神，因此就被人们定位为最主要的财神。财神信仰倾注了中国劳动人民的朴素情感，寄托着安居乐业、大吉大利的美好心愿。

因各种文献资料和传说都记载赵公明是陕西终南山附近的人，所以其在本地影响更大，太白山周围各庙宇中，随处可见奉祀赵公明的造像或神位，是当地民间信仰中知名度最高的神灵之一。

六、三霄娘娘信仰

三霄娘娘是道教神话传说中的三位仙女云霄、琼霄、碧霄的合称，为感应随世仙姑正神（又称感应随世三仙姑），传说她们是财神爷赵公明的三个结义妹妹。她们执掌混元金斗，神、仙、人、圣、诸侯、天子等，降生都要从金斗转动。

经过文学作品《封神演义》的渲染后，她们的名气更大了。从前信士求儿女，都要拜三霄娘娘，所以也有人称三霄娘娘为送子娘娘或送子奶奶。

汤峪口太白庙供奉的三霄娘娘

正是因为传说中她们掌握着人的降生机会，同时又和财神是结义兄妹，所以她们非常受百姓大众的欢迎。在太白山众多的道观中，到处都能见到供奉三霄娘娘的殿宇。

第六节 太白山的隐逸信仰文化

一、太白山的隐逸文化

隐逸文化是中国传统文化中的特色，从上古尧、舜、禹直至今天，代有其人。尽管历代隐逸者不乏"持不同政见者"，但统治者为了表示自己对贤能的重视，大多对这些隐士表示尊重并给予优厚的待遇。历史上，无论是儒、释、道，素有"天下修道，终南为冠"的共识。这里的终南，一般指关中南部秦岭北麓的山区，太白山也在其列。修道者入太白山隐修的历史传统非常悠久，除了前面介绍的大量的著名高僧、高道外，其他文化派别中也有很多人到太白山隐居，仅仅史料中有记载的就有几十人，这些人所处的时代从春秋战国到近代跨越数千年。他们主要有汉代的韩康、挚恂、苏则，隋唐时期的成弼、杜淹、卢照邻，明代的孙一元，清代的李柏等。这说明太白山的隐修者中佛、道、儒皆有。这些隐逸者的事迹在古人笔记小说、诗词文赋以及地方志中都有收录。

二、东汉经学家挚恂

挚恂，字季直，东汉人，博学多才，娴于文辞，常隐居于太白山。东汉著名的经学家马融曾跟随挚恂学习。挚恂喜爱马融的才华，将女儿嫁与马融为妻。东汉顺帝永和年间（136—141），公卿们举荐挚恂，公车征召，挚恂坚辞不应。大将军窦武举荐挚恂为贤良，挚恂也不接受，一时很有清名。挚恂作为一个大学问家，常年隐居太白山，虽屡次受到朝廷的举荐征招，但始终坚辞不受，应该是一位真正的隐士，而后面的杜淹则是名副其实的假隐士。

三、初唐宰相杜淹

杜淹，字执礼，京兆杜陵（今陕西西安）人，隋朝河内太守杜征之子，唐朝宰相，贞观名相杜如晦的叔父。杜淹年轻时聪慧明辨，学识广博，颇有美誉，与同乡韦福嗣是莫逆之交。隋开皇时期，杜淹对韦福嗣说，现今皇上喜欢任用隐士，苏威便是在隐居时被征辟为美职，咱们也去试一试。因此杜淹就与韦福嗣一起在太白山做起了隐士。这件事传到了隋文帝的耳朵里，隋文帝对他们的行为极为憎恶，于是将二人流放到江南。后来因天下大乱，这位太白山假隐士又获得了命运的转机。

唐武德二年（619），杜淹成为王世充的太尉府官属。四月，王世充僭号称帝，建立郑国，任命杜淹为吏部尚书，对他非常信任。当时，杜淹因与侄子杜如晦不睦，便在王世充面前进谗，致使杜如晦的兄长被杀。杜如晦的弟弟杜楚客也遭到囚禁。武德四年（621），秦王李世民平定王世充。杜淹作为郑国高官，被定为死罪。杜如晦在李世民麾下效力，杜楚客便请他加以营救。杜如晦不答应，杜楚客便哭道："叔父已经害死大哥，如今哥哥又不肯营救叔父，我们杜家自相残杀，真是令人悲痛。"杜如晦悔悟后，便向李世民求情，方免去杜淹的死罪。后来，杜淹因久不升职，想投靠太子李建成，被房玄龄知道了。房玄龄担心李建成得到杜淹会对李世民构成威胁，便举荐杜淹为天策府兵曹参军、文学馆学士。武德七年（624），庆州刺史杨文干起兵叛乱，李建成与李世民的矛盾加剧。杜淹遭到无端牵连而流放巂州。李世民知道杜淹无罪，只是受到牵累而已，赠他黄金300两。武德九年（626），李世民发动玄武门之变，诛杀太子李建成，不久继位为皇帝。杜淹被召回朝中，授为御史大夫，封安吉郡公，主持东宫仪式簿领的裁订工作。

贞观元年（627），杜淹被任命为吏部尚书，参议朝政，成为宰相。他前后举荐的40余人，最终都成为知名官员。贞观二年（628），杜淹患病，唐太宗亲自前去探望，并赏赐绢帛300匹。同年十月，杜淹病逝，追赠尚书右仆射，谥号为襄。

前面的两位太白山隐士虽一真一假，但都是主动地在此隐居，还有一位大名鼎鼎的"初唐四杰"之一卢照邻则是因病被迫隐居在太白山。

四、"初唐四杰"卢照邻

卢照邻（636—682），字升之，自号幽忧子，汉族，幽州范阳人，初唐诗人。卢照邻出身望族，曾为王府典签，又出任益州新都尉。在文学上，他与王勃、杨炯、骆宾王以文辞齐名，世称"王杨卢骆"，号为"初唐四杰"。现有著作《卢升之集》《幽忧子集》等存世。卢照邻尤工诗歌骈文，以歌行体为佳，不少佳句传诵不绝，如"得成比目何辞死，愿作鸳鸯不羡仙"等，更被后人誉为经典。

唐高宗永徽五年（654），卢照邻为邓王李元裕府典签，甚受器重。李元裕是唐高祖李渊的第十七子，是当时皇帝李治的叔父，藏书甚丰，卢照邻利用工作之便，得以博览群书，获益不少。唐高宗龙朔三年（663），卢照邻调任益州新都尉。唐总章二年（669）年底，卢照邻二考秩满去官。卢照邻离开蜀地后，寓居洛阳。因《长安古意》中的一句"梁家画阁中天起，汉帝金茎云外直"得罪了武则天的侄儿梁王殿下武三思而入狱，家人营救无果。

卢照邻出狱后不久染风疾，居长安附近太白山，因服丹药中毒，手足残废。在此期间，卢照邻拜孙思邈为师，孙思邈曾悉心为卢照邻调治风疾。卢照邻曾问孙思邈："高医愈疾，奈何？"孙思邈答："天有四时五行，寒暑迭居，和为雨，怒为风，凝为雨霜，张为虹霓，天常数也。人之四支五藏，一觉一寐，吐纳往来，流为荣卫，章为气色，发为音声，人常数也。阳用其形，阴用其精，天人所同也。"虽然卢照邻壮志未酬，但他的病却是越来越严重，后来双脚萎缩，一只手也残废了。他因无法忍受病痛的折磨，投颍水自杀。

"初唐四杰"之卢照邻画像

由于卢照邻投河自尽与孙思邈逝世是同一年，所以有人认为卢照邻是为了追随他的师父孙思邈而去的。目前河南省禹州市无梁镇龙门村的河溪西岸有卢照邻墓，尚存高大的墓冢。

五、明代隐士孙一元

孙一元（1484—1520），字太初，明代人，太白山隐士，自称关中人。孙一元喜好道家老庄之学，辞家入太白山隐居，自号太白山人。善于作诗，常与文化名流相互唱和，后被编成《太白山人漫稿》现存《太白山人漫稿》8卷。孙一元的诗词主要描写太白山自然景色及其在太白山生活的情境。孙一元酷爱书法，所用之印多为自制。当时有一位叫方唯一的文人，一只眼睛失明，但善于讲怪话。孙一元为其制印一方，方唯一每次写字都要用这方印。有位叫李献吉的人题字戏道："方唯一目，印制甚曲，信是盲人，罔觉其俗。"

六、不与清廷合作的李雪木

李柏（1630—1701），字雪木，号太白山人，眉县曾家寨（今属槐芽镇）人。祖籍汉中府城固县，其七世祖迁徙到眉县居住，兄弟三人，李柏排行第二。李柏是明末清初的文学家，曾与周至的李二曲、富平的李天生齐名，

旧版李雪木《槲叶集》

当时人称"关中三李"。李柏常常穿着奇异的服装，行为诡异，任性放诞。一日，李柏驱赶羊群吃草，在山阴处朗读《晋处士集》，羊走丢了都浑然不觉。李雪木明显有自恃明代遗民而不愿与清朝统治者合作的情结，因此康熙皇帝曾多次重金礼聘，均遭李雪木拒绝，最后隐居太白山，终老于此，当地人至今传为奇谈。李雪木生前留有著作《槲叶集》，因其终生不与清朝政权合作，因此该作品被列为《四库禁毁书目》中的三部清初陕西诗文集之一。

第六章

太白山北麓宗教文化遗存考察

第一节　汤峪口到拔仙台沿线

从太白山北麓上山的东线是从太白山汤峪口开始入山的。秦岭北麓有两个汤峪，即东汤峪和西汤峪，两个汤峪都是因其温泉汤疗养胜地而得名。东汤峪位于西安东南的蓝田县汤峪镇，终南山石门岭东端，是著名的温泉疗养胜地，通常称为"蓝田汤峪"或"东汤峪"。西汤峪位于宝鸡眉县的汤峪镇太白山北麓，通常称为"眉县汤峪"或"西汤峪"。东西两个汤峪相互遥望。本文所指汤峪口，就是专指眉县境内太白山北麓的西汤峪。汤峪口是由东边的"凤山"和西边的"龙山"对峙形成的一个进入秦岭、登临太白山巅的峪口。隋文帝杨坚曾在此建"凤泉宫"作为避暑沐浴之地，唐玄宗也曾三临其地，赐名"凤泉汤"。

一、龙凤山三清观

龙凤山位于太白山汤峪口西侧的半山腰。龙凤山由南而北迤逦蜿蜒，形成一个合抱之势，三清观地处龙凤合抱中间，坐西南向东北，背靠龙凤山。尽管三清观地处偏僻，远离红尘，望山下却可以尽览渭河川道无限风光，心境顿开。由于独特的地势地貌，这里每天最早迎来第一缕阳光，日照时间相对较长，自春徂秋，竹树环抱，绿荫如盖，即便大雪封山，这里仍不乏绿色。周围树木郁郁葱葱，异常茂盛，气息充沛，生机盎然。

据传龙凤山三清观始建于晋朝，历经隋唐，到明清之际，成为全真道龙门派的重要道观。据道观碑文记载，在乾隆三十九年（1774）曾对该观进行过大规模的复修。该碑的正面记述了复修道观的缘由和经过以及该道观的地亩，另一面则叙述了龙门派在此地的流传过程以及历代道长的度牒情况。由于碑石破坏严重，这些道士的名字已无法辨认，唯一可以知道的是，张纯阳是这里龙门派最早的传人。张纯阳，龙门派第十二代弟子，在龙凤山开创了龙门派传教的历史，从道观现存的遗迹遗物分析判断，当时的宗教活动十分兴盛。在道观前有一块巨大的石碾盘，估测有几千斤重，据说这是张纯阳化缘得来的，但是在那个时代，他是如何把如此笨重的碾盘挪到这么高峻陡峭的地方，一直是个谜。当地人也常借此事来渲染张纯阳道长的神秘感。使用如此巨大的碾盘碾米，也间接反映了当时三清观常住道士较多，建筑规模也较为宏大。此后这里香火不断，一直延续到中华人民共和国成立以后。20世纪初，龙门派第二十三代弟子刘宗延，一边在龙凤山三清观清修，一边利用自己的医术为当地老百姓治病。1928年，门海诚拜刘宗延为师，钻研医道，并长期住在三清观，在当地影响较大。改革开放后，龙门派第二十九代弟子张法静以及西安八仙宫的道士共同出资重修了三清殿、祖师殿、三官殿和山门，使这座古老的道观形成了一个布局完整、结构紧凑的道院。

二、青牛洞

在汤峪口西边的龙山上，目前存有道教活动场所青牛洞。青牛洞在通往龙山山顶的半山腰上。在进入青牛洞的院门口设置有宣传栏，该宣传栏写着《摸牛治病歌》。传说2500年前，老子曾寄居龙山一宿。人们为纪念老子与青牛，便为之塑像。后来，人们向塑造的青牛求医，居然灵验，因为老子在龙山青牛洞留下了灵气。20世纪70年代，重建青牛洞道观时，在老君洞内挖出一尊石牛，形象逼真，被游客摸得溜光溜光的。老子是否曾经路过这里现在已无从考证，但这里成为道教活动场所应该是很久以前的事情了。该道观现有数位道教神职人员在此经营看护。

青牛洞的青牛雕塑

太清宫

青牛洞的建筑是以依山开凿的洞窟为主，洞窟的面积大多只有 10 平方米左右，往往一个洞窟就是一座神殿。从各个神殿内供奉的主尊神来看，是以道教为主的，如老君殿、药王殿、吕祖殿、丘祖殿、灵官殿等，也有个别民间信仰中的神像供养，如斗姆殿、三霄殿、孤魂堂等。从该场所的建筑体量和设置等情况来看，这里主要是一个信众祭祀礼拜和游客消闲之所，很难开展修行或弘道等宗教活动。

从青牛洞继续向山顶前行，就进入了太清宫。太清宫也是一处较小的道教活动场所，院内正对大门的山顶上，有一座三层的八棱体状建筑，建筑上悬挂"老君阁"牌匾。进入老君阁内才能看清楚，这是一座外面看似三层，但里面是上下直通的建筑，阁内供奉着一座高大的铜铸老子骑牛像。老君阁由一位杨姓女道长管理。在院子的另一边，还有一座两层的仿古木质阁楼，上面悬挂"魁星阁"牌匾。登上魁星阁俯瞰，汤峪口附近的景色尽收眼底。

三、观音洞

沿着太白山景区修建的入山公路往山中行进一公里左右，就是太白山景区大门。从这里沿公路向山中行进约 5 公里处，路右边的山坡上有新建

观音洞新修的山门

观音洞庙一处，庙内有大殿一间，配殿数间，内供观音、送子娘娘和玄武大帝等神像，现为道教活动场所，有常住道士两人。

在新建观音庙院内朝西边的山上遥望，隐隐约约可见后面高处的山崖上有庙堂旌旗，向上攀登一公里左右，就到了原来的观音洞。这里的建筑分布呈上下4层，最上边是一座天然石洞，洞中供观音菩萨、地母像各一尊，

观音洞遗址

洞中地面有天然小水潭，潭水清澈见底。依次而下，还有个依山窑洞殿阁，里面供奉着太上老君等。其中生活用房两处各三间，均为砖瓦结构。据文物资料显示，观音洞应该始建于明代，民国时期曾经有过修复，现已无人居住，道士迁往山脚新建道观内。观音是佛教中最主要的菩萨之一，观音洞顾名思义应当曾是佛教的活动场所，但是，现在常住观音洞的是两位道士，而且登记为道教活动场所。这种情况在我国目前是比较常见的，是历史和现实的生硬焊接。

四、下坂寺

沿着景区公路继续朝山中行驶40多公里，这里有一座寺庙，就是下坂寺。这里是上下太白山的一处关节点，汽车只能行驶到这里，如果继续

上山，就只能坐索道缆车或者步行爬山了。这里海拔3200米，站在下坂寺瞭望周围山景，已经是云遮雾罩，看山下的公路，就像一条细细的带子缠绕在陡峭的山坡上。

下坂寺

据资料记载，下坂寺最早建于康熙二十二年（1683），曾经是一座佛教寺庙，旧寺的建筑情况已经难觅踪影，现在只有一座新盖的两层阁楼式建筑，顶层阁楼内供奉着太白金星、三太白爷等神像，还有铁筑旧香炉一个。下坂寺已经没有固定宗教人士常住，但从各种迹象来看，仍有游客信众在这里烧香拜神。因为是盛夏，等待坐索道缆车的游客很多，游人在缆车乘坐点的入口处开始排队，长长的队伍沿着上山的台阶一直向下延伸，有100多米。

五、拜仙台

徒步爬山的小道就在缆车线路下盘旋绕行，常见坐在缆车里的游客与下面爬山的游客互相挥手致意。从下坂寺沿山路而上数公里，到达拜仙台，索道缆车从下坂寺到达这里就是终点了。这里海拔3300米，继续上山就只有步行爬山一种方式了。走到这里，有些人已经明显感觉到身体出现了高原反应的症状，很多游客到此就不再继续往上走了。

拜仙台旧庙原有十多平方米，现已经拆除，原来庙堂所在的一块平地正在搭建新的建筑。这里仅一尊神像，被移至路边5平方米左右的一个简易棚子中供奉，神像没有标明是哪位神仙，只有棚子前面一块大石头上刻着的"拜仙台"三个字还提醒游人这里曾经是一处宗教场所。传说苏东坡任凤翔府签书通判时曾在此祈雨。由于接下来的路途更加艰险和遥远，所以很多准备继续登山的游客都会在这里烧香磕头，祈祷神仙保佑一路平安。

六、上坂寺

从拜仙台往上继续行走数百米，就是上坂寺。上坂寺与下坂寺遥相呼应。据资料记载，上坂寺与下坂寺同时修建于康熙二十二年（1683）。根据现有的遗址状况来看，最早的建筑约50平方米，现已被拆毁，遗址上建有森林公园入口亭一座，遗址旁有乱石搭建的石洞一间，内供三个太白爷神像，内仅一香炉和神位。

上坂寺遗址

七、小文公庙

从上坂寺沿山间小道继续前行数公里，到达海拔 3320 米处，就会看到一间小石屋，这里就是小文公庙。小文公庙始建于清朝乾隆元年（1736），从 20 世纪 90 年代当地文物部门实地勘察登记的资料看，尚存有铁瓦、铁神像等。原来小文公庙中供奉的是道教八仙中的韩湘子，因为人们认为他的叔祖父韩愈是大文公，所以称他为小文公。小文公庙现已拆毁，只余旧庙遗址被太白山自然保护站占用，在此处修建了几间接待游客的板房。板房旁边搭建了一间十多平方米大小的石棚屋，里面新供奉的是两尊四五十厘米高的神像，一尊是观音菩萨，一尊是太上老君。从小文公庙继续上山到达下一个可以休整的站点只有大文公庙，其间距离 20 多公里，之间没有人烟，很多游客到达小文公庙后就不愿再继续前行了。

小文公庙遗址

八、大文公庙

从小文公庙出发，刚开始沿途都是高山草甸，虽是六七月，已经看不到积雪了，但仍能感觉到雪消之后的气息，山脊平缓的坡地上，厚厚的草甸就像暗绿色的毯子随意地铺着，草甸上有几块大石突兀地摆放着。沿山脊中线被人踩出来的小道在草甸上形成了一条不规整的裂缝。继续走数公里后，就进入了乱石阵，这里被当地人称为"四十里胡基地"，当地人在山上忌讳称"石头"而称之为"胡基"。这里已经很少看到植物了，硕大的石块犹如从山顶喷涌而出，怒涛奔涌般泻向看不见的谷底，游人穿行在石缝中，感觉就像被裹进无边无际的奔牛群中，不禁使人想起唐代诗人岑参的诗句"一川碎石大如斗，随风满地石乱走"。

在乱石中穿行数十公里，终于到了大文公庙。大文公庙其实是山脊上一处洼地，在此处我们见到的一方铁碑上，有铭文称此处为"大霍洛"。就是说，这里从远处看就是太白山山脊上的一个大豁口，人站在这里就像一只昆虫站在两个巨大的驼峰之间，前后只能看到绵延相连的山头，左右两边是深不见底的山谷，任何时候，都有强劲的山风裹着云雾飘过。

大文公庙遗址发现的铸有"大霍洛"的铁碑

太白山上有大小文公庙，是现存太白山重要的地标，也是驴友往来宿营的主要地点。大小文公庙和八仙之一的韩湘子有密切关系。韩湘子是唐代著名文学家韩愈的族侄孙，韩愈崇儒家，辟佛老，韩湘子得道成仙后，一心将这位族中长辈度入道门，留下了许多故事。成书于五代的《仙传拾遗》与现存全本清代道情《韩湘子九度文公十度妻》等都对这些故事进行了精彩的演绎。按照道教说法，韩愈经历了一系列打击挫折后，跟随韩湘子修道也成为仙人。韩愈死后，朝廷赐谥号"文"，人称韩文公，因其系韩湘

大文公庙遗址

子的长辈，太白山人就将韩愈称作大文公，韩湘子则为小文公。大文公庙就是供奉韩愈的庙宇，小文公庙是以韩湘子为主尊的庙宇。

从各种资料来看，大文公庙在清乾隆元年（1736）曾经重建，此处在古代是祈雨时到太白池取水的必由之路，而且此处的地理位置也是爬山歇息的中转之处，由此推断，此处庙宇的始建应该更早。资料记载，大文公庙原庙宇建筑面积8000多平方米，里面供奉的主尊应该是文公韩愈，但现在仅存两间石垒房，房内供奉无头铁像两尊，石房外面的地上遗有明正德十年（1515）香炉一座，铁瓦十多块。在本次调研过程中，我们发现太白山有大量明清时期的铁像、铁瓦、铁碑等宗教文物，但这些文物大多遭到破坏或处于无人管理状态，森林保护站的工作人员还收藏了乾隆元年（1736）铁碑两通，保存完好。

九、大爷海

沿着大文公庙南边的山头朝上有一条小道，因为这里山路坡度大，加之海拔已高达 3200 多米，人在上山时非常困难，爬几步就要坐下来喘息半天。爬过山头后，路略微平缓一些，在蜿蜒的山路上穿行数公里，转过一座山头，远远就能看见太白山的最高峰——拔仙台。人走在这些山道上，

远眺大爷海及其道观

大爷海道观

犹如走在梦境之中，看着前方云雾缭绕的山峰就在眼前，但走了好久后，感觉与它的距离还是那么远。绕过不知多少个小山头后，突然眼前一亮，在远处几座山头交会缠绕之处，一汪碧蓝的湖水映入眼帘，这就是传说中的太白神湖——大爷海。

大爷海位于太白山主峰西北侧，海拔 3590 米，地质学家认为它是第四纪冰川遗留下来的冰碛湖，湖面约 10 亩地大小，最深处达 17 米左右。大爷海周围无树木，仅有苔藓等植物，周围山岩环抱，可见古冰川遗迹地貌，山岩裸露，乱石成片。大爷海曾是太白山上一处重要的宗教活动场所，据当地熟悉情况的人说，大爷海周围曾经有上百尊铁质的神像，其他各种铁质设施较多，但现在的大爷海庙宇仅为两座石块垒成的庙宇，建筑面积 100 多平方米。石庙中也只有三通已破碎的铁碑，因锈蚀严重，字迹模糊不清。无头神像一尊，有铁匾一个，上有"任意将军王爷神位，于康熙三十八年终"等字样。有铁磬一个，铁香炉三个，其中一个铁香炉上铸有"万历九年六月"等铭文。铁钗一个，铁瓦数百片，其中一片铁瓦上有"万历四年"字样。此外还有清光绪年间铸造的铁钟一口。

在大爷海旁边陡峭的山坡上，距离大爷海水面 100 米左右的悬崖上有

宝仙洞内的木牌

一个天然石洞，这就是被认为是道教第十一洞天的太白仙洞。由于离地面比较远，也没有专门的平整路径，只能攀爬着山崖上的巨石逐渐靠近。洞口有几平方米大小的平台，石缝中有一些不知名的地衣植物随意生长着，为这里增添了些许生机。洞内阴冷潮湿，当时虽在7月盛夏之际，但洞内仍有冰凌悬挂洞壁。洞内有无头铁像两尊，残存木构件上有"三官太白地位，民国十二年秋"等字样。传说洞内有暗道可通大爷海底，但只有神仙可出入，凡人则不得其门而入。

十、财神庙与二爷海

从大爷海向西出发，绕到山峰后方，有一条小道通向太白山南坡，途经一处庙宇遗址，庙宇建筑已经荡然无存，但从遗留下来的建筑屋基遗址可以清晰地看到原庙宇的建筑面积较大，约有200平方米。后来在草丛中发现了一些破损的铁香炉和铁神龛等，此外还有一通保存较完整的小石碑，上面有"财神庙"等字样。

山道沿南坡下行200米左右，就到达二爷海。二爷海的水面比大爷海略小一些，但水质更加澄澈。从遗址上遗留的屋基轮廓可以看到这里曾经

二爷海

有过较大的殿宇，现在池边有小石房一座，内供无名神像一尊，铁香炉、铁钟、铁瓦等残片随处可见。这里几乎见不到游客，但在遗址上仍旧能看到不久前有人烧香烧纸留下的痕迹。这里也没有植被，更见不到其他野生动物的踪影，有一种地老天荒之感，唯有道观遗址上的破钟烂磬和烧香祭拜的痕迹使人感到一丝人间的气息。

二爷海道观遗址

十一、拔仙台

拔仙台，清代方志中称其为"八仙台"，后来以讹传讹，现名"拔仙台"，人们还附会这里是姜子牙选仙之处，故名"拔仙台"。从二爷海向东继续攀爬 200 米左右，就是海拔 3771.2 米的太白山最高峰——拔仙台，它也是秦岭主峰的最高处。峰顶有数十亩地大小，地形较为平坦，但满眼都是大小不一的石头。

以前太白峰顶终年积雪不化，并因此形成关中八景之一的"太白积雪"，但最近几年随着全球气候变暖，盛夏时候，山顶已经很少有积雪存留。拔仙台上还有各种苔藓类植被生长开花。不知从什么时候开始，到达这里的游人把石头垒成各种高低不等的石柱，这样的石柱有数百个，远远看去就像一群守护山峰的士兵，这个景象被当地人称为"万仙阵"。站在太白峰顶放眼周围，犹如天上俯视人间，周围的山头随着云雾山岚的飘移而时隐时现。

火灾后废弃的拔仙台道观

在峰顶南端的最高处，就是拔仙台道观，该道观始建于明朝万历年间，清朝道光年间重建。到了1990年前后，拔仙台道观尚有房屋15间，前几年有一次雷电引起的火灾将主要建筑全部烧毁，现在只存残垣和石墙。因拔仙台道观原有建筑体量较大，仅石墙以内占地面积600多平方米，从远处看去，虽然不见房屋，但高低重叠的石墙犹如一座城堡。沿着石台阶进入石墙内，各种焦黑的木头随处可见，穿行于残垣断壁中，似乎火灾刚发生不久，残留的破烂不堪的铁钟、铁神龛、铁磬、铁瓦等，随处堆放。石墙内有未烧毁的石墙木板房一间，里面供奉着姜子牙泥塑神像一尊，有铁铸神龛一座，高约70厘米，方约50厘米，有光绪十四年（1888）铸造的铁香炉一座，光绪十三年（1887）铸造的铁钟一口，无铸造年代的铁钟一口、铁磬一个。

十二、雷神殿

太白山顶的雷神殿

在拔仙台北边数十米的乱石场中，还有一间雷神殿，该殿由石块垒成，上覆铁瓦，面积约 10 平方米，殿内破败的神案上已无神像，只是立着一块铁牌，地上放着清代铁钟一口，钟已破裂，铭文模糊不清。殿内悬挂着清道光十二年的木匾一块，上书"雷霆卿师"4 字。

第二节　远门口到大文公庙沿线

太白山北麓中线的考察是从小法仪村开始，从远门口开始进山，沿途经过黑峪再向东上远门口，经钟吕坪、十三宫、香引山、接官亭、金锁关等地，在上坂寺与东线会合。这是古代人们朝山的一条老路，但因该路线沿途较为艰险，后来从此上山的人越来越少，但浅山的钟吕坪和远门口十三宫等地曾是非常繁盛的道教活动场所，各种道教文化遗存非常丰厚。

一、梦泉寺

梦泉寺位于眉县小法仪村，相传玄奘禅师西天取经途中夜宿眉邑小法仪村原头寺，梦见后殿下有一眼泉水，醒后果然发现泉眼，遂留言改寺名为梦泉寺。这座寺庙最早创建于南北朝时期，兴盛于隋唐时期。

1999年，在寺西南出土三尊石佛像，其中一尊底座刻有铭文"眉县太白乡教坊里小法泥，成化十九年三月一日"，系明代造像，三尊石佛像现存后殿。"文化大革命"期间，后殿与圆形梦泉水池被毁。1993年，成为宗教开放场所。1997年，建成大雄宝殿5间，寮房5间。2001年，住持释正道募款重修大殿5间，斋堂3间。现有大殿3座，面积约1000平方米。钢筋结构僧寮2间，仿古僧寮2间，面积约150平方米。

梦泉寺供奉的明代佛像

梦泉寺现有女尼二人，当家的尼师腿脚不便，但精神状态很好。寺院殿堂都打扫得干干净净。当家尼师说当地村民对她们很照顾，农闲时常有信众过来帮忙干重活，她也常带大家一起念念佛经。

二、新联三寺（铁佛寺、白马寺、菩提寺）

在眉县汤峪镇新联村黑峪东侧的一山腰间，黑峪河绕山而流，层峦叠嶂，奇石嶙峋。这里有三座寺院都处在现在的新联村境内，我们便把它们合并介绍。

铁佛寺因山取势，形成了匡字形建筑布局，坐北向南，林壑相向，向阳背风，适合人居。铁佛寺周围橡柏森列，山花烂漫。在这山野之中，这样的一方天地，真乃修身养性之所在。眉县首届佛教协会会长释红春一生在这里弘法，并圆寂于此。陕西省佛教协会副会长、宝鸡市佛教协会会长、扶风县大明寺住持澈性禅师，眉县佛教协会第二、第三届会长樊博，现任会长刚正都曾先后在这里弘法演教。

在铁佛寺西侧，向西翻过一道山梁后，地势相对平缓，川塬相接，林木茂盛，水草丰美，名叫养马滩。当地人相传这里曾是东汉开国皇帝刘秀养马的地方。山沟深处有一挂瀑布，下面有一汪潭水，澄澈碧透，清冽幽深。水潭周围，藤萝摇曳，青苔染石，清幽静谧。在瀑布不远处是白马寺故址所在地，现如今的白马寺已搬迁到山口的一片滩涂地边。这里的村民多数已迁走，只剩下少数几户，隐没在退耕还林的树木之中。新建的白马寺是一个宽敞的四合院，大殿坐北向南，东边是一排僧人用房，西边是十多间新盖的客房，南边是一个水池，中间竖立着观世音菩萨的立像，靠水池是一块巨大山石，巨石中间开裂一个豁口，可容一人藏身，石壁上有一条长长的斑痕，酷似一把长刀，刀柄、刀刃清晰可视。当地人称这块石头为隐身石。石与像相呼应，共同渲染着这里的神圣和庄严。

白马寺的寺院名称由洛阳白马寺而来：东汉永平七年（64），汉明帝刘庄（刘秀之子）夜宿南宫，梦见一个身高六丈、头顶放光的金人自西方而来，在殿庭飞绕。次日晨，汉明帝将此梦告诉给大臣们，博士傅毅启奏说西方有神，称为佛，就像您梦到的那样。汉明帝听罢大喜，派大臣蔡音、秦景等十余人出使天竺，摹写浮屠的遗像。永平八年（65），蔡、秦等人告别帝都，踏上"西天取经"的万里征途。在大月氏国，遇到印度高僧摄摩腾、竺法兰，见到了佛经和释迦牟尼佛白毡像，恳请二位高僧东赴中国弘法布教。永平十年（67），二位印度高僧应邀和东汉使者一道，用白马驮载佛经、佛像同返洛阳。汉明帝见到佛经、佛像，十分高兴，对二位高僧极为礼重，亲自予以接待，并安排他们在当时负责外交事务的官署"鸿胪寺"暂住。摄摩腾和竺法兰在此译出《四十二章经》，为现存中国第一部汉译佛典。永平十一年（68），汉明帝敕令在洛阳西雍门外三里御道北兴建僧院。为纪念白马驮经，取名"白马寺"。"寺"字即源于"鸿胪寺"之"寺"字，后来"寺"字便成了中国寺院的一种泛称。白马寺是佛教传入中国后兴建的第一座官办寺院，有中国佛教的"祖庭"和"释源"之称。由于这个影响，许多寺院也仿效而取此寺名，此处的白马寺之名也是由此而来。

由白马寺再向西翻过一道山梁，隔着一条沟壑，塬头上就是菩提寺。从外面看去菩提寺犹如一处民居，走进寺门却见翠竹掩映，黄墙碧瓦，殿堂庄严，寺院虽然不大，但却非常幽静。寺院大门旁竖立着一通古碑，昭示着这里久远的历史。菩提寺寺名源于佛教的术语"菩提"。菩提的意思是觉悟、智慧，用以指人忽如睡醒，豁然开悟，突入彻悟，顿悟真理，达到超凡脱俗的境界等，也就是证得了最后的光明的自性，达到了涅槃的境界。很多人认为涅槃就是佛教对死亡的称呼，其实远非如此，证得了无上菩提就是涅槃，与生死无关。广义而言，菩提就是断绝世间烦恼而成就涅槃智慧。

铁佛寺创建时间不详，据当地传说先有铁佛后有寺。铁佛很是神奇，有夜间飞升之术。它看上了黑峪山这个地方，就想在这里安身修炼。于是它与铁钟商议去黑峪山修炼，并约定鸡叫之前必须赶到，否则只能就地修炼。它们便一起向黑峪山飞来。谁知铁钟功夫差些，只到二郎沟时鸡已经叫了。它们各到之处就地设寺修炼，于是黑峪山有了铁佛寺，二郎沟有了保安寺。据二郎沟菩提寺现在的碑文记载，二郎沟的寺院建于唐建中年间，当时寺院占地面积很大，有数十僧人，清乾隆年间重修过。现寺院改名为菩提寺，有僧尼释悟明和她的徒弟住寺。但铁佛寺已经没有什么文字资料，只有 20 世纪 80 年代末住持僧人释宏春、释来正等重修寺院的一通碑文。白马寺地处偏僻，故址不存，现有僧人闻定在黑峪养马滩村边重修的白马寺。

三、钟吕坪道教文化总览

钟吕坪位于眉县汤峪镇钟吕坪村（原名井沟村），距汤峪口 4 公里，北临关中平原，顶接太白山，现属于太白山国家森林公园。东、西坪海拔 1200 多米，两侧依傍"涝仓""野峪"两大峡谷。钟吕坪生态植被良好，环境清静幽雅。东坪周围生长着橡树 500 余亩，中坪、西坪周围生长着青冈树 1500 余亩，橡树林与青冈林界限分明，树木端直参天，两抱合围，枝丫交错，遮天蔽日，钟吕坪被遮罩得微露微隐，有"仙家居地"之称。后山有成坡成片的松树和其他树种，春暖花开之际，满山翠绿，山花烂漫，争奇斗艳，蜂鸣鸟语，清香宜人，有"仙家花园"之誉。

钟吕坪以八仙中钟离权、吕洞宾、韩湘子在此修道成仙而得名。钟吕坪由东坪、中坪、西坪构成，东西两坪高耸，中坪较低，三坪之上均建庙宇。钟吕坪地貌奇特，东坪、中坪、西坪三坪面临"仙通沟"，四谷尽收一谷中，顶连"檐店梁"，龙脊直通"桃儿山"怀抱的"大崾咀"，绵延数公里。东西两坪如高突的龙角，形似巨龙纵卧。据明代《眉县志》记载，钟吕坪山不甚高而顶宽平，俗传钟离权、吕洞宾、韩湘子得道成仙于此，故名"钟吕坪"。传说道教北五祖之首祖王玄甫、全真道创始人王重阳及道教当代宗师曹香真等曾在此修道。民间信众在每年农历正月初九（玉帝诞辰日，称上九日）、三月十二日（地母诞辰日）、七月十五日（王母诞辰日）、九月九日（斗姆诞辰日）前往钟吕坪举行规模宏大的庙会。庙会期间，人山人海，锣鼓喧天，鞭炮不断，烟雾缭绕。钟吕坪以其得天独厚的天然园林环境，以道教活动和深厚的道教文化吸引着无数的游人香客登山朝拜，旅游观光，故而久为关中道教活动的圣地之一。

当地传说认为钟吕坪各种宗教场所始建于汉而盛于唐，因唐王朝奉道祖老子为始祖，道教得到空前发展，为钟吕坪的鼎盛和发展创造了良好的契机。在东坪、山神殿、老君洞、中坪、西坪等处建有宫观庙宇，形成了东西横贯、左右连线的庙宇群。清康熙年间，钟吕坪香火旺盛，山下村寨十里八乡筹款集粮重修庙宇。清代理学家李雪木的著作《槲叶集》中收有《重修钟吕坪募缘疏》一文，这篇文章对当时的情况有较详细的记载。清咸丰七年（1857），山下6村再次募集钱粮，对东坪前后大殿进行了整修。民国二十三年（1934），冯玉祥部队剿匪时，部分庙宇遭到焚烧。"文化大革命"期间，庙中塑像被清除。改革开放以来，庙宇得到一定程度修复，现又初具规模。现存的庙宇主要有王母宫、斗姆宫、玉皇殿、山神殿、关帝庙、药王洞、吕祖洞、老君洞等，但这些建筑均已年久失修，破败严重。

从北边的山口向钟吕坪进发，在进山口处要经过一条山沟，三坪两边的4条小山谷在这里交会成一条大峡谷。基于这种天然地形，当地人便附会是传说中的钟离权用仙掌4指掀通4沟会合一处，故而称其"仙通沟"。仙通沟两边悬崖陡壁，达百丈之高，状若一谷开三坪。但遇雨季，"湘子沟"中的山水倾泻而下，飞流奔涌，银河落天。每到冬季则流水成冰，远看呈现出"一柱擎三坪，玉屏映终南"的美景。

四、中坪观音殿与山神庙

沿仙通沟朝山上行进，首先遇到的一处宗教场所是观音殿。观音殿现有三间砖木结构的殿堂，分别是观音殿、山神庙和生活用房。主殿是观音殿，坐西朝东，内供观世音菩萨等佛教塑像。观音殿的对面是一大间生活用房，坐东朝西。场地北边的一座小殿是山神庙，坐北朝南，山神庙内供山神像一尊，两侧墙上有壁画十多平方米，内容为木兰代父从军的故事。另有后汉烈女文姬等像。壁画是民国三十一年（1942）绘成，笔法简练，人物形象生动，有一定的文物价值。三座殿堂构成了一个开放式的院落，院子中间是一个大铁香炉和香鼎。香鼎上铸"钟吕坪道观住持王宗信"及信众姓名。

五、中坪老君洞

从观音庙沿山路向右转，就到了老君洞。老君洞是中坪有名的道教场

第六章　太白山北麓宗教文化遗存考察

老君洞神殿

所，因此处有一个天然石洞，传说当年老子西行时路过此处，并曾在这个洞中修行，故名老君洞。洞后有大殿三间，供奉太上老君、孙思邈、吕洞宾等道教神仙。老君洞大殿依崖而建，采用明清建筑风格，青砖碧瓦，飞檐翘角，房脊饰各种鸟兽，古朴雅致又不失神秘庄严之感。大殿两旁各一间生活用房，前有山门殿一小间供奉太乙天尊。19世纪80年代，全真道龙门派第三十代弟子王兴理在中坪主持复修了老君洞，现任住持为50岁左右的史姓道长。

在老君洞后山的牛槽梁上有"青牛卧梁"景观。相传太上老君驾临钟吕坪后，老君的坐骑青牛爬到山梁顶上，被人间胜景所迷，继而卧观人间，山梁被压成牛槽形状，当地人遂称此处为"青牛卧梁"或"牛槽梁"。

六、中坪玉皇殿、八仙殿

从老君洞再向上朝右行走数里，就是玉皇殿和八仙殿。现有前、后两殿。后殿为旧殿，建筑面积约300平方米，殿内供奉三官、玉皇、三禅师、三霄娘娘等神像，殿内两侧山墙上绘有彩色壁画，后殿窗台下有砖刻对联一副："吕祖成道终南山；龙门坤道发□还。"据此，玉皇殿原来应该是坤道常住修行的地方。前殿为八仙殿，是由香港信众募捐修建的钢筋水泥

中坪玉皇殿

材质建筑，面积约300平方米，殿内供奉八仙神像。在后大殿基座旁有一通石碑倾倒侧靠，其为咸丰九年（1859）"重修正阳山钟吕坪斗姥宫"碑。此外，院内还有一通石碑躺在地上，查看碑文，是清代功德碑。前殿悬挂现中国道教协会会长任法融书法匾一块。殿东侧新建两层生活用房一栋，约200平方米。玉皇殿现住持为白姓坤道，白道姑名叫白崇秀，生于1952年，系半路出家。白道姑2006年到斗姆宫，自己出钱整修庙宇，后由香客和香港信众捐资修建两层生活用房和前殿。

七、东坪道教宫观

从山神殿开始沿山路向东南方向行走数里，就是东坪。相较于中坪庙宇，东坪的庙宇建筑比较集中成系统。东坪庙宇是由广场、庙院和后院三部分组成。广场上有湘子庙一座，坐北朝南，正对前院第一座殿，庙宇约10平方米，中间供奉韩湘子像一尊，左右侍神两尊，两壁绘有壁画约10平方米，内容是八仙故事。

前院是由前后三间大殿和左右数间厢房形成的一个占地二亩左右的四合院。第一座大殿是庙门，也是关帝殿，殿上有一横匾，上书"普度万民"，中间供奉关帝神像一尊，两边分别站立周仓和关平，塑像较为生动。另有

东坪道观

东坪玉皇阁

一尊眼光娘娘神像，手法粗糙。两壁有壁画约40平方米，主要内容是《三国演义》的故事，场面活泼，人物生动，有一定艺术价值。墙上留有题字两幅，一幅写三国内容，另一幅是描写钟吕坪的游记。

第二座大殿供奉送子观音，观音殿两侧有生活用房约10间，一边为砖、瓦、木结构，另一边为土墙、瓦、木结构。

第三座大殿是王母殿，正中供奉王母娘娘神像，左边供奉斗姆像，右边供奉地母像。两侧各供奉8位神像，一侧是上八仙，另一侧是中八仙，塑像手法较为粗糙。整个建筑面积1000多平方米。殿前有光绪年间石碑一通，碑文记述了东坪庙宇的修复历史。

东坪湘子庙

从后殿出，进入后院，后院高处有依山就势修建的三官殿和玉皇阁，两座建筑均为砖木结构。三官殿上下两层，下面一层是上山通道，上面一层是用来供奉天、地、水三官的，但现在有庙无神。从三官殿下穿行而过，攀爬数十米，就到达玉皇阁。玉皇阁在东坪的最南端，也是东坪的最高点，站在玉皇阁上朝南望去，周围的山峰犹如海潮扑面而来，在玉皇阁前突然止住，凝然不动。

东坪在近百年来遭到巨大破坏，20世纪80年代初，由住庙道士张生财、席理真等募捐，组织井沟村一组村民对后殿等进行了修复，并先后重新修建了湘子庙、玉皇阁等。20世纪90年代中后期，又有罗平主持修建西道房9间，从"湘子沟"压管引水到东坪。东坪现有道士俩人，一位是坤道权秀娥，已经在此10年。另一位曾崇高道长，已在此9年，曾道长擅长绘画、书法，抄写了不少道经。据权秀娥道长介绍，东坪原住持张崇玄道士、坤道习理真、居士平先后修复王母殿三楹，玉皇阁、湘子庙各一楹，构建汤房9间，并由山神殿压管二里引水至东坪，解决了长期以来东坪饮水困难问题。东坪在修复王母殿时特意保持了建筑壁画的原貌，使我们能够更直接地感受到历史意味。

在东坪，有关道教的掌故非常多，如有韩湘子手植的"八爪盘龙柏"，有东华帝君王玄甫在此为钟离权、吕洞宾亲授天书的"二仙受书台"，此外还有吕洞宾、钟离权、韩湘子等避雨的"扶腰神石"等。可以说在这山上，似乎每一棵树、每一块石头都与八仙有着千丝万缕的联系。这些传说掌故内容虽有一些牵强附会的感觉，但却透露出八仙中的钟离权、吕洞宾、韩湘子与此地的关系非常密切，这与史料中有关钟吕二仙曾在太白山修道的记载有所暗合。

八、西坪道教宫观

西坪位于中坪西侧的山顶上。西坪地势开阔平坦，建有前后两座大殿，

西坪斗姆宫大殿

均为砖木结构，此外还有西厢房 6 间，灶房 1 间，均为土木结构，全部建筑面积约 600 平方米。前殿供奉八仙，有塑像 8 尊，系现代重塑。后殿为斗姆宫，有塑像 3 尊，中间是斗姆娘娘，右边是黎山老母，左边是王母娘娘。此庙原有一通石碑，现寄放在山下玉皇殿，也就是我们先前看到的那通"重修正阳山钟吕坪斗姥宫"碑。据该碑记载，这是全真道住持刘志鹏的俗家弟子右凤娥四处募捐修建。刘志鹏道长羽化后，现张崇祥道长为住持。西坪的庙会是在每年三月十二日举行。

九、远门口十三宫

（一）远门口十三宫的辉煌

远门口是历史上攀登太白山的主要线路之一，道教活动频繁，香火不断，清末民初更是盛极一时。在这里兴建的道教十三宫，因为各个宫观是由不同省份的人募资修建，故又称"九省十三宫"。据传从唐代开始，这里就有道教宫观，经宋、元、明、清不断增修，最后形成十三宫的规模。宫观庙宇由南向北分阶级分布，河边有三清宫、山西宫、福应宫，中间是万圣宫、保安宫、药王宫、新圣宫、紫阳宫、九阳宫、通天宫、北圣宫，上面是斗姆宫、玉皇宫。历史上十三宫占地达 200 余亩，庙宇 160 多间，塑像数百尊，是陕西道教的一个重要基地。经过近百年的战乱毁坏，现在的远门口十三宫只能从遗址和修复的个别庙宇中领略其曾经的繁盛景况。远门口出现大量外地人在此修建神殿的主要原因，是因为在古代有大量外地人来太白山祈雨，每次祈雨时他们需要到山顶大爷海取水，取水队伍上山之前需要休整并做好登山的准备工作，于是便在远门口修建了属于自己的神殿，在供奉太白神的同时作为休整的驿站。

清乾隆四十三年（1778），郿县知县李带双重编《郿县志》记载，远门口十三宫即玉皇宫、保安宫、山西宫、三清宫、紫阳宫、九阳宫、通天宫、药王宫、福应宫、新圣宫、北圣宫、万圣宫、斗姆宫，闻名省内外。出资重修远门口十三宫的功德主除了眉县本地人外，还有来自周边兴平、扶风、武功乃至山西等省的人。十三宫包括兴平人修的北圣宫、福应宫，山西人修的山西宫（雍正年间称晋皇宫，宣统年间称秦晋宫），保甲里一带人修的保安宫、三清宫，扶风人修的九阳宫（宣统年间称清阳宫），穷人乞丐修的万圣宫，普集人修的玉皇宫，还有其他各界人士修的药王宫、斗姆宫、紫阳宫、通天宫、新盛宫，总计房屋百余间，占地200余亩，常住僧道数十名。其中保安宫是规模最大、影响最深远的一处道观。庚子事变，慈禧西逃至西安，保安宫道士张圆泰频频遣人至西安问候御驾，深得圣心，乃于远门口保安宫立碑勒石，封张圆泰为钦赐玉冠紫袍至道真人。

明清两代太白山上新修或重建的庙宇宫观有一个显著特点，即材质多采用铁质，如大太白池、大文公庙、三官庙、药王殿、太白庙、斗姆宫庙殿多用铁瓦，神像多为铁铸或木雕，功德碑则用铁碑。至此太白山形成了一系列道教古建筑群，远门口和营头口两条入山路线上，从山口直至山巅，每隔10里或20里左右便有一庙宇，如八仙殿、老君洞、黑虎观、大殿、斗姆宫、大文公庙、三官庙、药王殿、太白庙、玉皇殿、真武殿、太阳庙、龙王庙、圣母庙、关帝庙等。宣统时太白山尚有住持道士诵经的宫观庙宇130多处，道士200余人，均受县道会司的约束。

（二）远门口十三宫的衰落

民国时期，太白山多土匪，道居者少，其中大部分文化水平不高，仅仅守庙看山护林而已，正如当时任陕西省政府主席的邵力子所言："太白山从山口到山顶，所有神庙，完全由道士奉香火。我们所遇见的道士，大都知识不足，难以相谈玄妙的哲理，山中的情况，说得不大清楚。但不能责怪他们。他们虽然不懂得植树造林，但总把祠庙附近的林树看护住了。祠庙虽然破败，总能让游人休息借宿。他们的情状，憔悴可怜，但能守死不去，实在应当予以同情。我们在太白山遇着道士，都给予相当的慰藉。同时嘱咐他们，好好保管庙室，看护树林。"

民国时期冯玉祥督陕时，为清剿土匪，对当时被土匪据为巢穴的远门口十三宫及沿山一带庙宇以火焚之，后又经过"破四旧"和"文化大革命"的进一步毁坏，远门口附近的很多道观基本废弃。20世纪80年代以来，住远门口玉皇宫的道士郑明功、王至岳、刘至亮等先后恢复修建了玉皇宫

十三宫之保安宫

三楹，山门五楹。近年来远门口附近的村民又募资投劳重修大殿，将玉皇宫整修一新。另外在保安宫居住的道教弟子也对保安宫进行了整修。

（三）十三宫之保安宫

保安宫建在中阶万圣宫北面，占地近三亩，在十三宫中规模最大，"保安"意味着保一方平安。据说建于唐初，宋元时期进一步完善。修建者是汤峪保甲里一带的群众。原庙为两进院落，山门高12米，宽10米，气势宏伟。进门后左右分别是鼓楼、钟楼。正中是3间前殿，称魁星楼，祀奉魁星神。后殿是主殿，建有5间大殿两座，供奉三位太白神，左右两侧厢房各6间。

民国后期，道士黄祥鹤对保安宫重新修葺，规模可观。民国二十二年（1933），国民政府监察院院长于右任登太白山时为该宫题书楹联曰"泽润生民广而溥；高踞西北雄且尊"，镌刻在山门两边的石柱上。镌刻慈禧太后懿旨的石碑就竖立在该宫院内。

20世纪80年代，懂医道的坤道张爱仙将自己30多年为群众看病积蓄下来的十余万元全部捐出，先后修复大殿5间，南厢房4间，北厢房3间。张爱仙去世后，她的女儿范金莲继承母志，拆去自家3间房屋，把材料用于修庙。后在信众支持下，在大殿中间塑三座太白像，南边塑吕祖，北殿奉药王，南厢房供木刻王母圣像。此外，还奉有观音像、送子娘娘像及老

十三宫之玉皇宫

母像。70多岁的范金莲道长走路时脚步非常轻盈，她还常骑着摩托车到山下采购生活用品。她说自己退休后在这里照顾母亲，母亲去世后，她就顺理成章地接替了母亲的角色。她的丈夫是一位退休的大学教授，是位植物学家，也快80岁了，现在也住在道观里研究太白山的植物。

（四）十三宫之玉皇宫

玉皇宫位于上阶原斗姆宫北，始建于明中期，占地二亩左右。原有后殿3间，前殿5间，南北厢房3间，供奉玉皇大帝、斗姆、王母等神。现存后殿1间，供奉玉皇大帝、王母、斗姆。重建厢房两层一座，约100平方米，钢筋水泥结构。另一座砖结构生活用房。总建筑面积约400平方米。现存咸丰十一年（1861）王母宫铁磬1个，同治十二年（1873）太白山斗姆宫香炉1个。住持为坤道王至岳和刘志亮道长。

（五）其他十一宫的基本情况

远门口十三宫除了保安宫和玉皇宫之外，其他十一宫的建筑均已毁坏，只能从荒芜的草丛中看到一些遗迹。现只能根据当地各种文献资料的记载，勾勒出它们由清末到民国初年的概况。

斗姆宫，遗址位于上靠山坡的上阶南部，占地约600平方米。原庙宇坐东朝西，有主殿 3 间，厢房 9 间，清前期建成，主祀斗姆神。

三清宫，原址在今护林站所在地。位于远门口东河岸南，原址占地1000 多平方米，有主殿及道房 14 间。主殿为三清殿，内供奉元始天尊、灵宝天尊、道德天尊。

山西宫，又称秦晋宫，为山西人所修。原址坐北朝南，占地约 2000平方米，有前、中、后三大殿，两厢侧房 16 间，主祀关圣帝君。据说，宫前、中、后三大殿全部使用铁瓦，铁瓦都是在山西铸好运来，每块铁瓦重 9 斤，长一尺二寸，宽九寸，厚三分。山西宫规模不次于保安宫。

福应宫，位于山西宫以北，坐南朝北，为陕西兴平人所建，占地 1000多平方米。建有正殿 5 间，中殿 3 间，厢房 3 间。殿内供奉太白、吕祖、药王。

万圣宫，建于清初，位于中阶台地南端，北临保安宫。庙宇坐东朝西，传说是穷人和乞丐所建，占地 1000 余平方米。有殿 3 间，厢房 6 间。所敬主神为孔子、孟子，故称"万圣宫"。

药王宫，现已不存，旧址位于保安宫北，清乾隆年间修建，主殿两座，各 3 间，厢房 6 间，占地约 1200 平方米。主要供奉孙思邈，每年六月庙会。

新圣宫，现已不存，旧址在药王宫北，占地约 1500 平方米，民国三十五年（1946）重建。有窑洞 3 孔，外砖内土，宽 3 米，长 12 米，供奉真武大帝。

紫阳宫，现已不存，旧址在原新圣宫北，始建于元末，占地约 1500平方米，建筑坐东朝西，主殿一座，西厢房 12 间。主殿供奉紫阳真人。

九阳宫，建在紫阳宫北侧，清前期始建，面积 1300 多平方米，规模仅次于保安宫和山西宫。有前后两殿，前殿供奉三霄娘娘，后殿祀奉玉皇大帝。中间建有一座高 10 多米，直径约 7 米，上下三层的八卦亭，8 根柱子，每根直径约 1 米，工艺精巧，为十三宫之最。

通天宫，现已不存，旧址位于九阳宫之北，占地 1100 多平方米，清中期建成。整个庙宇正殿三间，厢房 6 间，殿内供奉山神和土地爷。

北圣宫，位于十三宫北端的中央，现已不存，但遗址上还有残垣破房。该宫是乾县人在清朝中期所建，建筑坐南朝北，主殿 3 间，厢房 9 间，殿内奉福、禄、寿三神。

太白山北麓中线沿途主要的宗教文化遗存集中在钟吕坪和远门口附近。钟吕坪的宗教文化遗存由中坪、东坪和西坪三部分构成,远门口附近的宗教文化遗存主要是"远门口十三宫"。从远门口继续上山,就是香山和云台山,这两处地方存留的一些宗教文化遗址,也都是以道教为主。

十、烧香台

烧香台位于眉县县城东南25里左右,是太白山麓的一座小山丘。据资料记载,从明代开始,这里就有道教宫观。有道观一处,大殿前有一高台,被称为观星台,站在高台上北望县城,一切尽收眼底;南观太白山,悠然现眼前。原建筑已荡然无存,现有一位投资者将这里作为一个经营性的旅游景点进行修建。新修大殿三座,生活用房一座,面积1000多平方米。第一殿供奉《封神演义》诸神;第二殿是玉皇殿,两侧供二十八星宿神;第三殿供奉三清,两侧壁画是《万圣朝元图》。殿前的观星台已推平,形成一个小广场,广场上塑造十多米高的孔子像一座。生活用房中有会议室、客房等设施,因为正在修建,这里除了看门的管理人员和塑像的工作人员,再没见到其他游客。

烧香台新修大殿与孔子塑像

十一、王母宫

　　王母宫位于眉县汤峪镇讲渠村正南山交界地带，在人称西府"小华山"的香引山入山口，背靠香山山脉，北望渭河平原，香山河、远门河分列两侧，背山面水，视野开阔，春秋两季，云烟缭绕，仙气氤氲。

　　王母宫作为道教宫观历史悠久，据碑文记载"在明洪武开基"。周至县竹峪镇丹阳观的"历朝敕赐香火地亩碑"记载："本观下院眉县香引山口王母真庆宫香火地六十亩，无粮；东至狼窝，西至河，南至山，北至涧。"由此可以得知，其早在清康熙年间就是周至丹阳观的下院，拥有香火地60亩，而且可以免去皇粮税赋。王母宫历清代、民国及当代，累有400余年，其间香火不断。到清末光绪、宣统期间，本县道士、龙门派第十九代弟子张圆泰住持王母宫。相传此人因为慈禧太后疗疾而声名大振，道观规模更加扩大，收授道徒、再传弟子达30余人，兴修沿香山一线、大霍洛到太白山拔仙台各地道观庙宇100多间，使王母宫成为当时眉县影响最大的一处道教宫观。后来历经浩劫，道观荒芜，杂草丛生。改革开放以来，当地人重修了3间大殿。2002年周至道教信众戴跟全居士"秉王母宫之宗风"重修大殿和南北厢房十多间，平整了道院，铺设了彩砖，从此古老的道教宫观焕发了昔日的光彩。

王母宫存留的清代铜磬

王母宫是太白山流传道士代系最完整的一座道观，从龙门派第十九代张圆泰起，一直到现在都有明确的记载：何明仙，龙门派第二十代弟子，张圆泰的十三位弟子之一，曾随张圆泰一起住持王母宫道务。王至信，龙门派第二十一代弟子。赵理鹤，龙门派第二十二代弟子，民国初年人，在王母宫受戒出家，后在眉县钟吕坪修建老君洞。朱宗玉，龙门派第二十三代弟子，改革开放后，他一直住王母宫，并主持重修王母宫 3 间大殿，并在王母宫羽化。现住观道士庞诚海，是龙门派第二十四代弟子。

尽管王母宫曾经辉煌一时，但随着时光流逝，到现在仅留下两通石碑，即清宣统三年"大炼师一清羽士张真人道行叙"碑一通，民国五年（1916）"墓志叙"碑一通。

十二、云台山道观

云台山位于汤峪镇讲渠村攀登香山的半山腰间，居"终南山之首，太白山之阴"。从山口的玄武关到云台山有两条路线，一条沿半山腰蜿蜒而上，经芦苇沟、欢喜岭、板桥沟、大湾、土地岭即到云台山。另一条道是从玄武关庙下至河谷，沿河谷经朱雀门行至二龙潭，再由河谷东侧上行 250 米即到云台山。云台山之所以称云台山，是因为这里常年雾气凝聚，云低雾重。天晴之日远远望去，朵朵白云从道观后山冉冉升起，非常壮观。按道教人士说这里山环水抱，形如八卦鱼图，云台山道观就处在鱼眼中心，四象隐呈，阴阳谐和，郁郁生机，欣欣向荣，"虽不闻达于世，亦为道林之洞天"。

云台山道观分上下两院，背山面河，坐东朝西，上院有正殿、偏殿及厢房各 3 间，正殿朝西，偏殿朝南，厢房向北，构成一个完整的四合小院。正殿供奉着三清、玉皇、斗姆、药王诸神。偏殿为九天玄女殿。下院坐东朝西，有 15 间两层砖木结构的楼房，为玉皇楼，雕梁画栋，飞檐翘角，气势宏伟。南北两面各 1 栋分别为 5 间厢房和 3 间厢房。整个道院依托山形地势，于陡峭处拓出几块平地，犹如一方人间仙境。

云台山道观创修于元代，至今代更五朝，时历 600 余年，清初时由一位丹阳派张姓道士拓修，被后人称为张祖师。由于张祖师的广泛影响，他所隐修的云台山道观为陇西以东 500 所善堂的总堂，而后传至田姓道士、王姓道士、侯姓道士等，每代都有建造，香火不断。一直至民国时，道观破败，荒芜不堪。扶风县一位叫赵清云的居士看到后十分惋惜，发心再建云台山道观，耗时 10 年之久，带领善男信女重修，建成庙内殿宇 18 间，厨廊 13 楹，依涧建亭 1 座，添设丹房静室 13 幢。从此云台山道观焕然一新，并成为眉县当时规模最大、建筑最为宏伟的道观。庙会期间，岐山、扶风、武功、周至等各地香客往来，络绎不绝。至 20 世纪中叶，由居士冯某常住，此后因道观年久失修，再次衰败。改革开放后，讲渠村信众合力修复了斗姆宫，又有眉县西关村任勇周依原制修复玉皇楼，岐山枣林乡吴志贤约同马家庄马会，本观住持刘明道，住观道士陈丽贞、陈利英和孙至真修建了九天玄女殿，渭北、哑柏信士权秀梅、罗智荣、石彦鸿修建了厢房 8 楹。自此云台山道观基本上由全真道龙门派掌管。

道观至今还保存着一通民国时的碑碣，文字优美，故抄录于后。

《继建云台山道观碑》：

次世界大战风俗下，盖时权利之争，人民雁苦，而于崇神尊道诸端日益鲜，余于建修俗三宝总善堂，庙院赵居士清云之善行，有感焉。按：俗三宝总善堂，本出道家，盖道讲修心炼性之妙术，莫究故称堂祖。道门丹阳派，移道家修炼之法与其门，意谓精气神，为人生三宝果。收而敛之，而静之，扩而充之，则长生圆顿可致矣。俾世俗之人进于救苦，祈祷者入其门，均有法可循。至此而三宝善堂鼎盛一时，分布于秦西陇东者，五百余堂。云台山即张祖潜修之地，亦即总堂之所在也。其地层峦叠翠，激湍静池，南瞻香引之峭，北瞰渭水之波，对山类之神坐，巅以虎踞之势。深幽静，万籁成空，洵修持之至境，人间之仙府也。斯山居太白之阴崩，治东南。其庙，创于元时，盛于清初。张傅自张而后而田而王而候，诸祖师代有建造，俱载金石毋庸繁赘。适至民国，造兵匪频，仍以沾山为甚。十八年，关中大饥，盗贼蜂起，阎闾荒芜，庙院废墟。斯山面遭官兵焚毁，片瓦无存。所倾赵居士矢志修持，拂忍弃神，遂营别业于山外朝阳洞。勤耕苦修，四方善男信女赖以存活者甚众。劫后粗靖并力经营。沟渠村下院田家坡别业旋，均蒸蒸日上，俭中积资，商同众谋，继建山院。十年之间，厥功告竣。庙内殿宇十八间，三清与门厅轮奂，厨廊十三楹，南廊共北厢，翚飞中央。玉楼神祇，凭依创建亭池一座，蓄贮饮水，今后过客无露宿之苦，逢会免涸腹之虞。尤以上宫添设丹房静室十三幢。而修者积便，今秋七月落成。圣会士女如云，余至省假得观壮举，目观工程之伟，精思结构，赖赵居士推动之力所致也。居士扶风人，自幼持志贞洁，勉励勤俭，一团和蔼正直之气，后进女士见者恒起敬爱之心。数十年未置家私，近目外功已成，居山静修，将来可为斯堂真人，可预知焉！故乐为宛述其事，比世人之争逐自私之辈见。此将何以为怀？是为记。

十三、香山道观

香山又名香引山，位于眉县小法仪镇郭家寨的远门沟中，距离山口 15 公里。这里原是攀登太白山的一条古道，后来由于太白山汤峪景区的开发，已经很少有人从此登山。香引山分为南香山、北香山。南香山海拔高度 2000 米以上，位于仁儿沟峡谷顶端北部，有东西两座山峰。沿峡谷豁口西下 30 米，北向绕行 1 公里左右，就可以到达北香山。北香山比南香山低 100 米左右，峰间石阶小路相互连通，水平相距大约 1 里地。险峰巍峨，怪石峥嵘，奇松相映，景色独特，集险、峻、奇、秀于一身。每座峰头大都建有大小规模不同的小庙。现存庙名分别是玉皇阁、菩萨殿、王母宫、弥罗宫、药王山等。

由于香山独特的自然环境，这里的庙宇规模小、数量多，建筑年代已无从考证，据传这里建庙的历史最早可追溯到宋，主要是因为一段香獐引路的故事引发的。主要的建筑在北峰，因为北峰山顶相对开阔，建有太白殿3间，玉皇殿3间，坐北朝南，厢房一幢，坐东朝西。南香山西峰顶端建有3间小庙宇，凌空欲飞，地势险峻，旁边有清代眉县槐芽人竖立的石碑一通。据说过去香山各峰都有碑文介绍，最早见诸金石记载是明嘉靖年间，之后曾有万历时修建庙宇的铁瓦和清以后的残碑，现已无存。据"关中三李"之一的李雪木《创建少白山真武殿记》记载，早在清顺治时，有一位名叫吴真元的道士，在南香山西峰创建了玉帝殿3间。后来有"眉人某某来山中，仰见南山诸峰，罗列峭拔，如锦屏障空"，就修建了真武殿一楹。从康熙到光绪，历代都有修建。清末眉县县令赵嘉肇，自号倔道人，他和弟弟等一起攀登太白山，从香山脚下经过，并写了《太白纪游略》，对香引山庙宇创建是这样介绍的："望香岩山，观音大士香烟地。一曰白獐引山，据云：昔人登山无路，见群獐导引，攀萝折葛随之，逾数丈，径壑然癖，遂修路建庙于上。"民国期间，清剿土匪，这里的庙宇遭受焚毁，"文化大革命"再遭破坏，山上的庙宇消失殆尽。改革开放后，这里相继恢复了一些庙宇，但规模还是较小。

明末清初，李柏还为香山真武殿修建撰写了《创建少白山真武殿记》，其文如下：

> 太者何，太白也。何因呼而少白，太白支山也。《易》有太阳、少阳，太阴、少阴，数之对待者也。故山有太室、少室，太华、少华，有太白，何可无少白也！故曰：因也。先是顺治初，有道士吴真元，居太白山小阁集，仰见西山奇峭，攀藤登巅，爱其风景幽旷，乃建玉帝殿三楹。嗣是郿县某某来山中，仰见南山诸峰，罗列峭拔，如锦屏障空，乃扪萝梯石陟其巅，得奇峰焉，似锐笔刺天，松木森郁，爱凿石伐木，寸削尺铲成朴窝，建真武殿一楹，土木真相，金黄衣裳。四方携香火游山者，遂以神视之矣。戊辰夏四月，乞柏言为记，时有楚客闻而哗曰："真武成道太和，何得祠眉？"柏曰，独不观云在天、水在地，本不必在上下、四方、

深山、长林，而在乎人心方寸之内也。先儒曰："个个心中有仲尼。"则个个心有真武，不可像也，不可像而求诸像。是土木黄金之真武，而非真真武。何也，真真武在人心方寸之内，而不在乎深山、长林、土木、黄金也。客以柏言为近于道也，书之以勒少白山。

第三节　营头镇到大文公庙沿线

北麓西线沿途经过的宗教文化遗址主要有莲花洞—大通寺—进林寺—蒿坪寺—中山寺—下白云—上白云—骆驼树—菩萨大殿—平安寺—斗姆宫—明星寺—放羊寺等十多个，行程 90 多公里，最后在大文公庙与东线、中线会合。

一、莲花洞

莲花洞道观位于眉县营头镇红河谷入山口，依山而建，鳞次栉比，上下 5 层，错落有致，是久负盛名的道教圣地。相传莲花洞始建于道光年间，因此地莲花献瑞而得名。

20 世纪 50 年代道观遭毁。1995 年坤道罗法莲入住此观，香火日盛，

莲花洞道观

信众捐财献物，建楼箍洞，逐渐恢复道观面貌。罗法莲 27 岁拜王进道为师，为道家龙门派第二十九代弟子，1980 年在汤峪龙凤山出家。三年后住汤峪青牛洞，两年后住扶风绛帐老母洞，6 年后由引保人李金顺、党得修、王春莲引介，往四川峨眉山九莲堂朱得修门下为徒。罗法莲入住莲花洞后，托钵沿门、走村过社、广结善缘、募化钱粮，以年迈病弱之躯，如滴水穿石，在多方善男信女的支持下，历时数十年，花费上百万，为莲花洞建庙宇四层，厢房十余间，使古观初现规模。由于多年劳累，罗法莲于 2012 年仙逝，并留下遗愿，要把莲花洞道观的建设继续完善，继续改造，修建庙宇、厢房，并修建一条跨越红河的桥梁，解决往来香客渡河的问题。

二、大通寺

大通寺原称显洞寺，位于红河谷入口的西边山崖间。在太古时期，这里曾是一片汪洋大海，由于地质运动出现了 7 孔自然山洞，后来人们便因洞设寺，故名显洞寺。由谷底望去，云雾缭绕，陡峻奇险，有一条步道蜿蜒曲折，盘旋而上。上到山腰，地势平缓，竹树林立，环境幽静，显洞寺就掩映在绿树之中。据传显洞寺初建于隋唐，盛于宋初，毁于明清。经过一个多世纪的沉寂，改革开放后，有人在此重塑佛像 4 尊，宗教活动开始逐渐恢复。1992 年僧人界通禅师从河南白马寺来到显洞寺，联络魏林、任本等僧人移石起台，拓荒奠基，重塑佛祖金身。经过 20 多年建造，显洞寺已然成为当地一座肃穆庄严的佛教寺院。2016 年显洞寺更名为大通寺。

三、进林寺

进林寺，又名靖林寺，据说为唐初鄂国公尉迟敬德所修。该寺位于眉县营头镇附近的山脚下。寺院占地 7 亩左右，建筑面积约 2000 平方米。该寺院现有大殿 3 间，分别是天王殿、大雄宝殿和三圣殿；小殿 3 间，除了供奉关帝外，还供有玉皇等道教神像。该寺院历史久远，但古代建筑悉数毁坏无存，现有的殿堂是 20 世纪 90 年代当地佛教居士恢复修建的，也是眉县佛教协会所在地。寺院有生活用房两间，原来的老僧人已于几年前圆

第六章　太白山北麓宗教文化遗存考察

进林寺院内

寂，后来常有不同的僧人住寺，但最终又离开了。现在又有一位年轻的僧人住在这里，他说这里居士不多，进香火的游客也少，除了庙会期间，平时还是比较冷清的。

四、黑虎观

从进林寺乘车继续上山，到达北坡海拔 1100 米处，就是道教庙观黑虎观。黑虎灵官是道教中的重要护法神之一，但单独作为主尊敬奉的庙观比较少见。该庙观现有庙宇 3 间，生活用房 6 间，均为砖木结构，建筑面积 400 平方米左右，有新立青石碑两通。根据重修庙观石碑记载，这里也曾是一座老庙，但古建筑全部毁损无余，现有建筑均为 1994 年后重修。现有一耳聋道人长期住庙看守。我们与其交流非常困难，在其前言不搭后语的谈话中得知，这庙主要是附近村民修建的，他在这里已经生活 19 年了，因不认识字，所以就无法完成诵经等活动，平时的主要工作内容就是烧香看庙。

黑虎观主殿

五、蒿坪寺

从营头乘车出发,沿途经过进林寺,最后到达公路的末端,便是蒿坪寺。蒿坪寺坐落在浅山与深山的交界处,从此上山无法乘车,只能步行。蒿坪

蒿坪寺圆通宝殿

寺在太白山北坡海拔 1280 米处，寺院占地约一亩，现有庙房 13 间，有两座大殿和几间生活用房。寺庙整体规模不大，但布局紧凑，有几位比丘尼师父和几位女居士在此修行生活。该寺始建年代不详，但根据碑文内容推算，不会晚于明代，20 世纪 90 年代重修。现存道光、同治年间石碑各一通，近年新修寺院功德碑 4 方。

蒿坪寺现由几位尼师常住，还有当地信佛的老年妇女常在此与她们一起生活，经过多年的化缘募捐，她们竟然修起了一座雄伟壮观的圆通宝殿。

六、中山寺

中山寺位于太白山北坡海拔 1360 米处，有庙宇 15 间，砖木结构，面积约 500 平方米。据传该寺院始建于唐贞观年间，寺中曾有一尊贞观四年（630）的菩萨像，石像系汉白玉雕琢，通高 0.92 米，头高 0.32 米，肩宽 0.39 米，座高 0.75 米，座长 0.78 米，座宽 0.27 米，半跏趺坐伏狮，头戴莲花冠，胸佩莲花璎珞，腰系宽带，右手握带，左手放膝前，面容丰满慈祥，形象逼真，栩栩如生，是一尊文殊菩萨像，石像背后有"唐贞观四载玄奘□"字样。据此推断，中山寺的建造和玄奘有密切关系。需要注意的是，贞观三年（629）玄奘已踏上西行求法的道路，并在这一年七月到达高昌（在今新疆），那么贞观四年（630）没有在眉县造此石像的可能。"载"作为纪年方式，在唐代仅出现于武周年间和唐玄宗天宝年间，似乎可以认为这尊石像并非贞观年间旧物，而是武则天或唐玄宗时代之物。比较符合事实的推断是，玄奘西行时曾路过太白山，并和中山寺有过渊源，后来为了纪念玄奘，后人制造了这尊石像，将当时通行的纪年方式"载"用在这尊石像铭刻上。该寺院多次毁后重建，清道光、光绪年间重修后又毁坏，重建于 20 世纪 90 年代。寺院整体保存较完整，现存雍正四年（1726）重修碑一通，还有 1993 年所立重修碑一通。中山寺现一直由住持释戒辉常住管理，戒辉禅师在当地佛教界是较有名的高僧，我们见到他时他已经 80 多岁了，卧病在床，由侄子一家看护。

七、下白云观

从中山寺出发，沿山道继续前行，到达太白山北坡海拔 1586 米处，爬上一段陡坡，就是一块四五亩大小的平地，在周围树林的掩映中，有一座院落，院落门前小路两边有菜地，地里种着各种蔬菜，一派生活景象，这里就是下白云观。道观院落面积约占一亩地，院内有大殿两间，前殿供奉玉皇大帝等 5 尊神像，后殿为太上殿，供奉三清等神像，有生活用房 3 间，均为土木结构。有铁磬 1 个，铭文记载其为全真道道士所铸，还有 2012 年重修宫观功德碑两通。这里未见有常住僧道，但有人定期打扫管理。

下白云观

八、上白云观

从下白云观继续前行数里路，到达北坡海拔 1860 米处，就是上白云观。上白云观没有院落，平地上有三开间的殿堂 1 间，殿堂两边有生活用房数间，有现存庙房 3 间，生活用房 3 间，土木结构，庙宇总面积约 300 平方米，有 2000 年重修碑一通。据该碑记载，现建筑为 20 世纪 80 年代后期修建。另有全真道弟子新铸铁磬 1 口。

从营头镇出发登太白山的这条路线沿途遇到的大多数宗教文化遗存是

上白云观

佛教的，这说明这条山谷在历史上曾经是佛教僧众比较集中的区域，这与东边的远门口和钟吕坪是道教文化集中的区域形成了鲜明的对比。因此，上白云观和下白云观最早有可能也是佛教寺院，尤其是 1960 年在上白云观出土的唐代汉白玉浮雕佛像更加有力地证明了这种推断。后来上白云观被道教接收，这里便更名为道教的宫观。

九、骆驼树庙

从上白云观出发，沿着山道继续前行数公里，到达北坡海拔 2047 米处，远远看见一棵百年大栎树横亘在山道上，其形状就像一只骆驼横卧，这里有庙宇一座，因该树形似骆驼，故该庙宇名为骆驼树庙。该庙宇重修于 70 年前，现有庙房 4 间，土木结构。庙宇内无人看管，庙门紧锁，无法得知庙内所供何方神圣。

十、菩萨大殿

从骆驼树庙步行上山两公里左右，就到达菩萨大殿，这是当地比较有名且香火比较旺盛的一处佛教寺庙。菩萨大殿在太白山北坡海拔 2279 米处，

菩萨大殿的佛殿

现存大小庙房 8 间，建筑面积 2000 平方米左右，有 1940 年的石碑 3 通，新塑佛像十多尊，属佛教活动场所，保存较好。

据《眉县志》记载，眉县有一座洪武寺，曾是眉县最大的佛教道场，是菩萨大殿的上院，该寺现已毁坏无存，遗址就在现在的洪寺中学。当地人传说，明太祖朱元璋在眉县行军打仗时得到观音菩萨的显圣护佑，故其做皇帝后专门下旨修建了菩萨大殿。这种说法虽只是一种民间传说，有牵强附会之嫌，但其中也包含了菩萨大殿可能修建于明代的信息，原存康熙年间的重修菩萨大殿石碑碑文的内容也完全印证了这个情况。

菩萨大殿现无常住僧人，由当地的居士团体管理和维持，和其他庙宇道观的冷清衰败相比，这里就显得繁盛多了，院子里有十多个人前前后后地忙碌着，还有两位女居士专门为我们做了一顿饭。院中现有殿堂 3 座，一座是大雄宝殿，一座是观音菩萨殿，还有一座是天王殿。

十一、斗姆宫

从骆驼树庙开始，就逐渐进入原始森林区，山路也越来越难走，只能靠当地的向导在前引路。太白山不同高度分布的不同树种的天然林带非常

第六章 太白山北麓宗教文化遗存考察

斗姆宫遗址

鲜明，脚下踩着多年积累的落叶，就像踩在地毯上，非常舒服，但前行却显得格外费劲。路两边的树皮被羚牛啃得伤痕累累。有些大石头上还有刺鼻的尿臊味，向导老孙说那是山豹的尿味。在原始森林中绕行 20 多公里，就到达太白山北坡海拔 2840 米处，道教庙宇斗姆宫就坐落在这里。从斗姆宫遗址来看，建筑占地面积约 1500 平方米，这里曾经有较大规模的建筑群，但现在除了一间小房还算完整外，其他殿堂均已坍塌，破败不堪。庙内一铁香炉上书"道光二十三年十二月吉日造"。庙旁边有李居士碑一通，道人墓一处。

我们遇到几位采药人在废墟中休息，攀谈中得知他们就是眉县本地人，其中一位姓贾的中年男子是中医大夫。贾大夫说自己原来一直很关照这座庙宇，前几年这里曾住过一位僧人，他还帮其维修过这里的房子，但后来那位僧人离开了，这里就越来越破败了。

十二、平安寺

从骆驼树庙出发，穿过红豆杉林带，到达太白山北坡海拔 2780 米处，绕上一座山头，有一片五六亩地大小的山坪，这里是平安寺的遗址。平安古寺的建筑遗存几乎了无踪影，现仅存一座土墙蓝色铁皮顶的大殿，殿内既是供神的地方，也是管理人员住宿生活的地方。殿前屋檐下有一通题为"太白山平安寺重修碑记"的石碑，碑文称："太白山平安寺始建至今一千三百余年，清光绪二十九年夏六月，张清等公好善之士募施重修，至今近百年之久。庙殿失修，房屋倾覆，神像被移露天淋漓，朝山拜佛无处歇宿。于1994年由眉县齐镇南门村原理事会筹备，委托庙主李至长鸠工募匠，重建平安寺正殿三间，庙貌焕然一新，雄伟壮观。为使虔诚信士忠心敬佛之功德不致

太白山平安寺重修碑

湮没，故立石以记之。"石碑上记载的"焕然一新，雄伟壮观"的大殿就是指眼前的这间犹如临时工棚的大房子，看来碑文中的有些溢美之词，往往与现实是有差距的，至少在这里是。

看庙的是一位60多岁的张姓老头，张老头说他就是本地人，现在想在这里当道士，但道士证办了很长时间还没办下来。听说我们是调研的，老头就从床下搬出了几尊破烂的铁铸神像和铁碑，其中一个铁神像的头已经被砸掉了，神像的背后有"水官"字样。刚开始以为铁神像就是黑色的，为看清上面的字，用抹布擦了一下，铁神像竟然露出金色来，最后才发现这个铁神像是镀金的。我们又翻出了一个神像头部，安在铁神像身子上，刚好是一体的。我们又将几块散落在院子里的铁碑碎片凑在一起，能看出来这是一通很大的铁碑，铁碑上铸着"太白山平安寺"等字样，但现在只

能看到这样几块碎片。

在院子里，看到一个盆状铁器埋在地上用来盛烧纸灰，外面只露出一圈圆边，我们将其挖出来洗掉粘在上面的泥土后才看清，这是一个铁磬，磬上的铭文："直隶天津县丛林创作太白山明心寺，胡至玉，宣统二年岁次京口孟夏吉日。"从这些铭文来看，这个铁磬原本属于明心寺，而且明心寺为直隶天津县的佛教丛林一个叫胡至玉的人所创立。该寺院现在称为"明星寺"是讹传，其原名为"明心寺"。

十三、明星寺

从平安寺出发，绕过很多山头，也穿过很多山谷，有些地方只能手脚并用地往上攀爬。印象最深的是原始森林中的高山杜鹃林，杜鹃树都不大，最大的树干胸径也就十多厘米，但树木非常密集，几乎是一棵挨着一棵，树枝相互穿插缠绕，在小路两面形成了非常牢固的树墙，好像被风吹过一样，整体性地斜向一方，人和大型动物很难在其中穿行。

到达太白山北坡海拔 2890 米处，就是明星寺遗址。这里是一面高耸的山崖，山崖前面有一块两三亩大的平地，山崖前现存破庙一间，土墙，瓦顶，木板门。根据我们在平安寺发现的铁磬记载，明星寺原名"明心寺"，

明星寺遗址

在平安寺发现的介绍"明心寺"的铁磬

是直隶天津县的佛教丛林在这里创立的一座佛教寺院。这里又发现了一个铁磬，上面铭文记载"中华民国二十五年三月"对这里进行了重修。由于当地人以讹传讹，现在这里被称为"明星寺"。当前的明星寺已经破败不堪，庙宇年久失修，屋顶已经穿了好几个大洞，屋内供奉神像的龛台上也没有神像，屋内一片狼藉。

庙宇旁边的石崖下有一道天然凹进去四五米深的石檐，石檐下形成了一块二三十平方米的空地，有人把庙宇的两扇门板卸下来放在地上当作临时床板。石崖旁边又有一石洞，石洞内有细细的山泉水流出。由于明星寺距最近的庙宇上下都有 20 多公里，所以这里就成了上下山休整的中转站，游客走到这里如果时间来不及的话，也只能在这里歇脚过夜。由于庙宇内环境极其脏乱，所以很多游客就会在石檐下休息。从地上大量的灰烬和很多丢弃的燃气罐等垃圾可以看出，曾有不少人在这里休整过夜。

十四、放羊寺

从明星寺出发到放羊寺，全程 40 公里左右，穿行在原始森林中，山路越来越陡峭，也越来越狭窄，我们一行走了数十里，只碰到一两个采药人。

放羊寺遗址

到达太白山北坡海拔 3060 米高度，在几座山头相会之处有一块一亩大小的平地，就是放羊寺的遗址，这里地势开阔，周围山头深谷尽收眼底。据当地人说原放羊寺内有一石羊，20 世纪 90 年代被毁。遗址上现仅有一间临时搭建的草棚，棚内供有太白神位，有烧香的痕迹。

放羊寺又名芳香寺，在当地方志中有关记载比较多，但当地人更习惯称其为放羊寺。当地人对放羊寺名字的来历还有一种合理的解释，因为太白山顶很多建筑大量地使用铁瓦，山高路窄，靠人力很难把铁瓦运送到山顶。后来当地人就想了一个办法，在这里养了很多羊，每天早晨给每只羊身上绑两片铁瓦，牧羊人赶着驮着铁瓦的羊群，一边放牧，一边向山上进发，瓦片运送到目的地后，又赶着羊群返回这里。因此这座寺院后来就叫放羊寺。

从放羊寺继续上山，经过 20 多公里的山路跋涉，最后到达大文公庙，在这里西线与东线会合。与东线和中线相比，西线沿途的佛教寺庙更多一些。据说以前这条线也是上太白山的一条主线，但近几十年来东线公路的开辟，使中线和西线的行人越来越少，这两条路线也越来越缺乏维护，很多路径几乎被荒草埋没了。

第四节 大镇沟太白山沿线

一、观音堂

观音堂原名观音寺，位于眉县东南约 35 公里的大镇谷中。谷内奇峰连绵，水流蜿蜒。古寺背靠岩崖，坐西向东，依山面水。周围草木茂密，植被完好，古寺便掩映在一片翠绿之中。每逢春秋，云烟缭绕，雾气氤氲，更渲染了这里的幽深和神秘，地势山形构成了一处天然的游览胜地。

观音堂据称创建于唐天宝年间，依山凿洞，以洞为寺，香火相传，至今达 1200 余年。清时重修，并铸造铁像 5 尊，20 世纪 50 年代末，毁于大炼钢铁中。60 年代前期古寺被当地山民侵占。70 年代山民搬迁，寺院荒废。

观音堂大殿　　　　　　　　　　　　　　　观音堂石窟

80年代后期，佛家僧尼通海禅师住寺礼佛，翻修了寺院，清理了古佛洞，重新在里面供奉了佛像，恢复了每年一次的古庙会。90年代末通海圆寂后，其弟子心法继续住持寺院佛事。2000年以后，相继重修了寺院大殿、僧房、寮房、厨房，使这一古老的寺院重新获得了新生。

二、大镇沟莲花山庙

　　眉县莲花山位于横渠镇的大镇沟内，由大镇沟口到达莲花山十多公里，因其周围有五座山峰，布局犹如一朵盛开的莲花，因此当地人称其为莲花山。莲花山古寺始建于何时，已无明确记载。清代时曾有当地生员段景云为重修"无生圣母庙"题写碑文，记叙清代时这里就是宗教活动场所。现在的莲花山是当地一座儒释道三教合一的宗教文化名山，每年农历的六月十九日举行庙会。由于莲花山景色优美，影响较大，因此在庙会期间，方圆百里的善男信女和游客前来参加者络绎不绝。

　　莲花山庙最早是一座佛教寺院，后来庙宇年久失修，破败不堪。2000年左右，当地村民与各地信众主动募集资金，对莲花山庙的部分殿堂进行了修复或重建，而且莲花山庙供奉的对象也并非纯粹的佛教人物，所以现在看到的莲花山庙新旧共存，三教合一。

莲花山庙新修复的大殿

三、玉峰观

玉峰观位于眉县横渠镇跑安村北端，坐西朝东，背靠安坡梁，面对泥浴河，南有桃园坡，北有柏树坡。绿树合抱，环境幽深，是一处难得的修行之地。这里民风淳朴，民众安居乐业，承平景象，世泽绵绵。

玉峰观初建年代已经无法考证，从现存的清嘉庆六年（1801）《重修玉峰观记》碑文可以得知，早在明朝景泰七年（1456）曾经重修过，以后又历经明万历、清康熙等多次修葺。到清嘉庆年间，淳朴的乡民，感念玉峰观破败景象，发善心，立大愿，"恨力不给，财不足，爰聚老成，募化四方，而于嘉庆元年成"。郁郁苍山，悠悠岁月，玉峰观历经明、清、民国和当代，几经兴废，长达 500 余年。时至今日当地仁人志士善念尚存，再修古观，重续香火。所有这些，都证明了中华民族传统文化源远流长，常青不老。

玉峰观现存清嘉庆六年（1801）"重修玉峰观记"石碑一通，古焚香台柱一个。焚香台柱由圆形莲花顶、四棱柱及莲花底座组成，形制独特，为关中明清时期一种特色鲜明的道观构件。四棱柱上隐约有字，但笔画模

玉峰观现状

糊难辨，年代无从考证。《重修玉峰观记》碑文如下：

> 凡物有成必有败，有盛必有衰，有兴必有废。不终衰败，不
> 败者难，曰天道。抑亦有人妻为庵，沟堡之有玉峰观，由来旧矣。
> 所可志者大明景泰七年，前妻重修，后至万历年间，复为像。至
> 大清康熙五十八年，又加增补，至今风雨飘摇，墙垣颓圮，神像
> 将做雨露之泥，栋梁几为无焰之本。村人等目击心伤，感慨唏嘘，
> 欲继垂□之心，仍作旧惯之举，恨力不给，财不足，爰聚老成，
> 募化四方，而于嘉庆六年成。有败有盛，必有功告之巅，焕然一新，
> 将见几位荒山野林之废迹，复成该宇□墙之圣地，□不为前人一
> 继，后人一壮观也，有以举之、扶之、□之，而不至终废、终衰、
> 终败也巳，是为记。
>
> 嘉庆六年岁次丙辰梅月毂旦

太白山地区的道教宫观大多数由龙门派住持，但玉峰观在流传中曾经

作为楼观台的下院，玉峰观的名字就是由当时楼观台住持命名的，因其地处眉县和周至县交界地带，因此在历史上玉峰观的传教活动与周至楼观台、丹阳观等相呼应，往来密切，道士的派住和流动也与楼观台有很密切的关系。

四、凤栖庵

凤栖庵位于横渠镇大镇村赵福沟，坐北朝南，南面张载墓所在的迷糊岭，西临曹南沟。岭环水抱，柏树森森，碑碣矗立，古朴典雅，远离红尘，是一处适宜清修的好地方。

据传凤栖庵创修于唐代，现有碑文记载清雍正年间重修。建筑风格古朴，雕梁画栋，墙体壁画，飞檐翘角，镂空门窗，花纹细腻。虽历经岁月渐有毁损，但20世纪90年代，在住庵道姑的主持下，又恢复了昔日的丰采。现在的庙宇沿袭旧制，上殿3间，中塑玉皇大帝，左右侍立五谷之神；中殿3间，塑斗姆，两旁侍童对立；西厢3间，中敬关圣帝君，左为药王，右为送子娘娘。山墙多为壁画，题材多神仙故事，壁画人物形神兼备，栩

凤栖庵殿堂

妙真寺大殿与厢房

栩如生，设色古朴，一派静气，令人产生一种思古之幽情。在王母宫西北一里许的地方，有一个自然村名叫凤栖庵，据当地人讲这里过去也曾是一处道教活动场所，其与这座凤栖庵有什么联系，有待进一步考证了解。

五、妙真寺

妙真寺位于眉县横渠镇万家塬村南的凤凰台上，这里南靠太白山，北临二谷流水，孤峰独立，台塬高崎，地势开阔，北望秦川地，千畴百亩，绿树历历，屋舍俨然。南接夫子岭，龙走蜿蜒，橡林葱葱，仙气氤氲。南有九顶莲花峰，北与佛教圣地法门寺遥相呼应。

妙真寺历史悠久，渊源深厚，据寺内碑记该寺始建于明万历年间，曾在明末清初多次重修，清光绪三十年（1904）再修。民国初，新盖大殿三间，开凿窑洞5孔。先后有左林等5位禅师住持寺院佛事。2003年在当地信众的努力下，先后重修了大殿、厢房和山门。现由蒂莲禅师等常住，每年三月初八、七月三十日、腊月初八举办庙会，在当地有一定的影响。

第五节　齐镇太白山沿线

一、圆觉寺

圆觉寺过去叫上龙王庙。有僧人海明禅师见这里依山临水，土地平旷，位置适宜，就发愿将这里建成一方佛家圆通圣地。于是呕心沥血，多方化缘，倾其全部积蓄，历经数载终于建成圆觉寺今天的规模。圆觉寺建有圆通大殿7间，建筑基本上是砖木结构，很少用水泥钢筋。大殿供奉26尊神像，全部用香樟木雕刻。大殿宏伟，色彩饱满，是眉县境内建筑规格、规模以及品位最高的一处佛教寺院。

"圆通"是观音菩萨的32个法号之一。据佛教经典记载，观音是耳根通即六根（眼、耳、鼻、舌、身、意）通的菩萨，能听到世间所有苦难的呼救声，故名观音。圆通即观音的代名词，其意是"不偏倚，无阻碍"，圆满通达。海明禅师以圆通命名寺院，体现了其弘法的旨趣和追求。

恢复修建后的圆觉寺

二、石佛寺

石佛寺位于齐镇齐西村，这里曾是褒斜古道的出山口，也是太白山西侧一条重要的通道。《眉县志》记载唐时这里就曾建有西明寺，该寺后来几经兴衰，现在基本毁坏无存，仅有当年寺院中的一棵千年老槐树仍然存活。

2000 年以后，由当地信众在原址附近恢复修建，取名石佛寺。现任石佛寺住持本超禅师是眉县本地人，1986 年在扶风法门寺随澄观老和尚剃度出家，1993 年受师父指派赴四川成都文殊院佛学院学习佛法，此后跟随多吉布仁钦大堪布学习藏传佛教，2002 年获得格西学位。2006 年 2 月，本超禅师受眉县居士奉请住持齐镇石佛寺，以弘扬藏传佛教文化为主。2007 年，经过国家宗教局批准，石佛寺为宝鸡地区藏传佛教样板丛林。为了更好地弘扬佛法，传播佛教文化，经过本超禅师数年努力，石佛寺于 2009 年 2 月建成舍得塔一座，供奉大日如来、文殊菩萨、普贤菩萨像三尊。2013 年秋，又建成药师佛殿一座，内供药师七佛、五色文殊、韦陀菩萨等。现石佛寺已经成为该地区具有重要影响的藏传佛教寺院。

石佛寺原址上的大槐树

恢复修建后的石佛寺

第七章

太白山周边其他宗教文化遗存考察

第一节　太白县宗教文化遗存

从太白县登太白山主要有三条线路，由于这些线路行人稀少，沿途道观寺院寥寥无几，主要的宗教场所有眉太路沿线的青峰山古寺、鳌山白起庙等。

一、古青峰山禅院

青峰山位于太白县高龙乡境内，距县城 25 公里，系太白山北部支脉，最高峰海拔 2242 米，由中峰、北峰、东峰、西峰和南峰五峰构成，群峰环绕之中是一个小盆地，呈莲花状，盆地平坦开阔，五峰环状相连，林间曲径幽邃。青峰山古寺在盆地中依山而建，从其遗址来看，寺院曾经的规模较为壮观。

据史载，青峰山青峰禅院（即上院）初建于南北朝时期，盛于隋唐时期，规模宏大，有庙宇、斋房 70 余间，常住僧众 300 余人，为唐皇室进香朝佛之名寺。后晋天福二年（937）又建万寿禅院（即下院）。明代时，青峰禅院殿宇气势壮观，回廊阁亭相连，成为王府山坊。至清末，青峰山禅院仍为西府著名佛教寺院。

青峰山的中峰为古青峰道教活动的中心区域，有青峰山道观一座，其地势开阔平坦，条石砌成的地基遗址达数千平方米，石雕精致。殿后崖壁上有摩崖石刻"云开锦绣"4字,相传为尉迟敬德挥鞭所题。西北涧下有夏日尚存余冰的大寒洞,有相传为清虚道德真君修行的紫阳洞,有阿罗汉隐息修炼的罗汉洞。北峰有铁瓦覆顶的大佛殿,有明代铸造的大钟一口,殿后有敲之回音不绝于耳的八宝石和构造奇巧的塔楼。从佛殿西边,经过玉皇庙,盘旋上山,经巨石悬空、天然生成的"神仙桥",再经巨石矗立、顶平方正的棋盘石,沿松林崖畔小道即可攀登至壁立千仞、古松苍虬的绝壁顶。此处云绕雾漫,崖高涧深,山风呼啸,松涛阵阵,俯瞰群山,五峰景色尽在脚下,相传为唐英灵公主殉情处的"舍身崖"。改革开放后,道士李崇阳住持青峰山道观,崇阳道长在 1989 年加入中国道协并受戒,有道徒 4 人。

东峰景区主要有南天门、石法船、东台、公主墓、太子坟等景点。西峰有造型奇异的漏(落)米石、黎山老母船、石钟、石鼓、石龙、石虎、石鸡、石蛤蟆、石莲花等造型别致的佛法石器,有凿石叠垒的石塔林,每件都有一段精彩的传说。南峰石碑矗立,石柱尚存。在进入青峰古寺的隘口处有挡马石、旗墩石等物。

每年农历四月一日青峰山古庙会期间,来自各地的旅游者和虔诚的香客络绎不绝。

二、鳌山白起庙

鳌山古时称垂山、武功山,为秦岭主峰太白山西部支脉,亦称西太白。鳌山海拔 3475 米,是仅次于太白山主峰拔仙台的第二座高峰,也是历史上闻名遐迩的褒斜二水发源地。白起庙就位于鳌山之巅。据方志记载,最早的白起庙用太白山特有的砾石和红杉木建造,庙内供奉着一尊横眉仗剑、威风凛凛的武将神像,就是战国时期秦国大将白起。

白起是战国后期著名的军事家,眉县常兴镇白家村人。白起因作战勇猛,屡立战功,在秦国军队中初任左庶长、左更。此后,白起率秦军多次与韩、魏、赵、楚等国交战,取城 70 余座,后擢升为秦军主帅。白起领导的长平之战,坑杀投降的赵军 40 万,赵军精锐受重创。后来白起谏言秦昭襄

鳌山白起庙遗址

王暂且放弃攻赵战略而被迫自刎而亡。传说后来白起将军的旧部弃甲回到了鳌山下，在这人迹罕至的鳌山之巅为白起将军勒碑修庙，将白起将军神像安置于庙内，焚香祭祀。灵位上书"武安君之神位"，门楣悬匾"白起庙"。后又铸一高大铁碑立于庙前，以纪念白起生前的丰功伟绩。白起将军忠实旧部的后裔们，每年夏季相约上山，修整庙宇，供香祭祀。由于白起庙地处高寒的山顶，无人长期守护，现在只留下石砌的残垣断壁。

三、龙华山道观

龙华山道观位于太白县咀头镇北沟村，在县城以东三公里处，是太白县境内的一处道教圣地。龙华山在青峰山与冻山之间，是青峰山余脉中一块台阶地，整体山势似鲲鹏展翅，坐东朝西，气势不凡。龙华山举办庙会的时间是农历七月初七，庙会期间，山下炎夏酷暑，山上祥云缭绕，时有紫气升腾。当地相传龙华山神灵感应，凡虔诚祈祷者皆能如愿。游人到此可徜徉于绿水青山之中，感受神山仙境的美妙风光，体验凉风习习的舒适

龙华山山门

龙华山道观

清爽，同时感悟深山古观长盛不衰的香火传承和道家文化的玄妙，常使朝山览胜者流连忘返。

龙华山道教建筑群分布于山腰，掩映于茂密的松杉林木之中，巍峨壮观，庄严肃穆。在龙华山的山门前，北沟河由北向南顺山麓而下，一座石桥通向第一道高耸的山门。拾级而上，第二道山门又巍然矗立，两尊巨大的石狮雄踞两边，山门上方书"龙华山"三个大字，熠熠生辉。门柱上有楹联："山连太白东来紫气道贯诸天传教理；门对须弥西望瑶池化愚度贤度缘人。"

从第一道山门向上经二山门、聚仙亭、天桥、日月潭、望月亭、八卦亭、鼓楼、钟楼等9台100多级石阶直通玉皇大殿。龙华山供奉

重修龙华山庙碑

主殿为西王母宫，还有其他神殿分别为五圣庙、九天圣母宫、三霄宫、哪吒太子庙、大雄殿、药王庙、土地庙等。在龙华山上，各种道教神庙、宫、观等建筑近30座，星罗棋布于山峰密林之中，因此这里山峰巍巍，林木葱葱，香烟袅袅，鼓磬声声，一派世外仙境之感。这里的殿宇亭阁均为仿古建筑，翘翅飞檐，琉璃覆顶，所塑神像仙风威仪，工艺精巧。

据山上立于1990年的重修龙华山庙碑记载，龙华山道观始建于清末民初，其道风来源于"万教归一，龙华三会"的民间道教理念。最早建有老母庙3间，药王庙1间，道房3间。后于1937年9月增修玉皇庙3间，太皇庙3间，道房5间。据该碑记载，这两次修建工作主要是由会首赵占彪主持完成。1966年后，龙华山庙中的各种建筑都被拆毁无存。1981年，

第七章 太白山周边其他宗教文化遗存考察

221

当地人又动议募资恢复修建龙华山庙，这次修建工作是在赵杰和陈生彦的主导下进行。该碑文对陈生彦老先生修庙的贡献也专门予以表彰，说他"虽年逾八旬，乃不惮劳苦，四处奔走，鸠工募资，勘基兴工，惨淡经营，始建成今日坐东向西山院"。这次修建之后，龙华山上又修建了玉皇宫3间，南侧佛洞1所，八角亭、六角亭、钟楼各1座，老母宫3间，药王洞1间，道房2座，共18间。北边道房6间，鼓楼1座，太皇宫楼两层3间，山周建有黑虎灵官殿一座，太白庙、五帝庙、老君殿、三皇庙、地藏王庙、火帝五圣宫各一座。由此而言，龙华山道观目前的建筑主要是在20世纪80年代的这次修复中建成。

"陈生彦三起龙华"的善举，在太白县民间传为佳话，而且庙中专门立了一通"陈生彦三起龙华山功德碑"，碑文记述了陈生彦为了龙华山神庙，历尽千辛万苦，前后三次主导和参加该庙宇的修建过程。据碑文记载，陈生彦生于1906年，出身富人之家，后因家道中落，父母兄弟死于饥馑，他于1935年随戏班流落于龙华山，"因与神道有缘，遂生脱俗之意。庙主郑居士感其诚心，劝其归道，即于1935年皈依道门，秉承庙事"。自此之后，陈生彦专心于龙华山庙宇的修建。为了修复龙华山破败的庙宇，他跟随师父钻研医术，借此积累钱物，甚至为了募资修庙，他连自己的妻子和女儿都卖掉了，最后终于使龙华山庙在1940年前后得到了一次较大修复，这是龙华山庙的二起。20世纪五六十年代，龙华山庙宇被全部拆毁。20世纪80年代宗教政策恢复后，陈生彦又开始为恢复龙华山庙奔走募捐，终于在20世纪90年代完成了龙华山庙的恢复修建。该碑文同时记述了名叫韩修水和李彩莲的两位居士前后全力协助陈生彦的感人事迹。该碑文与前面碑文记述的内容略有出入，但两通碑文结合在一起还是能够反映出陈生彦在龙华山庙宇修建过程中发挥的重要作用。

四、聚仙山老君洞道观

太白县老君洞位于县城西太白山西边的聚仙山，古名翠矶山。聚仙山背依峻岭大梁，孤峰独秀，是太白县城西部之屏障，居高俯瞰着太白县城。

聚仙山老君洞道观

因古时候该山遍生橡树，大者数围，夏秋碧绿接天，后增植松柏，常年碧翠葱茏，故名翠矶山。该山地质为堆积石灰岩，在山东侧山腰陡壁之上有一个天然石洞，名朝阳洞，洞前有石阶21级，与山腰石径相通。

据当地人说，道教祖师老子曾在此洞中修道炼丹，因此该洞被称为老君洞，当地道门弟子与信众依洞建庙，庙内塑老子神像。老君洞下山崖上还有多处天然洞窟，每个洞窟前都建有庙宇，因此形成了老君洞高悬崖壁，巍然凌空，其他庙宇自下层叠向上，形成高达数十米的塔楼，塔楼内有石阶盘旋而上。庙内石窟相连，庙外殿宇互叠，构造奇巧，红色琉璃覆顶，石砌墙壁固基，翘翅飞檐，雕梁画栋，气势壮观。庙隐林内，洞藏庙中，幽深玄妙，堪为奇观。庙前古槐苍劲，满山松柏掩映。

据现存碑石记载，聚仙山老君洞的庙宇在明代之前就已形成，于明宪宗成化十三年（1477）重修后，供奉老子、释迦牟尼、孔子等道佛儒三教始祖像，故又称"三教宫"。明武宗正德元年（1506）铸大钟一口，铭文"风调雨顺，国泰民安"，敲击此钟，数里可闻。老君洞明清两代曾屡次修建，20

山名碑刻

世纪 90 年代末由马钒锗道长重新修建，渐成现有的规模。老君洞现为合法的宗教活动场所，由李理强道长继承师愿，弘扬道教文化。

老君洞自古以来就是当地香客信士云集的圣地，也是文人墨客凭吊的人文胜迹。每逢农历正月初一到十五和二月十五太上老君诞辰，道观都要举行盛大的祈福庙会、诵经礼忏等活动。

五、鹦鸽镇杨泗将军庙

杨泗将军庙位于太白县鹦鸽镇南塬村，这里有攀登太白山的一条古道。杨泗将军庙就位于登山路旁，临河而建，由 3 间主庙和 2 间小庙构成。

在秦岭北边，杨泗将军庙较少见，但在太白县太白山的登山道路旁有关杨泗的庙宇有两座，一座是太白县鹦鸽镇南塬村的杨泗将军庙，另一座是眉县营头镇大理村境内的杨爷庙。

第二节　周至县宗教文化遗存

一、丹阳观

丹阳观位于周至县西南竹峪镇一个面朝东方的山洼之中。据记载，很久以前，这里庙宇错落，翠屏叠嶂，曲径通幽，且东接老子说经台，西临太白山，南面云烟万状的秦岭，北眺横若素练的渭水，中有清澈见底的溪流，是山水俱佳的道教仙境福地。

丹阳观原名洞清庵，后屡经兴废，多次易名。据现存元代碑刻记载，丹阳观始建年代，远不可考。《丹阳观先师传》序记载，商纣时期，西伯侯周文王于姬谷屯兵时，入两河谷勘察地形，曾在这里朝圣，因神庙建在土石洞内，故名洞清庵。据《丁卯集》记载，隋末江苏丹阳人许浑，曾在丹阳观的南溪一带建造别墅，与其兄隐居。后来他们扩建洞清庵，将该庵命名为丹阳观，一直延续到五代末。宋代以后，观中道人又将丹阳观改名为洞清庵。

周至县丹阳观

元代初年，全真教主王重阳的大弟子马钰（号丹阳子）入住洞清庵，在这里修建了一座斗姆元辰楼。该楼气势恢宏，为当时中国道教庙宇之最，使衰败的洞清庵渐渐振兴起来。后来，遇仙派内部一些门人主张"三教合一""释心见性"，将佛教修建塔台等元素引进道观，先后在此修建了五层六楼的朱雀塔和玄武塔，随后盖起了朱雀庙、玄武庙和青龙塔庙、白虎塔庙等。同时期，观中道士又在对面栖云庵大院正中央建了一座6层紫云塔。至此，丹阳观东、西、南、北、中五塔鼎立、盛况空前的局面形成，声威大震，成为关中一大景色。1183年，马丹阳仙逝后，道教界为纪念马丹阳，又将洞清庵更名为丹阳观，并在前院山门里修建了一座丹阳宫。此后，逐渐扩修了玉凤山、翠屏山、葫芦山、栖云庵、八仙洞等庙宇，使丹阳观达到空前的繁荣。清代康熙帝敕旨重建丹阳观，并亲题了道观匾牌，赐御棍四根。清末民初，丹阳观屡遭兵燹，到中华人民共和国成立前，只留下后院、玉皇阁、三清殿、南北殿等建筑，其他30余座庙宇已荡然无存。后又经过"破四旧"等运动的拆除和破坏，现只留下一座玉皇阁。

百年来，丹阳观留下许多传奇故事在民间广泛流传。目前，为弘扬道教文化，促进当地经济发展，住持杜宗真在当地群众及各界热心人士的大力支持下，丹阳观正在恢复重建之中。

二、仙游寺

仙游寺位于周至县城南 17 公里的黑水峪口，西临太白山。这里四山环抱，一水中流，峰峦奇绝，甘泉飞瀑。相传秦穆公之女弄玉与萧史的爱情故事就发生在这里，古称仙游得名。

仙游寺始建于隋文帝开皇十八年（598），称"仙游宫"。仁寿元年（601），杨坚为了安置佛舍利，于十月十五日命大兴善寺的高僧童真送佛舍利至仙游宫建塔安置，改称仙游寺。唐大中年间，宣宗李忱将仙游寺拆建为三寺，以"一水中流"的黑河南面叫仙游寺，又称南寺。黑河北面的叫中兴寺，又称北寺。另一寺为废墟，据传说可能叫法源寺。白居易于元和元年（806）奉命为盩厔县（今周至县）尉，在这里写下了千古绝唱《长恨歌》。但据苏东坡《仙游北寺》诗中所说："唐初传有此，乱世不留碑。"可见在宋代此寺就颓败了。

明代英宗正统六年（1441），仙游寺由藏传佛教喇嘛桑加巴住持，到这时候，寺庙已渐规模宏大，改叫普缘寺。寺院有大雄宝殿、观音殿、地藏殿、尊贤殿、苏公藏符处、钟楼、鼓楼等建筑，当时殿内有泥塑、铜铸和木刻佛像多尊，均极精巧。此后寺院经战乱又毁，到清康熙二年（1663），才又募建寺院，同时也恢复了仙游寺的原名。

仙游寺后存有清代正殿，内有泥塑佛像，前檐东西两墙画有哼、哈二将，正殿两侧有耳房，东西两侧还有厢房 20 余间，殿前有一口明代铁铸大钟。在正殿的西北约 60 米处，有隋代修建的法王塔，塔身 7 层，通高 30 多米。法王塔的塔檐由 13 层砖叠涩与反叠涩出檐，塔身各层正南面各有一券门，现塔刹已毁。法王塔的北面有一石条砌筑的明代喇嘛式逼水塔，四方形塔座，覆钵形塔本。在正殿东面有一石砌喇嘛塔，四方形石座，覆钵形塔身，塔刹基本完好。黑河北岸的中兴寺，原有殿宇 20 余间。正殿东南面的 3 间大房，有清代道光年间的"苏公藏书处"匾额，传为宋代苏东坡读书处，

搬迁前的仙游寺

搬迁后的仙游寺

227

现已毁坏殆尽。

仙游寺从隋朝建宫起，已有 1000 多年的历史，留下了许多珍贵的历史文物，还有历代很多著名诗人和书画家，如王勃、韩翊、白居易、吴道子、卢纶、岑参、苏轼、赵涵等人都到过这里，吟诗作赋，留下了许多著名诗篇和脍炙人口的逸闻趣事。

1992 年，仙游寺被评为陕西省重点文物保护单位。1996 年，仙游寺中的法王塔被评为全国重点文物保护单位，这是现存的唯一一座隋代砖塔。1998 年，为了配合西安市黑河引水枢纽工程建设，国务院批准对仙游寺和法王塔进行异地搬迁保护，新址位于距原址约 2 公里，周至县正南 15 公里的黑水峪口。但从 2001 年至今，除了新址道路、管道铺设、法王塔复建、仙游寺博物馆、大雄宝殿基础、观音殿主体等前期工作外，还有很多恢复工作因建设资金不足未能完成。

三、青山庙宇

青山，又名翠峰山，位于周至县翠峰镇，是当地的一座道教名山，并因山上盛行索娘娘信仰，遍布索娘娘庙，当地人又称其为娘娘山。青山是

青山三霄娘娘宫

秦岭北麓名山之一，以山体独特，植被丰茂而为世人称道。青山人文景观星罗棋布，据说此山为唐太宗李世民狩猎遇仙之地，现存传说中的"唐王井"。在青山，影响最大的是索娘娘信仰。索娘娘在当地因祈雨和求子灵验而著名，是当地最有影响的民间神祇，信仰人群覆盖全县近一半人口，在这一区域形成了以青山为中心的索娘娘祭祀—信仰圈。

对索娘娘的来历，文献和传说有不同的说法。在地方志中，索娘娘又称索姑，生活在东汉时期，家住扶风县青龙村，其父在西域做生意，将她许配给胡人。因索姑不愿婚嫁，就偷偷骑上父亲买回的大马，离家来到周至县青山隐居修道数年，最后羽化飞升。而在民间传说中，索姑的故事则更为曲折动人。传说索姑自幼父母双亡，她和哥哥相依为命，嫂子姚氏尖酸刻薄，经常虐待索姑。索姑长大成人后，姚氏贪图钱财，私下将她许给本村老地主。出嫁前一天晚上，索姑逃到周至县大坚石村的一户人家。主人杨大娘得知她的遭遇后十分同情，留她食宿，并将她认作干女儿。后来索姑在青山结茅隐居，虔心学道，数年后羽化成仙，在峰顶留下了"仙蜕"。除此之外，还传说唐太宗李世民带兵打仗行至青山，口渴难当，

青山遗留的清乾隆年间石碑

青山大庙

此时索娘娘及时出现，为李世民煎茶解渴，后来被李世民封为"大唐全贞圣母娘娘"，故此处有"唐王井"遗迹。

索娘娘信仰始于何时，史无明载，成书于乾嘉年间的周至县和扶风县地方志已对索姑以及相关民俗活动有明确记载。此外，山上有一通清代乾隆年间的碑，碑文如下："危峰峭起接云根，小筑芳丛点翠痕。野老人传唐世代，残碑家载汉烟村。骨依泉石存贞性，祠借烟霞掩庙门。我欲登临天欲暮，西风淡宕月黄昏。大清乾隆周至县令邹儒登翠峰山题于青山神女祠。庚辰年春二曲建蒙书。"由此可见，至迟在明末，索娘娘已经在这一区域民众中形成了广泛的信仰。在"文化大革命"运动中，青山索娘娘神祠和神像大多被毁。尽管如此，各种祭祀活动仍然进行。每逢庙会，当地和周边村民会悄悄上山，搭棚过会。20世纪80年代后，索娘娘信仰复苏，神祠重修，庙会活动也陆续开展，信众越来越多。

青山被当地人视为索娘娘信仰的"祖山"，现有9间神祠，从山口至山顶依次为索仙宫、遇仙宫、唐王井、天竺院、三霄洞、庙沟、双柏树、煎茶坪、盖顶大殿。这9间神祠分属9个不同的"社"，每个"社"由数量不等的村落共同负责，少则一个村，多则五六个村。如索仙宫神委会由单一村落构成，遇仙宫神委会包括了由原陈家村分解而成的东堡、西堡、北堡、小堡和新联5个行政村组成，盖顶大殿神委会则由大竖石村、刘家寨、官村等5个行政村组成，其他几间神祠神委会由三四个数量不等的行政村共同组成。

每年农历三月，翠峰山都要举行7~10天的索娘娘庙会，也称"青山会"。在此期间，前来朝拜的民众多达30余万。青山庙会从三月初二开始，各神祠轮值，神委会组织村中精壮劳力将村中娘娘庙"爷像"连同神轿和仪仗一起，敲锣打鼓地抬到青山各社所属的庙里，供信众参拜。一直持续到初九或十一，神像才会被陆续抬下山。至此，青山庙会结束，山下各村的索娘娘庙会才正式开始。与青山庙会不同的是，各村索娘娘庙会的参与者往往以本村村民为主。各村把神像抬至村里后，继续在村内游神巡境，供村人参拜，邻近村落也会组成歌舞、锣鼓队等前来表演助兴，神委会还会邀请秦腔剧团唱上几天大戏。农历三月十七日各村的狂欢活动基本结束，神像移交给本神祠下一个轮值村。

因索姑信仰在青山一代影响较大，青山庙会还吸引了周边的兴平、武功、杨凌、扶风、眉县等地的游人参加，每日达数十万。正会这天，各社必进香祭祀朝拜。祭祀仪程有清池、安神、祈祠仪式、抽签问事、迎神、取雨等。

四、涌泉寺

涌泉寺，位于周至县马召镇境内紧邻太白山东边的翠微山下，这里风光秀美，民风淳朴，人文景观星罗棋布。涌泉寺因泉而得名，寺院所在的村子又因寺而得名涌泉寺村。

元代以前的涌泉寺，其盛衰沉浮情况现已无稽可考，但在当地流传的

修复后的涌泉寺

各种民间传说之中，也许包含了一些历史信息。据《周至地名志》记载："因翠微山下有清泉自地中涌出之故，民间相传，唐时玄奘禅师自长安出发，取经天竺，途经该寺。因见旱魃肆虐、河水干涸，面对庄稼枯焦于野，百姓哀叹于道，遂叹民生之艰辛，慈悲之心顿生，举手中锡杖杵地。手起杖落，即有数眼泉水汩汩涌出，清净无染，农人引水灌溉，旱情得解。乡民雀跃，感念禅师恩德，易原寺名为涌泉寺。"另有当地从古代流传下来的说法，当年涌泉寺初建时，寺院规模非常宏大，与东南方向的仙游寺难分伯仲。雄踞于南边山坡上的仙游寺，称"大寺"，坐落于北边山坡下的涌泉寺，称为"小寺"。两寺上下遥遥相望，钟鼓之声相闻。时至今日，在当地村民之中，还将涌泉寺以小寺或佛爷庙相称。由此可推测，涌泉寺最有可能是建于佛教兴盛的隋唐时期。

现寺内存明代古碑一通，碑文载："自元至正三年，重起佛殿之后，历经明景泰、弘治、嘉靖之纪，寺院修残补旧，均有不同程度之修葺。"由此可知元代之后涌泉寺的变迁概略，在明末清初眉县籍文人冯云程的《涌泉寺修塔告成记》中对此也有所记载。

抗日战争期间，本地人张景文联络进步人士在废弃的涌泉寺创建了知行小学，随之在此也诞生了周至地下组织，为延安输送了大批优秀学员，由此培养出了一批于国于民颇有作为的仁人志士，为中国的革命事业做出了重要的贡献。

20 世纪 70 年代初，涌泉寺佛殿被山洪泥石流夷为平地，住持道严禅师奔走四方，募化资金，于 2000 年起陆续盖起了天王殿、大雄宝殿、东西厢房和藏经阁等主要殿堂。2005 年 10 月 6 日重修涌泉寺工程竣工，由中国现代文学馆副馆长周明撰写了《重修涌泉寺佛殿记》。2011 年，又一场泥石流再次将佛殿部分建筑冲毁。在周至相关部门协助下，住持道严禅师带领尼众，用了一年时间再度修复了受损的佛寺，使千年古刹焕然一新。修复后的涌泉寺占地 20 余亩，大雄宝殿供奉释迦牟尼佛、药师佛、阿弥陀佛，两侧有观音、地藏二菩萨。每年的正月二十三日，是涌泉寺的庙会。这是一个将佛事活动与乡村文化结合起来的民俗节日，远近村民、居士不约而同地从四面八方赶来，热闹非凡。

涌泉寺现为比丘尼道场，主修净土，占地 20 余亩，现常住比丘尼 4 人。住持道严禅师，1969 年生人，陕西周至马召人，俗姓雷，1990 年在沣德寺出家，后就读于江西佛学院，毕业后于 1997 年回周至马召任涌泉寺住持至今。

五、铁甲树道观

铁甲树道观位于西安市周至县厚畛子镇以北的太白山南麓，距厚畛子街约 5 公里，南离佛坪老县城约 20 公里。道观原名铁甲树太白庙，据传该庙始建于汉平帝元始年间，因庙院前有棵数千年的铁甲树而得名。庙内主供三大太白神，并将铁甲树以神的身份与太白神同时供人们祭奉。每年农历六月初九至七月初九为古庙会，会期宗教气氛活跃，场面壮观，朝山人流不断。

历史上铁甲树道观所处位置是登太白山 4 条干道中的一条，当地人称

道观前的千年铁甲树

此庙为太白山的驿站，也是太白山区域最古老的一座道观。铁甲树道观在"文化大革命"前有一位姓毛的道士一直在住持庙务，"文化大革命"开始后被迫离开，庙宇逐渐荒废。20世纪90年代初，在当地群众的要求下，经县宗教局同意由楼观台道观代管庙院的恢复工作。2002年秋，铁甲树道观建起了7间住房，中间三间临时供奉太白神，其余为生活用房。2004年11月，铁甲树道观被正式批准为宗教活动场所，隶属楼观台道观下院统一管理。

　　每年农历六月初九，都有大批善男信女和当地群众参加铁甲树道观庙会，举行祭拜铁甲大仙的仪式，人数多则上千，常有从几百里之外的西安、咸阳、宝鸡、汉中等地赶来的群众，祈求风调雨顺，福祉降临等。传说，

铁甲树道观的道长

从那天起，铁甲大仙将保佑上太白山朝圣者平安。

六、玉皇池道观

沿着铁甲树道观继续上山，就到达了玉皇池，玉皇池位于太白山海拔3270米处，其水量与面积较其他几个湖略大。玉皇池道观的建筑为一主殿一副殿。主殿为凌霄殿，生活用房3间。现存6尊无头泥塑神像，明天启六年（1626）香炉1个，康熙二十五年（1686）铁磬1个，嘉庆十七年（1812）铁瓦1片，道光年间铁磬1个，道光三年（1823）铁碑1通、铁钟1口。同治十二年（1873）光绪十四年（1888）牌匾各一块，现有道士一人在此值守。

三爷海旧庙遗址

七、三爷海

从玉皇池沿着上山的道路行进数公里，就到达三爷海。三爷海位于太白山南坡海拔 3458 米处。此处已经没有任何庙宇，旧庙遗址较大，目前仅残留康熙年间铁牌 1 块，破铁磬 1 个，香炉 1 个，铁钟 1 口。从三爷海继续上行四五公里，就是二爷海。站在二爷海，朝东南方向向上看，就是拔仙台，沿着山谷往下看，远远就能看到三爷海，但从三爷海到二爷海，需要行走将近一个小时才能到达。

第三节　岐山县宗教文化遗存

一、小灵山青峰寺

小灵山青峰寺位于石头河水库西侧吉坡村，该寺原为一座古寺，《重修小灵山青峰寺碑记》中称："隋唐之前于山尖岔即创建一佛教名刹曰青峰寺，又称上寺。亦称青峰山古寺之下院。有大小庙宇十余间，规模宏伟，风格独特，香烟缭绕，名闻遐迩。据传唐太宗李世民为秦王时，曾奉母后

修复后的青峰寺

懿旨上青峰山探视出家御妹公主，曾两次经此寺避暑。明末农民起义军领袖李自成兵败途中带将士十八人曾隐藏寺中多日。惜哉。民国三十五年（1946）仲秋，青峰寺被暴雨山洪冲毁，荡然无存，其状惨然。"这些说法大多数已无从考证，但青峰寺具有悠久的历史应该是能够确认的。根据该碑文记载，现在的青峰寺是在20世纪90年代开始恢复修建的，前后历时17年之久，才有今天的面貌和规模。

　　现在的青峰寺占地总面积1000平方米，重新修建了5座12间庙宇，4间汤房，恢复了古寺的基本格局。这5座庙宇中，骊山老母宫坐北朝南居高临下。其余庙宇都坐西北朝东南。其中上殿中间供奉佛祖释迦牟尼，左边供奉药师琉璃佛，右边供奉弥勒未来佛，两侧是十八罗汉。下殿前面供奉观音菩萨，后面供奉韦陀护法。上下殿之间的西侧是四圣宫，供奉药王三位，太白驱虫害之猛将军刘锜，另一间供奉的是三霄娘娘。下殿的右侧是闯王宫，店内供奉的是李自成，左下、右下站张献忠和刘宗敏。这种

重修小灵山青峰寺碑

蟠龙寺新旧结合的石碑

供奉方式独特新颖，别具一格，在其他寺院较为少见。青峰寺的庙会在农历三月初十至十二日举行，庙会期间，各地朝拜者络绎不绝。

二、蔡家坡蟠龙寺

蟠龙寺在岐山县蔡家坡靠近石头河附近，石头河因保护褒斜古道在沿路河道筑起的一道石头河堤而得名。古人认为水和山都是龙的象征，因此这座寺院被命名为蟠龙寺。蟠龙寺具体修建的年代已不可考，目前能见到最早有关蟠龙寺的文献是北宋文学家苏轼的《二十七日自阳平至斜谷宿于南山中蟠龙寺》，据此可知，蟠龙寺在北宋时期就已经存在。乾隆年间《凤翔府志》卷三记载："蟠龙寺，（眉县）县西南三十里。宋苏文忠公留宿此，有诗。"

北宋嘉祐六年（1061）农历十一月，时年 26 岁的苏轼被授大理评事、签书凤翔府判官。苏轼到任后，便遇到了长达近半年之久的关中旱灾。嘉祐七年（1062）农历二月，时已初春，但由于严重干旱，地面干裂，麦禾

蟠龙寺遗址现状

几近干枯。苏轼见状心急如焚，他听闻府属眉县境内太白山神祈雨甚灵，便与太守宋选商议，为了百姓种者有收，安居无忧，决定亲自到太白山祈雨。苏轼亲自书写了《凤翔太白山祈雨祝文》。他与太守宋选两个人于求雨前一天就沐浴斋戒，焚香祈祷。祈雨后回凤翔府途经真兴寺阁（**凤翔府驻地附近**）时，忽然黑云涌动，微风骤起。苏轼认为太白神灵验，天将下雨，兴奋之情难以抑制，遂赋诗《真兴寺阁祷雨》一首。回到凤翔府后，又在凤翔城举行了隆重的祈雨迎神水活动，仪式刚结束，只见浓云密布满天暗，天雨欲滴水淋淋。当夜，凤翔府属各县果真细雨蒙蒙，一夜滋润。不几日，又降甘霖。两场雨使旱象稍解，但因雨量有限，民官同惜，以为不足。苏轼经过走访后得知，唐天宝八年，朝廷诏封太白山为神应公，到宋初改封济民侯。苏轼认为朝廷"封爵未充"导致太白神不悦，故降雨未沛，便着手起草《乞封太白山神状》，几日后，凤翔府属各县突降大雨，连下三天，禾麦保收有望，民众奔走相庆。苏轼以为"乞封"之想与太白神相通，在太守宋选委托下向朝廷上《代宋选奏乞封太白山神状》。随后，朝廷依凤翔府奏，封太白山神为"明应公"。

第二年七月，关中一带又遇干旱，苏轼再次求雨。他们从郡府出发，准备去磻溪祈雨。二十四日宿虢县，二十五日渡渭河宿僧舍，二十六日天未亮便到达磻溪，七月二十七日到达斜谷蟠龙寺，苏轼写下了《二十七日自阳平至斜谷宿于南山中蟠龙寺》："横槎晚渡碧涧口，骑马夜入南山谷。谷中暗水响泷泷，岭上疏星明煜煜。寺藏岩底千万仞，路转山腰三百曲。风生饿虎啸空林，月黑惊麢窜修竹。入门突兀见深殿，照佛青荧有残烛。愧无酒食待游人，旋斫松杉煮溪蕨。板阁独眠惊旅枕，木鱼晓动随僧粥。起观万瓦郁参差，目乱千岩散红绿。门前商贾负椒荈，山后咫尺连巴蜀。何时归耕江上田，一夜心逐南飞鹄。"苏轼在写完该诗作后，把它寄给了弟弟苏辙，苏辙也专门应和了一首《次韵子瞻宿南山蟠龙寺》："谷中夜行不见月，上下不辨山与谷。前呼后应行相从，山头谁家有遗烛。跫跫深径马蹄响，落落稀星著疏木。行投野寺僧已眠，叩门无人狗出缩。号呼从者久嗔骂，老僧下床揉两目。问知官吏冒夜来，扫床延客卧华屋。釜中无羹甑实尽，愧客满盘惟脱粟。客来已远睡忘觉，僧起开堂劝晨粥。自嗟奔走闵僧闲，偶然来过何年复。留诗满壁待重游，但恐尘埃难再读。"

由此可知，蟠龙寺是一座历史悠久的古寺，而且从寺院存留下来的龙首石碑的气势和规模来看，蟠龙寺曾经是一座规模很大的寺院，但现在却只是一座普普通通的山间小寺院。寺里的大殿坐南朝北，有三间，其规模就是关中农村极普通的家用大房。殿前有东西两通石碑，西碑坐南朝北，碑头是古代遗留下来的老碑头，蟠龙遒劲，细腰高脚，有鼓背翻腾的动感，颇具宋碑风范。龙首出碑两侧，各有其二，并首外望，神色凝重，眼凸而鼓，神气凌厉，令人有不敢久视之感。碑身是近几十年新刻的，与碑头明显不搭。新碑字浅，材质不古，已模糊难辨。东碑坐东朝西，也是新立的碑。碑文记载，此寺庙汉时已有，刘秀称帝后，征剿西蜀时曾留宿此寺，当地人为了纪念此事，便改寺院名为蟠龙寺。大殿东西两侧建有普通厢房各一排，供奉神灵，大殿与东西两边厢房间形成北向开口的院落。

第八章

结　语

通过前面对太白山宗教文化历史文献的梳理并结合田野调查，我们对太白山宗教文化有了较为系统的认识和直观的了解，下面根据前面的资料，对太白山宗教文化的特性、历史意义和当代价值进行分析和总结。

第一节　太白山宗教文化的特性

太白山宗教文化是历史形成的区域性宗教文化，它参与和见证了中华传统文化形成和发展的历史过程，也是中华传统文化重要的组成部分，而且形成了不同于其他区域性宗教文化的特性。

一、太白山宗教文化历史悠久，源远流长

太白山宗教文化的历史非常久远，仅有文字记载的历史就有2000多年。史书记载，早在汉成帝时期，太白山上已有神祠的存在并有大规模的祭祀活动。在惜字如金的古代史书中，能够被记载的历史事件凤毛麟角，太白山的祭祀活动如果没有长时间的积累则很难在当时形成规模和影响并被载入史册。由此推断，太白山早期的宗教活动应该远远早于史书记载的年代。中国的宗教文化名山绝大多数属于佛教或者道教文化名山，因佛教是东汉时期传入中国的，而道教以宗教团体的形式进行活动的时间则更晚一些，因此，在国内各个宗教文化名山中，其宗教文化形成的时间很少有早于太

白山者。据此而言，太白山宗教文化是我国最古老的宗教文化渊源之一，其太白神信仰的形成和传播历史非常悠久。

太白神信仰文化形成后，早期的道教文化和佛教文化也相继进入太白山，从而使得太白山宗教文化的内容更加丰富，为以后太白山宗教的多元结构奠定了基础。这些宗教文化的进入，不仅没有冲淡太白神信仰文化，反而使太白神信仰的影响随着太白山道教文化的发展进一步扩大。而且，有关太白山宗教文化的发展情况通过佛、道教史书得以更加详细地记载。从太白神信仰形成至今 2000 多年来，太白山宗教文化的发展经历了种种变化，其间有辉煌也有衰落，但始终绵延不绝。时至今日，太白山宗教文化虽然尚处于衰退落后的暂时沉寂状态，但中华民族传统文化复兴的大势和社会对宗教信仰文化新的需求，是太白山宗教文化再次发展的良好机遇。部分宗教场所已然显现的发展迹象表明，源远流长的太白山宗教文化，必将迎来新的生机。

二、太白山宗教文化多元并存，积淀深厚

由于太白山特殊的地理位置和独特的地貌构造，使其形成了多种宗教共聚一山的独特宗教文化景象。在我国境内，两三种宗教文化共聚一山的现象比较常见，但像太白山这样四五种宗教文化共聚一山的情况则非常少见。太白山宗教文化最早起源于民间信仰性质的太白神信仰，后来随着太白神祈雨灵验，受到朝廷的敕封并纳入了国家祭祀体系，太白神信仰就由民间信仰上升为具有官方色彩的信仰而脱离了民间信仰体系，而当时的国家祭祀体系属于儒家祭祀礼仪文化。

从南北朝到隋唐时期，是我国佛教文化和道教文化快速发展的阶段，关中地区属于京畿要地，是全国政治、经济和文化的中心，引领全国文化发展风气之先。太白山地处关中平原西南边缘，距离当时的首都长安较近，其高远幽深的自然环境适宜宗教文化的存在和发展，因此，很多宗教人士就把太白山作为修道弘法的理想之所。

道教文化遵循道法自然的准则，追求天人合一的境界，并形成了相关

的洞天福地理论，其对自然环境是否适合修道极为重视，而太白山的天然地貌与自然景观都非常符合道教文化的理念，是一处非常理想的修道之所。因此，道教文化将太白山确立为道教三十六洞天的第十一洞天。自从道教进入太白山以来的 2000 多年，虽然道教文化的发展经历了从楼观道、八仙道到全真道的兴衰起伏过程，但太白山道教文化的传播和发展绵迎不绝，延续至今，始终是全国道教文化发展的重要基地。在本次调研过程中，我们发现太白山道教文化遗存中积淀了不同时代的道教文化信息，太白山下有楼观原，山上有老君洞、青牛洞和与老子有关的早期道教文化信息。八仙文化是唐代前后道教文化发展的重要内容，在太白山钟吕坪等地，存在大量有关道教八仙的文化信息。从有关钟离权、吕洞宾和韩湘子等八仙成员的文献资料来看，他们的修行和弘道活动的确与太白山有非常密切的联系，这说明在隋唐五代时期太白山道教文化非常繁盛。宋元以后，作为道教文化复兴者的全真道再次将太白山作为重要的发展基地，在本次调研中，我们发现了大量有关全真道的碑刻和法器。至今，太白山道教依然由全真道龙门派的道士维持和守护，也正是因为有他们代代相继的努力，太白山一直作为道教文化名山而著称于世。

佛教文化进入太白山的时间与道教几乎同时，首先因为太白山地处由西部进出关中平原的主干道边，从南北朝到隋唐期间，不管是西去印度求法的中国僧人，还是大量从印度和西域来华传法的域外僧人，其进出京城长安前要经过太白山边，对山水情有独钟的僧人无法忽视太白山的存在，很有可能会将太白山作为其修行落脚之处。因此在太白山也有大量相关的文化信息，如唐代有专门描写隐居太白山胡僧的诗，有达摩洞，还有中山寺中有关玄奘的佛教造像等宗教文化遗迹。此外，根据《高僧传》记载，在历史上发生"三武灭佛"的特殊历史时期，有大量的僧人从长安、洛阳一带逃往太白山躲避法难。众多佛教高僧带领着他们的徒众来到太白山隐居修行，弘扬佛法，使太白山形成了关中地区终南山之外的又一个佛教文化传播中心。其中有些僧人在灭佛运动过后继续回到长安弘扬佛法，但也有一批僧人则长期居留在太白山。三次灭佛运动分别为北魏太武帝自太平真君五年（444）始灭佛，至其驾崩，灭佛运动时间共 6 年。北周武帝自建德三年（574）始，至其驾崩（578），灭佛运动时间共 5 年。唐武宗自会昌二年（842）开始灭佛，至其驾崩（846），灭佛运动时间共 5 年。虽然每次灭佛运动持续时间只有数年，但每次都会促使一部分僧众逃往太白山，而且从第一次灭佛运动到最后一次前后共计 400 多年，在这期间，太白山始终作为关中地区重要的佛教文化基地存在。在当时，太白山曾经是一座名扬天下的佛教文化名山。到今天，太白山佛教文化虽然已失去当时的盛况，但在中国佛教界，太白山仍然有其特殊的宗教文化地位，依然是很多僧人参访修行的重要名山之一。

通过本次实地调研发现，根据现有的各种宗教文化遗存信息来看，太白山的佛教和道教虽同山而居，但它们相互之间也有一条比较分明的界线。东边从远门口进山到钟吕坪再往山顶行进的山路沿线主要是道教文化遗址，西边从营头镇入山向上去山顶沿途基本上都是佛教文化遗址，虽然现在有些佛教寺院由道教人员管理，但其名称依然是佛教寺院。这说明在过去佛道两家虽然共住一山，但在小范围内它们还是有一条明显的界线，即东边道教，西边佛教。从目前能见到的文化遗址的数量和体量来看，佛教文化和道教文化在太白山的势力旗鼓相当，这对长期以来普遍认为太白山只是一座道教文化名山的观念，应该有所纠正。

在太白山的民间信仰文化中，除了太白神之外，还有大量其他方面的各种民间信仰和供奉的神祇，如作为大文公的韩愈、传说中的三霄娘娘等。太白山也是古代各种隐士生活和隐修的理想之所，因此在历史上，除了佛教和道教人士外，还有很多其他方面的隐士曾在太白山修行隐居，如太白山上有鬼谷子洞，据说是战国时期隐士奇人鬼谷子的隐修之所；在近代有著名学者李雪木曾隐居太白山，并留下著名文集《槲叶集》。除此之外，在太白山北麓跑窝村还有天主教的十字山，十字山至今是周围天主教徒的朝圣之所。因此说，太白山宗教文化的特性之一是多种宗教长期汇聚一山，各自发展而互不排斥和侵扰，从而形成了太白山多元并存、积淀深厚的宗教文化特质。

三、太白山宗教文化内涵丰富，影响深远

太白山宗教文化最早始于太白神信仰而形成了民间信仰文化，后来，随着朝廷政府对太白神的分封而使其由民间信仰被纳入官方祭祀系统，太白神信仰的影响范围也从太白山周围各县逐渐扩散到陕西全境，甚至最后扩散到甘肃、宁夏、河南和山西境内。太白神信仰的发展历史经过了一个由民间信仰到官方祭祀，最后又回到民间信仰的过程。其影响范围也经历了从太白山周围各县到陕西周边各省，最后又回到太白山周围这样一个历程。在历史上，曾经有数百个太白庙分布在陕西境内外，现在能查到的清代各县地方志有所记载的太白庙就有100多座，可见太白神信仰在古代影响非常之大。太白神信仰从其形成开始，主要因其具有兴云布雨的神通，而且在太白庙祈雨活动中，湫池取水是一个非常重要的环节，因此，在修建太白庙时，一般都会在其附近相应地建一个湫池，以便作为祈雨的缘起，同时具有一定的风水意义。这种风气后来影响到北方很多村落，在村庙附近挖一个湫池作为全村的公共设施，下雨天蓄水，平时作为洗衣服和牲畜饮水之处。据《高僧传》记载，隋炀帝杨广去东岳泰山巡游，在一座寺院中，看见一位神，高大伟岸，在讲堂上手扶鸱吻，下望进入的人。隋炀帝问高僧法安这位神是谁，法安说："此乃太白山神，跟随王者的神。"由此可见，太白神在隋代被演化成为皇帝的护法神。这种说法虽为宗教界的方便之说，但也反映出太白神在当时朝廷和民间都有重要影响。后来，太白神因祈雨灵验之故，从唐代到清代，历朝皇帝多次下旨敕封各种爵位给太白神或者敕令当地政府修缮太白庙。由此可见，太白神作为地方性的山神信仰在中国宗教文化发展史上留下了浓墨重彩的一笔。

太白山是道教的第十一洞天，而且从道教典籍描述的各个洞天的范围来看，太白山属于其中较大的洞天之一，太白山洞天包括了太白山方圆500里之地。道教文化从其形成开始就与太白山结下了不解之缘，自此之后的2000多年间，太白山道教文化的传播活动始终没有断绝过，而且很多著名的道教人物都曾与太白山发生过密切的联系，甚至有些道教文化就是在太白山形成和发展起来的。因此说太白山道教文化历史悠久、积淀深

第八章　结语

厚，为道教文化的发展做出了突出贡献，其在中国道教文化中具有不可替代的重要地位。

太白山因其在几次法难的特殊历史时期成为佛教僧众的避难所，也因此形成了关中地区重要的佛教传播基地。每次法难之后朝廷想要恢复佛教文化时，都会派人到太白山中寻找和征请在这里避难和修行的高僧到长安住持弘法。古代佛教僧人数百万，能被《高僧传》载入者寥寥，而曾在太白山住锡修行和弘法传教的僧人被载入《高僧传》的就有十多位，他们都曾为中国佛教文化的发展做出了重大贡献。依此而论，太白山佛教文化曾对中国佛教的发展产生过重要影响。

第二节　太白山宗教文化的历史意义

太白山宗教文化作为一种独具特色的区域性宗教文化，其形成和发展演变的过程，生动地反映了我国宗教文化形成和发展的历史过程，同时也反映了当地人们在文化思想方面的需要和变化历程，它的存在具有重要的历史意义。

一、太白山宗教文化是中国宗教文化的组成部分

中华文明是历经上下五千年发展而成的古老文化体系，在这个文化体系中，宗教文化始终是其主体性构成要素。中国宗教文化，经过了从远古的人神共居到氏族首领崇拜，再到后来的天帝崇拜和山川神灵祭祀，这些都属于前宗教文化时期。在此之前，宗教文化和其他社会文化浑然一体，难分彼此。直到汉代前后，随着佛教文化的传入和道教组织的兴起，明显有别于其他社会文化的现代意义的宗教文化在中国出现并盛行。后来随着社会的发展和各种文化的相互交流，逐渐形成了儒释道三教文化为主干，其他文化为补充的中国传统文化形态，直到清末民初之前，这种情况一直持续了2000多年。因此，中国传统社会2000多年的文化发展历史也是中国宗教文化发展的2000多年历史。在这个漫长的历史过程中，太白山宗

教文化始终与中国宗教历史文化同步发展。

太白神信仰是我国早期山川神灵信仰的典型代表，也是我国早期宗教文化的重要组成部分。因太白神信仰影响较大而引起道教文化的关注，早期的道教文化就有意识地将太白神信仰纳入道教文化体系之中，后来随着太白山道教文化的兴起，太白神信仰不仅被纳入道教文化体系，而且经过道教界和地方官员的共同努力，还将太白神信仰纳入国家祭祀体系，使太白神信仰这一古老的民间信仰文化焕发了新的生命力而经久不衰。太白山因其险峻幽深的地貌特点和其距京城长安较近的地利条件，被佛教和道教视为进可弘法、退可隐修的理想之所而备受青睐，因此，在佛教和道教文化发展过程中，太白山始终被二者视为重要的发展基地而长期经营。尤其是在南北朝到唐代佛教经历"三武灭佛"的几次特殊的历史时期，太白山更成为佛教僧众的避难所，随着法难结束，太白山又成为向京城长安输出僧才的佛教文化基地。可以说太白山见证和承载了中国道教和佛教文化兴衰起落的整个过程，太白山宗教文化的发展过程与中国宗教文化发展同程共步、同频共振。太白山宗教文化的发展历史，是中国宗教文化史的重要组成部分。

二、太白山宗教文化是当地历史文化的重要载体

因太白山在中国佛、道教界的特殊地位和影响，自古以来太白山是众多文人寻道访仙和旅游览胜的首选之地，并因此留下了大量的有关太白山宗教文化的诗词歌赋，仅仅唐代就有岑参《太白胡僧歌》、贾岛《送宣皎上人游太白》《赠弘泉上人》《送僧归太白山》、林宽《送僧游太白峰》、张玭《寄太白禅师》、白居易《寄白头陀》、李端《雪夜寻太白道士》、王维《投道一师兰若宿》等描述太白山宗教文化活动的诗上百首。这些诗不仅描写了太白山的自然美景，也反映了当时太白山宗教文化盛况的一斑，也正是太白山独特的自然风光与其深厚的宗教文化的完美结合，从而使其成为古代文人钟爱的游览胜地，并留下了大量的诗文。此后的宋元明清各代，都有大量与太白山宗教文化有关的诗词歌赋。据不完全统计，截

至清代，涉及太白山宗教文化的诗文有 400 多篇。它们既是中国古典诗词的重要组成部分，也是太白山宗教文化的重要组成部分。

太白山宗教文化因其历史悠久，形成了大量有关太白山宗教文化的历史文献和典籍，在这些宗教历史文献中，蕴含了大量有关当地古代社会历史情况的信息，这为我们了解和研究太白山周围区域的社会发展历史过程提供了重要的参考资料。由于太白山宗教文化影响深远，其周围各地的社会群众都将太白山视为本地文化的标志和象征，并因之形成了许多与太白山有关的文化形态，如各种历史掌故、神话传说、民俗礼仪等。这些社会文化主要是围绕太白山展开的，而且，这些社会文化最终也是通过太白山的宗教文化得以存续的。考察太白山周围各地区，可以看到在他们的社会生活和风俗习惯中，太白山的影响无处不在。

太白山宗教文化不仅留下了大量非物质文化遗存，同时也留下了大量物质文化遗存，这些物质文化遗存现在已经成为当地最重要的历史文物。考察太白山周围各地的历史博物馆，太白山遗留下来的各种碑石、神佛造像、宗教法器等已经成为其中最重要的文物，这些宗教文物都具有非常重要的历史文化价值。

从以上几个方面来看，太白山的宗教文化不仅在历史上为当地社会的发展发挥了重要的教化作用，时至今日，太白山丰富的宗教文化历史遗存依然是当地历史文化的重要载体。

三、太白山宗教文化是当地群众信仰的重要依托

太白山宗教文化最早的起源是当地人们基于山川神灵崇拜而形成的民间信仰，是太白山周围的人民群众自发地将太白神作为信仰对象予以信仰和供奉的。也正是因为太白神信仰在太白山周围有非常深厚的群众基础，才会有太白神信仰文化从产生以来 2000 多年经久不息的传承历史。此外，道教和佛教文化对太白神信仰的认可和推广，再加上历代朝廷的敕封和祭祀，对太白神信仰起到了推波助澜的作用，使太白神信仰在陕西关中地区成为举足轻重的信仰文化，太白神信仰越来越成为当地群众思想信仰中不

可或缺的重要依托。在当地人的思想观念中，攀登太白山不仅是领略其自然风光的过程，更重要的是朝拜太白神的朝圣之旅。我们在本次调研中了解到当地有一种说法，登太白山的次数不能是双数，必须是单数，要么爬一次，要么爬三次。至于这种民间说法的来源和依据无从考证，但从中我们可以看到，在当地人心目中，攀爬太白山绝不仅仅是一次简单的登山运动，其中还寄托了人们对太白神的种种祈愿和敬仰之情。在调研过程中，我们碰到了很多以家庭为单位的登山群体，常会看到年岁很大的老人和只有几岁的孩子夹杂在家人之间一起艰难攀登，询问他们登山的目的，很多老人都会告知主要是为了朝山拜神。

太白山有佛寺道观遗址数十个，其中大多数已经因遭破坏而废弃，有部分道观寺院尚在佛、道教信众维护管理下正常运转，还有部分遗址正在恢复修建当中。这些道观寺院最早就是当地信众共同捐资修建起来的宗教活动场所，从各个遗址大量的残碑破钟上可以看到有关当地信众捐资修庙的文字信息。不仅如此，太白山上的有些寺院道观还是省外各地信众捐资修建的，如远门口十三宫曾经是由 13 个道教活动场所形成的一个道教文化群落，这里曾名为"九省十三宫"，据说是因为这里曾有 13 处道教宫观建筑是由 9 个省份的信众捐资修建的。我们在这次调研中还发现了一个铁磬，磬上的铭文为"直隶天津县丛林创作太白山明心寺，胡至玉，宣统二年岁次，京口孟夏吉日"。由这些信息可知，太白山宗教文化不仅是太白山周围各地群众信仰文化的承担者，也是陕西省外很多信众的信仰寄托之所。

第三节　太白山宗教文化的当代价值

太白山宗教文化不只是历史文化遗存，也是古人为我们留下的一大笔精神财富，在倡导发扬优秀传统文化，建立文化自信的今天，太白山宗教文化具有重要的当代价值。

第八章
结
语

一、太白山宗教文化见证和体现了中华文化的形成过程

太白山因其所处的特殊地理位置，使其见证了中华文明起源、形成和发展的重要过程。中华文明主要形成和定型于周秦汉唐时期，地处关中平原西南边的太白山见证和参与了整个历史过程。周文化最早的发源地周原就在太白山下，《史记》中记载当地"太伯庙"中供奉的"周太伯"就是周文王姬昌的伯父，"太伯奔吴"的故事就是发生在太白山下的土地上。此外，被奉为"三太白"神的伯夷、叔齐等都是周朝初期的人士。可以说，周朝的建立和周文化的形成过程主要发生在太白山脚下。

秦国从一个诸侯小国发展壮大成为一统天下的大秦帝国，其后期的嬗变过程也主要是在太白山下的关中平原上完成的。因秦人自认为是东方少昊部落形成的东夷族的一支，他们经过迁徙最后定居于甘陕等地，少昊后来被尊为三皇五帝中的"白帝"，因此"白帝"最早是被秦人作为祖先神来奉祀，秦穆公时期多处曾建有"白帝庙"，后来随着"白帝"演变成为太白神，这些庙也变成了太白庙。由此可见，中国两个早期的王朝帝国都是在太白山下形成和壮大起来的，不管是周文化还是秦文化，都与太白山结下了不解之缘。关于太白神信仰最早的文字记载可追溯到汉代，最早的太白山神谷春便是成帝时的郎官，因死而复活并出没于太白山中被尊为太白山神予以祭祀。由此可见，在中华文化早期的形成和发展过程中，都有太白山的见证和参与。

道教的宗经《道德经》就是形成在太白山附近的楼观台，因此道教形成的早期阶段，太白山就已经参与其中，而且落地生根，这为隋唐时期太白山道教文化的繁荣发展奠定了基础，使太白山成为中国道教的圣地，太白山也因此获得了仙山的美名。太白山位处丝绸之路沿线，在佛教传入中国长安的过程中，太白山因近水楼台而占得先机，使得佛教文化传入早期就开始在太白山传播。后来历史又给予了太白山更多的机会，在历史上发生"三武灭佛"运动时期，太白山因其特殊的地理位置和特别的地形地貌而成为佛教僧众避难的理想之所，这从客观上促进了太白山佛教文化的发展壮大。由此可见，在这前后1000多年中国儒、释、道等传统文化的形成和发展过程中，太白山不仅见证而且深深地参与其中。

这些历史过程为太白山积淀了深厚的历史文化底蕴，在提倡民族文化自信的今天，这些历史文化遗存为我们进一步发掘整理太白山历史文化，提供了重要的基础条件，为我们进一步了解和研究中华文明形成和发展过程保留了珍贵的历史遗存。因此说太白山的历史文化遗存不仅是中华传统文化形成过程的见证者和参与者，也是我们了解和理解中华文化形成和发展脉络的重要依据。

二、太白山宗教文化生态体现了中国传统文化的精神内涵

中华文明最主要的特质就是源远流长、多元并存，而太白山宗教文化的特点正是中华文明这些文化特质的集中体现和典型代表。在太白山上，有道教、佛教、天主教、民间信仰、隐逸文化等多种宗教文化长期共处一山，互不冲突和排斥，甚至在有些宗教文化的相互交涉过程中，相互吸收，相互借鉴，相互促进。

太白山宗教文化的基础和底色是太白神信仰，其应该属于山川自然崇拜产生的民间信仰文化，在道教文化进入太白山后，并未削弱或替代太白神信仰文化。恰恰相反，道教文化用其宗教理论将太白神纳入道教神仙系统，在道教文化中给予其合法合理的宗教地位。后来，正是道教界人士的努力，使太白神的社会影响有了很大的提高，最终形成了历代朝廷都对太白神进行爵位敕封，太白神祭祀也被纳入官方祭祀系统，使得太白神信仰由纯粹的民间信仰文化上升为官方信仰文化。

佛教文化作为外来宗教文化，其与太白神信仰之间虽没有关系，但佛教文化不仅没有对其予以否定和排斥，而且还通过自己的方式给予太白神信仰以合理性。在隋代，佛教僧人法安禅师作为隋炀帝的国师，他曾明确告诉隋炀帝，太白神是护佑隋炀帝的神灵。这不但说明佛教界对太白神的认可，同时对太白神影响扩大和地位提升也有重要的促进作用。以此而言，佛教文化对太白神信仰也发挥了保护和促进作用。

在太白山宗教文化中，道教文化与佛教文化是最重要的两种宗教文化，

它们长期以来共处一山，互相融洽相处，互相借鉴吸收，互相帮扶促进，很少发生冲突或抵触。除此之外，太白山还有其他各种民间信仰文化的存在，这些民间信仰的小神庙往往是依附在佛教或道教活动场所之中，太白山的佛、道教非但没有对这些民间信仰文化予以贬斥和否定，还尽力地予以保存和维护。太白山宗教文化经过 2000 多年的发展和积淀，最终形成了多元化的、多层次的宗教文化生态，这既是太白山宗教文化的特性，也是中国传统文化兼容并包精神的体现。相对于当今流行的各种一元文化因具有强烈的排他性而引起各种文化冲突，中华文化的这种包容精神在当今时代仍然具有重要价值。

三、太白山宗教文化是旅游产业发展的重要增长点

在当今的社会经济发展中，旅游产业已经成为社会经济发展的重要产业之一。无论在国外还是国内，旅游越来越成为人们喜爱的愉悦身心的活动，正日益成为人们生活中不可或缺的重要组成部分。随着我国经济的发展，人民生活水平的提高，旅游对绝大多数中国人来说已不再是遥不可及的事情，旅游热在中国老百姓中正悄然兴起。而要真正搞好旅游业，就必须处理好旅游与旅游资源开发的关系，二者如同鱼和水的关系。

太白山因为其独特的自然风光吸引了大量的旅游爱好者，太白山旅游已然成为其周边各个县区旅游产业的支柱。但就目前来看，太白山旅游是以自然风光为主，而其人文资源尤其宗教文化方面的巨大潜力尚未发挥出来。目前，有关太白山的建设和宣传将太白山主要定位为自然风景名胜，而忽视了太白山曾经是国内著名的宗教文化圣地这一特点，这种定位既减轻了太白山作为宗教文化名山的分量，同时使其自然风光中蕴含的各种人文因素不能发挥作用而魅力大减。虽然太白山自然风光有其独特之处，但纯粹的自然风光对宗教文化感兴趣的游客缺乏吸引力，因而会失去这部分游客。此外，纯自然风光游客的旅游动机主要是好奇心，他们来过一次之后回头率较低，而宗教文化旅游能使每次登山旅游变成朝山拜神的身心之旅，游客既欣赏和领略了太白山的自然风光，同时也能满足朝山拜神的心

理需求，这种充满神圣感的旅游过程能使游客身心需求都获得享受和满足，其重复旅游率必然高于纯粹的观光旅游。太白山宗教遗址的体量很大，其分布密度也符合游客边游边歇的生理规律。现在太白山上大量的宗教文化遗址没有恢复，既无法为游客提供生活服务，也不能为游客提供信仰文化服务，如果能够将这些宗教文化遗址逐渐恢复，会使太白山旅游的内涵得到很大程度地丰富。

总之，目前我们对于太白山宗教文化价值和意义的认识还非常肤浅，这需要有更多的人进一步深入挖掘整理和研究，才能逐步对太白山有一个较为深入的理解和认识，也才能发挥和实现其应有的历史文化价值，为当代中国文化建设服务。

参考文献

一、典籍

〔梁〕释慧皎撰，汤用彤校注：《高僧传》，北京，中华书局，1992年。

〔唐〕魏徵等：《隋书》，北京：中华书局，1973年。

〔唐〕释道宣撰，郭绍林点校：《续高僧传》，北京，中华书局，2014年。

〔后晋〕刘昫等：《旧唐书》，北京：中华书局，1975年。

〔宋〕薛居正等：《旧五代史》，北京：中华书局，1976年。

〔宋〕欧阳修：《新唐书》，北京：中华书局，1975年。

〔宋〕欧阳修：《新五代史》，北京：中华书局，1974年。

〔宋〕苏轼著，孔凡礼点校：《苏轼文集》，北京：中华书局，1986年。

〔宋〕李焘：《续资治通鉴长编》，北京：中华书局，1980年。

〔宋〕王应麟：《小学绀珠》，北京：中华书局，1987年。

〔明〕宋濂等：《元史》，北京：中华书局，1976年。

〔清〕徐道《神仙通鉴》，乾隆五十二年（1787年）刻本。

〔清〕刘锦藻编纂：《清朝文献通考》，杭州：上海古籍出版社，2000年。

〔清〕王志沂辑：《陕西志辑要》，台北：成文出版社，1970年。

〔清〕刘於义，沈青崖《敕修陕西通志》，西安：三秦出版社，2014年。

〔清〕赵嘉肇：《太华太白纪游略》，西安：陕西通志馆，1934年。

〔清〕袁枚《子不语》，杭州：浙江联合出版集团，2013年。

〔清〕佟世思著《与梅堂遗集》，大连：大连大学出版社，1990年。

〔清〕徐松著《宋会要辑稿》，北京：中华书局，2014年。

赵尔巽等：《清史稿》，北京：中华书局，1977年。

256

二、方志

〔宋〕宋敏求撰，〔清〕毕沅校正：《长安志》，台北：成文出版社，
1969年。

〔元〕骆天骧撰，黄永年点校：《类编长安志》，西安：三秦出版社，
2006年。

嘉靖《高陵县志》，明嘉靖二十年刻本。

嘉靖《重修三原县志》，明嘉靖年间刻本。

〔明〕赵廷瑞修，〔明〕马理、吕柟纂，董健桥等校注：《陕西通志》，
西安：三秦出版社，2006年。

顺治《邠州志》，清顺治六年(1649)刻本、清康熙四十四年(1705)增
补本。

康熙《朝邑县后志》，清康熙五十一年(1712)刻本。

康熙《淳化县志》，清康熙四十年(1701)刻本。

康熙《麟游县志》，清康熙四十七年(1708)吴世泽补刻本。

康熙《长武县志》，清康熙十六年(1677)刻本。

雍正《蓝田县志》，清雍正八年(1730)增刻顺治本。

乾隆《宝鸡县志》，清乾隆五十年(1785)刻本。

乾隆《凤翔县志》，清乾隆三十二年(1767)刻本。

乾隆《富平县志》，清乾隆四十三年(1778)刻本。

乾隆《醴泉县志》，清乾隆四十九年(1784)刻本

乾隆《临潼县志》，清乾隆四十一年(1776)刻本。

乾隆《商南县志》，清乾隆四十八年(1783)补刻本。

乾隆《武功县志》，清乾隆二十六年(1761)刻本。

乾隆《西安府志》，清乾隆四十四年(1779)刻本

乾隆《咸阳县志》，清乾隆十六年(1751)刻本。

参考文献

257

乾隆《兴平县志》，清乾隆四十四年(1779)刻本。

乾隆《凤翔府志》，清乾隆三十一年(1776)刻本。

乾隆《重修盩厔县志》，清乾隆五十年(1785)刻本。

嘉庆《扶风县志》，清嘉庆二十四年(1819)刻本。

嘉庆《咸宁县志》，清嘉庆二十四年(1819)刻本。

嘉庆《续武功县志》，清嘉庆二十一年(1816)刻本。

嘉庆《续修潼关厅志》，清嘉庆二十二年(1817)刻本。

嘉庆《长安县志》，清嘉庆二十年(1815)刻本。

道光《留坝厅志》，清道光二十二年(1842)刻本。

道光《宁陕厅志》，清道光九年(1829)刻本。

道光《榆林府志》，清道光二十一年(1841)刻本。

道光《重修略阳县志》，清道光二十六年(1846)刻本。

道光《重修沔阳县志》，清道光二十一年(1841)刻本。

宣统《郿县志》，清宣统二年(1910)铅印本。

宣统《长武县志》，清宣统二年(1910)铅印本。

宣统《重修泾阳县志》，清宣统三年(1911)天津华新印刷局铅印本。

光绪《凤县志》，清光绪十八年(1892)刻本。

光绪《佛坪厅志》，清光绪九年(1883)刻本。

光绪《麟游县新志草》，清光绪九年(1883)刻本。

光绪《岐山县志》，清光绪十年(1884)刻本。

光绪《乾州志稿》，清光绪十年(1884)刻本。

光绪《三原县新志》，清光绪六年(1880)刻本。

光绪《增续沔阳县志》，清光绪十三年(1887)刻本。

民国《宝鸡县志》，民国十一年(1922)铅印本。

民国《临潼县志》，民国十一年(1922)西安合章书局铅印本。

民国《咸宁长安两县续志》，民国二十五年 (1936) 铅印本。

民国《续修醴泉县志稿》，民国二十四年 (1935) 铅印本。

民国《续修陕西通志稿》，民国二十三年 (1934) 铅印本。

民国《岐山县志》，民国二十四年 (1935) 铅印本。

民国《重纂兴平县志》，民国十二年 (1923) 铅印本。

民国《鄠厔县志》，民国十四年 (1925) 西安艺林印书社铅印本。

民国《砖坪厅志》，民国六年 (1917) 铅印本。

三、今人著作

太白县地方志编纂委员会：《太白县志》，西安：三秦出版社，1995 年。

樊光春：《西北道教史》，北京：商务印书馆，2010 年。

卿希泰：《中国道教史》，成都：四川人民出版社，1988 年。

任继愈主编《中国道教史》，上海：上海人民出版社，1990 年。

葛兆光：《中国思想史》，上海：复旦大学出版社，2001 年。

邓云特：《中国灾荒史》，北京：商务印书馆，1937 年。

郭于华主编《仪式与社会变迁》，北京：社会科学文献出版社，2000 年。

何平立：《崇山理念与中国文化》，济南：齐鲁书社，2001 年。

何星亮：《中国自然神与自然崇拜》，上海：三联书店，1992 年。

贾二强：《唐宋民间信仰》，福州：福建人民出版社，2002 年。

聂树人编著《陕西自然地理》，西安：陕西人民出版社，1981 年。

牛平汉主编《清代政区沿革综表》，北京：中国地图出版社，1990 年。

瞿同祖著，范忠信、晏峰译：《清代地方政府》，北京：法律出版社，2003 年。

石峰：《非宗族乡村：关中"水利社会"的人类学考察》，北京：中国社会科学出版社，2009 年。

汪汉忠：《灾害、社会与现代化》，北京：社会科学文献出版社，2005 年。

参考文献

王继英:《民间信仰文化探踪》,北京:民族出版社,2007年。

邢莉主编《民间信仰与民俗生活》,北京:中央民族大学出版社,2008年。

袁林:《西北灾荒史》,兰州:甘肃人民出版社,1994年。

张晓虹:《文化区域的分异与整合——陕西历史文化地理研究》,上海:上海书店出版社,2004年。

赵珍:《清代西北生态变迁研究》,北京:人民出版社,2005年。

郑振满、陈春声主编《民间信仰与社会空间》,福州:福建人民出版社,2003年。

周尚意、孔翔、朱竑编著《文化地理学》,北京:高等教育出版社,2004年。

朱海滨:《祭祀政策与民间信仰的变迁——近世江浙民间信仰研究》,上海:复旦大学出版社,2008年。

王新秦:《神奇的钟吕坪》,内部资料。

四、参考文章

刘高明、孙立新、贾芝茂:《户县大良村"伐马角"祈雨的原始崇拜文化考察》,《咸阳师范学院学报》2012年第1期。

何凡能、田砚宇、葛全胜:《清代关中地区土地垦殖时空特征分析》,《地理研究》2003年第6期。

吉成名:《龙王庙由来考》,《文史杂志》2003年第6期。

李广龙:《〈三秦记〉辑本考述》,《兰台世界》2009年第20期。

林拓:《"边缘——核心转换":区域神明信仰策源地的形成及特征——以福建为例》,《宗教学研究》2005年第3期。

庞建春:《旱作村落雨神崇拜的地方叙事——陕西蒲城尧山圣母信仰个案》,曹树基主编《田祖有神:明清以来的自然灾害及其社会应对机制》,

上海：上海交通大学出版社，2007 年。

皮庆生：《"中国民间信仰：历史学研究的方法与立场"学术研讨会综述》，《世界宗教研究》2008 年第 3 期。

僧海霞：《晚清陕甘回民起义与关中地区汉人信仰的变迁》，《北方民族大学学报》（哲学社会科学版）2009 年第 4 期。

史耀增：《关中东府民间祈雨风俗透视》，《古今农业》2004 年第 1 期。

王存奎、孙先伟：《民间信仰与社会控制》，《民俗研究》2005 年第 4 期。

王科社：《青蛙与求雨——陇右风俗札记之一》，《民俗研究》1993 年第 2 期。

杨新：《陕西旱灾特征》，《灾害学》1998 年第 2 期。

杨玉坤：《太白山名考》，《西北大学学报》（哲学社会科学版）1981 年第 2 期。

张晓虹、张伟然：《太白山信仰与关中气候感应与行为地理学的考察》，《自然科学史研究》2000 年第 3 期。

张晓虹、郑召利：《明清时期陕西商品经济的发展与社会风尚的嬗递》，《中国社会经济史研究》1999 年第 3 期。

张晓虹：《明清时期陕西民间信仰的区域差异》，《中国历史地理论丛》2000 年第 1 辑。

张晓虹：《区域信仰的本土化与地方信仰的转型——基于清代陕南杨泗将军信仰的考察》，《陕西师范大学学报》（哲学社会科学版）2008 年第 6 期。

参考文献

跋

秦岭是我国内陆极具特色的一条山脉，东西绵延 1500 多千米，横贯陕西全境，与淮河共同将中国分割为"南方"与"北方"，同时它还是长江黄河两大水系的分界线。秦岭丰富的水资源滋养了万物生灵，南北气候因为它的存在有了明显差异，形成了南北物种的万千特色。

太白山是秦岭的主峰，登上太白山更能领略秦岭的无限风光。当代人对太白山的认识和研究，涉及自然地理、历史人文等诸多方面。其中有现代科学已经完全认识和掌握的，也有尚未完全认识和掌握的，更有至今还无法用科学常识解释的所谓的神秘自然现象以及其所蕴含着的深奥的大道哲理。关于太白山的历史文字记载，今天能看到的最早的当数《诗经》和《尚书》，后来的《山海经》《水经注》等典籍及诗词歌赋都有不少关于太白山的内容。在这些相关的文字记载中，太白山曾有不同的称呼，如"南山""终南山""惇物山""太乙山""首阳山""岐阳山""武功山"等，汉代以后才统一称为"太白山"。太白山这些名称流传到今天发生了很大的变化。故称中的"终南山"并不等同于现在西安市南的终南山，"武功"也并非现在的武功县，在阅读文章时需要加以注意。随着时代的发展和科技的进步，关于太白山的文学创作、科学研究的成果在不断丰富，但它们都散落在浩如烟海的历史文化书籍和相关学者的作品中。要想系统地、科学地了解太白山，了解太白山的研究成果，就需要挖掘、搜集、整理这些资料，并以科学的、系统的方式进行梳理和呈现。

太白山是一座资源宝库。太白山资源的多样性、丰富性世所罕有。太白山是秦岭生态文化的原始底本，是陕西省最大的原始森林。据陕西2007~2010年森林资源调查资料显示，太白山现有森林覆盖率高达83.5%，植物有2594种，其中重点保护植物77种；野生动物有2554种，其中重点保护动物63种。太白山草医草药独成体系，天然中草药材1415种，疗效奇特，是我国传统医药文化的重要遗产之一。太白山水资源丰富，地下热水藏量大，且富含20多种对人体有益的矿物质和微量元素，具有很高的医疗养生价值。太白山还保留有第四纪冰川的地质奇观，如高山区的石海、石阵、石环，高山湖泊、高山湿地等，都具有很高的科研价值。

从历史人文资源方面看，太白山是一座承载着悠久历史的文化之山。太白山为人类生存提供了足够的物质和能量，至今仍然保留有大量珍贵的遗迹与美丽的传说，见证和记录了文学艺术、民俗风情、宗教文化的重大的历史事件和重要成果，成就了一代又一代时势英才和圣人贤士。

丰富的自然资源和历史文化资源，共同构成了太白山独具魅力的文化。但我们对太白山价值的真正挖掘和开发，始于19世纪80年代。太白山森林资源的开发和太白山森林公园的建立，一举改变了林业职工捧着金饭碗讨饭吃的困境。1991年，时任中共中央政治局常委、中央书记处书记的李瑞环视察建设初期起步的太白山国家森林公园时，对太白山的旅游资源开发建设工作给予了很高的评价："在我国长江以北，气势如此之大，景色如此之美，科学价值如此之高，离大城市如此之近的自然景观实属罕见，很有进一步研究开发的价值。"1992年5月，太白山国家森林公园正式开园。从此，旅游业成为太白山发展的支柱产业之一。1999年，太白山国家森林公园被原国家旅游局评为AAAA级景区。

太白山是一座文化大山，是历代文人墨客创作的绝佳题材，是历代思

跋

想家仰观俯察天地、思考人生宇宙的重要场所。因此产生了大量与太白山息息相关的文学作品和哲学巨著，其或为经为典、为文为论、为诗为词、为歌为赋，其气魄之雄浑、想象之烂漫、哲理之深刻。从周到唐末，太白山作为京畿之地的屏障，护卫着中华民族的核心腹地，见证了王朝的变迁。此外，太白山风景极佳，在汉唐时 "太白积雪六月天"已作为长安八景之一而被广为传颂。

2012年以来，眉县县委县政府动员全县人民，吹响了太白山旅游事业二次创业的号角，提出"山水眉县，创意田园"的发展目标，要把全县863平方千米纳入太白山旅游开发的整体构思中，将山水景观、田园风光和美丽乡村相结合。经过四年时间的奋斗，太白山在AAAA级的基础上被评为AAAAA级旅游景区。最为可贵的是在抓基础项目、景点建设的同时，眉县人还不忘抓好太白山文化建设，大力展开对太白山文化资源的挖掘研究、整理工作，推出一系列旅游文化产品。"太白山丛书"就是文化建设中的一个重要项目。通过这套丛书的编写，把大量分散的关于太白山文化的资料和研究成果集结起来，推陈出新，出版符合当下社会发展、读者需要的文化产品，以便各界人士和广大游客了解太白山，同时为后人进一步研究太白山奠定基础。在内容方面，我们努力做到科学性、知识性、趣味性和广泛性的相统一，做到雅俗共赏。

"太白山丛书"共12本，包括《奇峰秀水》《草医草药》《民俗风情》《野生动物植物》《小说散文精选》《诗联歌赋精选》《名人游踪》《宗教文化考略》《登山：穿越与探险》《红河谷》《养生养性》《书画作品精选》。随着今后研究工作的继续开展，会不断推出新的作品以飨游客。

"太白山丛书"自2014年上半年启动编写工作以来，团队同人王改民、李继武、何晓光、廉金贤、王新秦、穆毅、王相东、李明绪、刘启云、杨虎平、严文团、胡云波、魏博文、王小梅、王昭等，在繁忙的本职工作之余，呕心沥血，不辞劳苦地进行编写工作，其精神可嘉。他们都是出生、成长和生活在太白山下，并长期参与太白山文化研究，对太白山有着非常深厚的感情。多数同志都有关于太白山的文学作品或专业著作，具有较扎实的知识储备和丰富的亲身经历。大家怀着"为父母写"和"写父母"的情怀投入到工作中来，令人感动。

中共眉县县委、眉县政府、太白山旅游区管委会的主要领导李智远、王宁岗、武勇超、刘志生、叶盛强、韩斌成、陈小平、曹乃平、张军辉、段朝选、雷利利、职亮、康振峰、张彦勤等对本丛书编写工作给予了高度重视和支持。著名作家贾平凹先生、冯积岐先生等一大批文化艺术界人士为"太白山丛书"的编纂出版提供了有力的指导和支持，并贡献了他们的宝贵作品。陕西太白文艺出版社的党靖先生、强紫芳女士及其团队为丛书出版一丝不苟的工作态度令人钦佩。太白山摄影家协会、太白山书画家协会和眉县老年书画学会为本丛书编写提供了珍贵资料及指导意见。陕西沁心园公司董事长王保仓先生也为我们的编写工作提供了诸多便利。在此对以上诸位领导、同人、朋友一并表示衷心的谢意。

最后，要特别致谢中共陕西省委原书记、太白山文化研究会名誉会长张勃兴同志，宝鸡市政府原市长、太白山文化研究会会长李均同志。20多年来，太白山旅游事业从起根发苗到今天国家的AAAAA级著名旅游度假区，离不开两位老领导的高度关注和精心指导。"太白山丛书"的编纂工作也得到了他们的亲切关心和指导，张勃兴同志不仅为丛书写序，还提供了自己的诗赋书画作品。

由于我们水平和经验有限，疏漏之处在所难免，欢迎读者批评指正。

卢文远

2019 年 9 月　于眉县金桂苑

跋